레이먼드 윌리엄스의 **커뮤니케이션스**

레이먼드 윌리엄스의

커뮤니케이션스

레이먼드 윌리엄스 지음
정용준 옮김

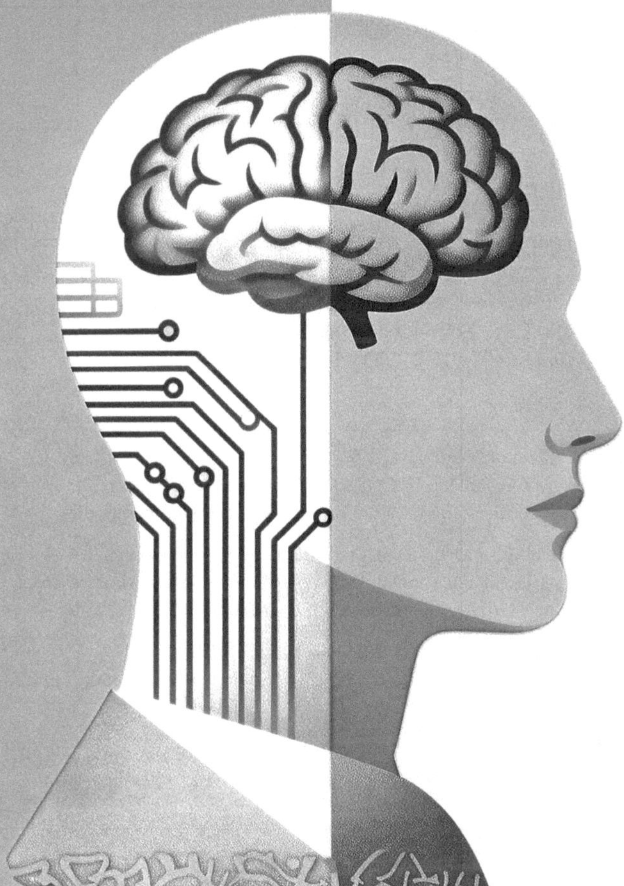

박이정

레이먼드 윌리엄스의 **커뮤니케이션스**

초판 인쇄 2025년 12월 12일
초판 발행 2025년 12월 19일

지은이 레이먼드 윌리엄스
옮긴이 정용준
펴낸이 박찬익
편집 이기남
책임편집 권효진
펴낸곳 ㈜박이정 | 주소 경기도 하남시 조정대로 45 미사센텀비즈 F827호
전화 031-792-1195 | 팩스 02-928-4683
홈페이지 www.pijbook.com | 이메일 pijbook@naver.com
등록 2014년 8월 22일 제2020-000029호
ISBN 979-11-7497-015-2 (93300)

가격 20,000원

이 저서는 2024년 전북대학교 국립대학육성사업의 지원을 받아 수행되었음.

책 소개

윌리엄스는 1962년 당시 존재하던 커뮤니케이션의 다양한 형태—컴퓨터, 라디오, 텔레비전, 인쇄, 사진, 영화—를 탐구하며, 그것들이 오늘날에도 여전히 유효한 통찰력을 지니고 있음을 보여준다. 그는 '현실이 먼저 주어지고, 커뮤니케이션은 그 현실을 단순히 전달하는 2차적 과정'이라는 통념을 단호히 거부한다. 우리가 '삶이 존재하고, 그 후에 그것을 기록하거나 이야기한다'고 생각하는 순간, 예술과 학문은 그 생명력을 잃게 된다고 그는 말한다. 윌리엄스에게 커뮤니케이션은 단순한 재현이 아니다. 그것은 현실을 끊임없이 만들어내고 변화시키는 중심적인 방식이다. 인간은 소통을 통해 이미 주어진 세계를 해석하는 동시에, 그 과정 속에서 새로운 세계를 빚어낸다. 이 책은 현대 커뮤니케이션의 수단과 제도를 사유하기 위한 윌리엄스의 가장 설득력 있는 서문이자, 커뮤니케이션을 인간이 현실을 형성해 가는 창조적 행위로 재정립하려는 사상적 선언이다.

저자 소개

레이먼드 윌리엄스는 1921년 웨일스 국경 마을인 팬디에서 태어났으며, 마을 학교와 애버게이브니 문법학교, 케임브리지 대학교 트리니티 칼리지에서 교육을 받았다. 그는 제2차 세계대전에서 대전차 부대의 대위로 복무한 후, 옥스퍼드 대학교 성인교육부에서 성인 교육 강사가 되었다. 1947년 그는 〈정치와 문학(Politics and Letters)〉의 편집자였으며, 1960년대에는 새 사상가 총서(New Thinker's Library)의 총편집자로 활동했다. 1961년 그는 케임브리지 대학교 지저스 칼리지의 펠로로 선출되었으며, 이후 대학 드라마학 교수로 임명되었다.

그의 저서로는 〈문화와 사회(Culture and Society), 1958〉, 〈긴 혁명(The Long Revolution), 1961〉, 그 후속작인 〈2000년을 향하여(Towards 2000), 1983〉, 〈커뮤니케이션(Communications), 1962〉, 〈텔레비전: 기술과 문화 형식(Television: Technology and Cultural Form), 1974〉이 있다. 또한, 〈공연 속의 드라마(Drama in Performance), 1954〉, 〈현대 비극(Modern Tragedy), 1966〉, 〈입센에서 브레히트까지의 드라마(Drama from Ibsen to Brecht), 1968〉를 포함한 드라마 관련 저서와, 〈디킨스에서 로렌스까지의 영국 소설(The English Novel from Dickens to Lawrence), 1970〉, 〈오웰(Orwell), 1971〉, 〈시골과 도시(The Country and the City), 1973〉, 인터뷰 모음집 〈정치와 문학(Politics and Letters), 1979〉, 그리고 선집 〈유물론과 문화의 문제들(Problems in Materialism and Culture), 1980〉 등이 있다.

그는 네 편의 소설을 집필했으며, 웨일스를 배경으로 한 3부작 〈변경 지역(Border Country), 1960〉, 〈제2세대(Second Generation), 1964〉, 〈마노드를 위한 투쟁(The Fight for Manod), 1979〉과 〈자원봉사자들(The Volunteers), 1978〉이 있다.

그는 1942년 결혼하여 세 자녀를 두었으며, 케임브리지 인근의 사프런 월든과 웨일스에서 대부분의 시간을 보냈다. 1988년 사망했다.

옮긴이의 말

번역 작업을 해 본 기억이 아주 오래되었다. 1980년대 말 민주항쟁의 분위기에 힘입어 6,000매가 넘는 원고지 분량으로 V. I. Lenin의 〈Lenin about the Press, 레닌언론저작집 1, 2권, 말길〉을 두 권으로 나누어 번역하였다. 또한 1990년대 초반에는 친한 선배 및 동료와 함께 자유 급진주의자인 존 킨(John Keane)의 〈Media and Democracy, 언론과 민주주의, 나남〉를 번역한 적이 있다. 90년대 소련이 무너지고, 그람시의 진지전이 득세하면서 미디어 전략 또한 선전선동론에서 공영방송으로 옮겨갔다. 존 킨의 BBC 개혁 방안은 우리의 공영방송 개혁에 신선한 바람을 불어 넣었다. 지금 생각하면, 무슨 '깡'으로 하였는지, 모르겠다. 영어도 서툰 국내파가 엄청난 양의 영어 원서를, 러시아와 유럽의 현지 사정도 잘 모르면서 무모한 일을 하였다. 지금 생각하면, '배는 고프지만, 이념과 사명감으로 뭉친 책상좌파(armchair revolutionary)의 시절'이 아닌가 한다.

그로부터 적지 않은 세월이 지난 지금, 레이먼드 윌리엄스의 〈communications〉를 번역하게 되었다. BBC의 미디어 역사를 공부하면서 오래전부터 번역하겠다고 마음먹은 것을 이제야 이루게 되었다. 국내에서 윌리엄스는 널리 알려져 있고, 어지간한 책들은 번역되어 있다. 윌리엄스를 스타로 떠오르게 한 것은 1950년대 말과 1060년대 초반의 초창기 3부작, 〈문화와 사회〉, 〈기나긴 혁명〉 그리고 〈커뮤니케이션스〉이다. 앞의 두 책은 여러 번 번역되었지만, 〈커뮤니케이션스〉만은 번역되지 않았다. 하지만, 정작 영미권에서는 〈커뮤니케이션스〉가 가장 널리 번역되어 1970년대 말까지 17만부 정도 팔려 베스트 셀러가 되었다. 이 책들로 인해 문화와 미디어에 대한 비판적 사고가 주류적인 담론이 되었다. 엘리트 청년들이 영화와 BBC에 입사하여 미디어 개혁의 꿈을 이루고자 하는 지침서가 되었다. 이 당시 윌리엄스의 영향력을 나타내주는 말을 인용해 본다.

> 1960년대에 방송국은 진보적인 꿈을 실현하는 곳이었다. BBC와 ITV는 소수의 옥스브리지 출신과 사업가들이 장악하고 있었다. BBC는 사회에서 요구하는 시각을 제공하지 못하였으며, 우리는 다양한 사상이 실현되는 참여적 접근과 민주적인 커뮤니케이션을 추구하였다. 68 혁명 세대는 혁명 사회에서 민중문화(popular culture)의 중심성에 초점을 맞춘 레이먼드 윌리엄스의 저작에 고무되어 영국영화에 신선한 미학적, 정치적 관심을 부여하였다. 할리우드와 상업영화에 잠식된 영국영화를 개혁하기 위해 노력하였다. 1963년 일간지에 신생 BBC 2채널에 대해 구인 광고가 나갔다. 1만 명 이상이 광고에 호응하였고, 6천 명 이상이 지원하였다. BBC는 700명 정도를 인터뷰하였고, 400명 이상이 입사하였다. 이들은 BBC에서 방송의 목적에 대해 지속적인 토론을 할 만큼 열정에 차 있었다. 이들은 레이먼드 윌리엄스의 문화와 사상에 영향을 받았다. 윌리엄스는 유럽의 다른 곳과는 달리 BBC가 국가의 감독을 받지 않는 비상업적 공공서비스 제도라는 점을 강조하였다. 수많은 젊은이와 급진주의자들이 공동체의 꿈을 실현하기 위해 그린이 이끄는 BBC에 입사하였다(Darlow, 2004, 11-21).

특히, 윌리엄스의 『커뮤니케이션스』은 엘리트들의 BBC 입사에 큰 영향을 미쳤다. 1960년대에 대학을 졸업하고 사회생활을 시작한 68세대는 윌리엄스의 이념을 실현하기 위해 저널, 영화 및 TV에 종사하였다. 니콜라스 간햄(Nicholas Garnham), 빈센트 포터(Vincent Porter, 1939-2022), 제임스 커런(James Curran), 콜린 스팍스(Colin Sparks), 리차드 콜린스(Richard Collins), 스티븐 바넷(Steven Barnett), 진 시튼(Jean Seaton) 등 1960년대에 대학을 졸업한 청년 엘리트들은 영화와 TV를 민주주의 진보의 매개체로 인식하여 미디어 개혁을 주도하였다.

1970년대에 나온 윌리엄스의 〈텔레비전〉도 영문학계에서 아주 오래전에 번역하였으나, 난해하기 그지없다. 추측하건대, 영문학자인 윌리엄스에 대해 문학계와 사회과학 일반에서 관심을 가졌지만, 정작 미디어학계는 소홀히 한 것으로 짐작된다. 미디어 연구자들 사이에 마샬 맥루언의 저서가 인기를 끈 반면, 맥루언의 유럽 대당인 윌리엄스의 미디어 저서에 대해 인색하였다는 것은 의외이다.

우리에게 윌리엄스는 1960년대 신좌파 운동의 정신적 지주이자 영국 문화연구의 선구자로 알려져 있다. 그는 웨일스의 가난한 철도 노동자의 집안에서 태어나 국가장학금을 받고 케임브리지 대학에 들어가 교수까지 된 소위 '개천에서 난 용'이다. 경직된 정치경제 위주의 마르크스주의와 구조주의를 비판하고 '문화는 일상적인 것이다'를 모토로 문화유물론을 주장하여 운동권과 민주 진영이 그를 '성인'의 경지로 추앙하였다. 하지만, 정작 대중문화에서 의미있는 '흐름의 문화(flow of culture)' '감정의 구조(structure of feeling)' '민주적 미디어 제도(democratic media system)' 등은 그다지 부각되지 않았다. 윌리엄스는 성인교육 강사 시절의 외로웠던 삶과 함께 새로운 대중문화와 미디어에 대한 주목이 결합해야만 제대로 볼 수 있다. 미디어 기술 위주의 미래 사회를 그린 마샬 맥루언과는 대조적으로 윌리엄스는 사회구조와 대중문화의 원형을 강조하였다. 즉 기술 못지않게 평범한 사람들의 일상성이 역사의 중심이라는 것이다.

필자가 본 윌리엄스는 평생 '경계인'이었다. 웨일스 출신으로 대학에서 잉글랜드 엘리트들과 거리감을 느꼈고, 한때 몰두하였던 공산주의와 사회주의에 대해 환멸을 느꼈다. 개인적으로는 부모의 반대에도 불구하고, 결혼하였으며 한국전쟁에 양심적 징집기피자로 징집요구를 거부하였다. 대학 졸업 후 브라이튼 시골 지역에서 '성인교육 강사'를 하였지만, 성인 교육의 변질을 비판하여 그만두었다. 1950년대 내내 외부와 고립된 채 개인적 저술 작업을 하는 '내부적 망명(internal exile)'을 하였다. 케임브리지에서도 1974년에야 정교수가 되었고, 학과 및 주변과 잘 어울리지 못하였다. 평생

정부와 공공 기관의 제도적 지원을 거부하고 부인의 도움만 받은 채 고독한 연구를 하였다. 윌리엄스의 글을 관통하는 '희망적 절망'의 메시지는 굴곡 많은 세월을 겪으면서 정착한 것이다.

이 책의 번역은 1976년에 Penguin Books에서 나온 3판을 기본으로 하였다. 번역 도중에 1962년에 나온 초판(Penguin Books)과 1966년의 2판(Chatto & Windus)도 참고하였다. 초판, 2판, 3판의 자료를 가급적 모두 담고자 하였기 때문에 원문과는 다소간 다르고 도표의 일련번호도 차이가 있을 것이다. 이는 내용과 시각적 통일성을 위한 불가피한 조치였다. 특히 인문학자로 언어의 역사적 연원에 대한 감각에 예민하였던 윌리엄스가 소설이나 문학 작품이 아닌 신문과 잡지를 미디어로 읽어내기가 쉽지 않았을 것이다. 윌리엄스는 영문학자 출신답게 〈커뮤니케이션스〉도 번역이 매우 까다로웠다. 단문과 장문이 교차하고, 어떤 부분은 분석이 자세하지만, 다른 부분은 불친절하게 분석이 생략되어 있다. 소설과 시는 물론이고, 당시 드라마와 광고 분석에서는 시대적 배경과 문맥을 몰라 헤매기도 하였다. 윌리엄스 본인도 통계분석은 물론이고 내용 분석 방법론이 없던 시절에 도서관에서 신문과 잡지를 대조하면서 엄청난 고생을 하였을 것으로 짐작된다. 어지럽게 펼쳐진 표들을 정리하고, 시대적 배경과 의미를 역자주로 설명하였다. 또한 문장이 너무 늘어지면 의미를 훼손하지 않는 범위에서 과감하게 정리하였다. 역자가 초벌을 번역한 후에 AI는 물론이고 지식인과 위키피디아를 이용하여 검증하였다. 과거에 비해 편리하였고, 일일이 검색하는 수고를 덜어주었다. 이 책은 〈텔레비전〉과 함께 AI 미디어 시대에 미디어 연구를 하는 사람들이 반드시 읽어야 할 고전이라고 생각된다. 최근에 많이 강조되는 미디어 리터러시 교육에서도 많이 읽혔으면 한다. 이 번역서의 발간에는 전북대의 연구지원이 있었다. 상업성 없는 고전을 기꺼이 출판해 준 박이정 출판사의 박찬익 대표님과 권효진 편집장님에게 감사드린다.

2025. 11.

역자

제2판 서문

이 책은 원래 펭귄 출판사의 특별 시리즈 〈1960년대의 영국(Britain in the Sixties)〉[1] 중 하나로 집필되었다. 본래 사회 및 문화 정책의 당면한 문제들을 다루었지만, 필연적으로 기존 제도와 시스템의 구조와 내용을 서술하고 분석하는 방식으로 접근하였다. 이 작업은 성인 교육에서 사용했던 방법과 자료를 토대로 이루어졌으며, 집필 당시 나는 대학의 외부 강의를 담당하는 직책에서 내부 교수직으로 이동하는 중이었다. 따라서, 그동안 이루어진 작업을 정리하고, 자칫하면 소실될 수도 있었던 내용을 체계화하는 과정이기도 했다.

초판은 발간 직후 빠르게 절판되었으며, 본래의 특별한 맥락을 넘어 지속적인 수요가 있었다. 특히, 본서에서 다룬 문제들이 점점 더 학문 연구의 대상으로 자리 잡으면서, 교육 과정과 강의 계획서에서 이에 대한 요구가 꾸준히 제기되었다. 지난 3~4년간 내게 남아 있던 마지막 한 권을 보관해 왔으나, 현재와는 달라진 교육 환경에서 이 책을 개정하여 출간할 수 있을지 확신할 수 없었다. 대학 강의는 자극적이며 지적 활력을 주지만, 동시에 많은 것을 배제하는 경향이 있다. 우선 강의 계획서의 차원에서 보면, 영국에서는 이와 같은 주제가 이제 막 대학 교육의 영역에 들어오기 시작했을 뿐이며, 대학의 보수적 문화는 전통적인 소수 엘리트 교육의 관심사와 습관에만 집중하도록 강하게 압박하고 있다. 그 결과, 보통 사람들의 삶에 영향을 미치는 문제와 제도는 점차 학문적 관심의 영역에서 배제되고 있다. 이번 개정을 준비하며 본서를 다시 검토하는 과정에서, 나는 이러한 압력이 지닌 무게와 그것이 제기하는 도전을 새삼 실감하게 되었다.

그동안 여러 변화가 있었다. 특히, 개정 과정에서 나는 정책 제안에 대한 장에 많은 내용을 추가하고 수정해야 한다는 점을 기쁘게 받아들였다. 여전히 더디지만, 분명한 변화와 발전이 이루어지고 있었기 때문이다. 되돌아보면, 1956년부터 1962년까지 문화 및 커뮤니케이션 분야에서 사상적 발전이 활발하게 이루어졌으며, 〈필킹턴 보고서(Pilkington Report)〉[2]가 발표될 즈음에는 이 논의가 공개적인 정치적 의제 수준까지 도달했음을 알 수 있다. 이러한 발전은 두 가지 중요한 결과를 낳았다. 첫째, 여론의 흐름과 이를 뒷받침하는 필수적인 연구가 사회적 논쟁의 중요한 부분으로 자리 잡게 되었다. 이 분야에서 앞선 시기에 이루어진 작업, 특히 〈Scrutiny〉[3]와 관련된 연구의 가장 큰 장점은 교육 분야에서의 강력한 영향력에 있다. 대중문화의 내용을 비판적으로 분석하는 작업은 이제 많은 학교에서 긴 역사를 지니며, 여전히 활발하게 이루어지고 있다. 둘째, 일반적으로 '뉴 레프트(New Left)'와 연관되는 두 번째 단계에서는 제도의 문제로 논의가 확장되었다. 여기에는 기존 제도의 개정과 개혁뿐만 아니라, 민주적 문화를 위한 새로운 제도의 가능성을 모색하는 작업이 포함된다. 두 단계 사이에는 여전히 적지 않은 긴장이 존재하며, 소수 문화(minority culture)와 민주적 문화(democratic culture)를 둘러싼 논의는 종종 양자를 대립적으로 구분짓는 경향이 있다. 그럼에도 불구하고 실제 연구에서는 이들 사이에 중요한 공통 기반이 확인되며, 이러한 결합적 영향은 분명한 공적 성과를 이끌었다. 영국에서는 여전히 균일하지 않지만, 이러한 새로운 분야에서 세계적으로 손꼽힐 만한 비판적 교육 체계를 발전시켜 왔다. 또한, 최근 한 연구에서 지적된 바와 같이, '자본주의적 문화 조직에 대한 원래의 비판이, 선진 자본주의 세계에서 유일하게 구체적인 프로그램적 방향성을 획득했다'는 점도 중요한 의미를 지닌다. 이러한 성과들은 지역적 차원에서도 확인할 수 있으며, 논의의 범위와 논점이 변화하고 있음을 명확히 보여준다. 이러한 변화는 지속적으로 새로운 도전 과제를 제기하지만, 동시에 가능성을 제시한다는 점에서 고무적이다.

그러나 이제 두 번째 결과를 기억할 때이다. 〈긴 혁명(The Long Revolution)〉과 〈커뮤니케이션스(Communications)〉가 출간된 시기 사이에, 그리고 〈필킹턴 보고서(Pilkington Report)〉에 대한 대중적 반응 속에서, 나에게는 분명하게 인식된 한 시점이 있었다. 매우 공개적인 방식으로도 드러났다. 그 시점에, 진정하고 강력한 반격이 조직되어 전개되었다. 이 반격은 먼저 유행하는 문화에 내재된 방식으로 표현되었다. 즉, 이러한 이야기들은 너무 자주 반복되었고, 점점 지루해지고 있다는 반응이 있었다. 이제는 다른 방향으로 나아가야 할 때라는 주장도 나왔다. 그러나 그 '다른 방향'이 무엇을 뜻하는지는 명확하지 않았다. 두 번째 유형의 반응도 있었다. 그것은 영국에서 변화가 시도될 때 자주 나타났던 익숙한 방식이었다. 불편한 사상들을 흡수하고, 억제하며, 표면적으로는 중립화하는 방식이었다. 그 사상들은 다시 돌아왔다. 그 출처를 연상시키는 메아리를 동반한 채였다. 그러나 그것들은 미묘하게 변형되었다. 결과적으로 기존 제도와 관행을 옹호하는 논리 속으로 통합되었다. 이 과정에서, 본래 급진적이었던 문제의식은 관리 가능한 수준의 불만 요소로 남겨져, 체제 전반에 대한 근본적인 도전으로 발전하지 못하도록 조정된다. 세 번째 유형은 기존 기득권층에 의한 직접적이고 공개적인 공격이었다. 이를 가장 극명하게 보여준 사례는, 상업적 텔레비전에 이해관계를 가진 신문사들에 의해 〈필킹턴 보고서〉가 심각하게 왜곡된 방식으로 보도된 사건이다. 이는 별도의 연구가 필요한 사례로 남아 있다.

이러한 의견의 부침 속에서도, 우리의 주요 문화 기관들의 기본적 성격은 변화하지 않았을 뿐만 아니라 오히려 더욱 안정적으로 자리 잡았고, 다양한 활동과 점점 더 긴밀하게 통합되었다. 나는 이러한 상황을 인식하고, 동시에 반격의 본질을 제대로 깨닫게 되었을 때, 다시 이 책을 출판하기 위한 작업을 해야 한다는 필요성을 절감했다. 본서는 특정한 목적을 위해 비교적 소규모로 기획된 책이었으며, 보다 크고 완전한 형태로 발전시키고 싶다는 바람은 여전히 남아 있다. 다행히 버밍엄대학교 현대문화연구센터(Centre for Contemporary Cultural Studies)에서 리처드 호가트(Richard Hoggart)와 스튜어트 홀(Stuart Hall)의 주도로 장기적인 연구가 진행되고 있다는 점은 매우 고무적이다. 내 연구의 세부 사항들은 이보다 더 길고 체계적인 연구로 대체되기를 기대한다. 하지만, 입문서로서, 그리고 일정한 문제의식을 제기하는 책으로서 본서가 여전히 의미 있는 역할을 할 수 있을 것이다.

이번 개정에서 나는 주로 '내용(Content)'과 '정책 제안(Proposals)' 장에 수정과 추가를 하는 것에 집중하였다. 1961년 데이터를 포함한 원래의 표와 비교할 수 있도록 1965년 데이터를 추가하였으며, 연속성과 비교 가능성을 확보하는 데 주안점을 두었다. (덴마크판인 Massemedierne, [코펜하겐, 1963]은 동일한 표를 사용하여 덴마크 언론을 분석하였다.) 또한 새로운 분석을 포함하여, 외국 신문과의 제한적 비교 및 헤드라인에 대한 새로운 유형의 비교를 추가하였다. 정책 제안 장에서는 지속적으로 이어지고 있는 논쟁을 반영하는 데 중점을 두었다. 아울러, 텔레비전 교육 방법론과 정부 백서 〈예술 정책(A Policy for the Arts)〉에 대한 의견을 다룬 두 개의 부록(부록 A, B)을 추가하였다.

마지막으로, 강조하고 싶은 두 가지 일반적인 논점을 서문에 포함하고자 한다. 첫째, 나는 모든 문화 기관이 기여자(contributors)의 통제하에 놓이는 것이 가장 바람직한 조직 형태라고 주장했다. 이 제안은 일부 관심을 끌었지만, 동시에 조롱의 대상이 되기도 했다. 예를 들어, 〈데일리 익스프레스(Daily Express)〉가 기여자들의 통제 아래 놓인다면 어떤 변화가 있을지를 상상해 보라는 요청을 받았다. 그러나 사실, 그러한 방식이 적용된다면 〈데일리 익스프레스〉 자체가 존재할 수 없을 것이다. 그것은 애초에 그런 유형의 매체가 아니기 때문이다. 심각한 의문도 제기되었다. 즉, 기존의 기여자들이 있는 한, 이러한 변화가 실현 가능한지, 근본적인 변화와 대체를 고려해야 하는 것이 아닌지에 대한 질문이었다.

물론, 갈등은 완전히 제거될 수 없다. 어떤 경우에는 급진적인 대체가 필요할 수도 있다. 그러나 나는 이 분야의 연구를 특정한 사회 변화 이론에 기초해 진행해 왔다. (《긴 혁명》의 첫 장에서 이를 가장 체계적으로 설명하고 있다). 나는 제도의 변화와 태도의 변화를 양자택일적인 개념으로 설정해서는 안 된다고 본다. 이 두 가지 입장을 대립적인 개념으로 설정하면, 각 입장은 극단적인 프로그램을 도출하게 된다. 첫 번째 입장은 기존 제도를 해체하고, 특정 시점에서 새로운 제도를 도입하는 급진적 접근을 요구한다. 반면, 두 번째 입장은 정치와 사회적 활동을 거부하고, 단순한 비판 행위를 독립적인 활동으로 간주하며, 태도와 반응을 정제하는 데 집중한다. 그러나 이러한 태도를 유지하기 위해서는 결국 기존의 사회적 습관과 구조를 암묵적으로 수용할 수밖에 없다. 두 입장 모두 부정적 특성을 공유한다. 하나는 사회 구조 전체를 반대하는 강경 집단이고, 다른 하나는 지적 구조 전체를 반대하는 강경 집단이다. 이러한 태도는 우리 사회에서 많은 지식인들에게 중요한 심리적 필요를 충족시킨다. 사실, 나 자신도 거의 매일 이 두 입장 사이에서 갈등을 겪는다. 그러나 본질적으로, 이러한 태도는 여전히 민주주의 이전 정치의 마지막 형태이며, 여기에서 변화란 본질적으로 타인에 대한 변화로 이해된다. 즉, 타인과 함께 변화하는 것은 타협으로 여겨진다. 이러한 두 입장은 모두 자유주의 전통에 따라 개인과 사회를 분리하며, 문화적 내용과 문화 기관을 분리한다. 그러나 이들이 갈라지는 지점은 무엇을 결정적 요인으로 볼 것인가에 있다. 한 입장은 제도를 결정적인 요소로 보고, 다른 입장은 태도를 결정적인 요소로 본다. 그러나 실제 변화는 이 두 요소가 서로 영향을 주고받는 과정에서 이루어진다.

내가 기존 기여자와 그들이 속한 제도에 대해 제기된 논점에 대한 답변을 하자면, 이는 지나치게 정적인 관점에서 이루어진 관찰이며, 개인이 소속된 제도에 의해 어떻게 형성되는지, 그리고 반대로 개인에 의해 제도가 어떤 방식으로 영향을 받는지에 대한 복잡한 상호작용을 제대로 고려하지 않은 시각이라고 할 수 있다. 내가 제안하는 변화는 성장의 개념을 바탕으로 한다. 즉, 우리는 현재 진행 중인 이 과정에 개입하는 방안을 찾아야 하며, 우리의 공통된 필요를 인식하고 이를 주장하는 것이 변화의 핵심이다. 이 개입이 가져올 충격 속에서만이 본질적인 변화가 이루어질 가능성이 있으며, 나는 이것이 다른 어떤 방식으로도 실현될 수 없다고 본다. 개인과 제도는 본질적으로 함께 변화해야 하며, 그렇지 않으면 변화는 일어나지 않는다.

내가 이 방향으로 연구를 계속하는 이유는, 다양한 제도 속에서 나와 타인을 관찰하면서 변화는 본질적으로 지속적인 과정이라는 사실을 깨달았기 때문이다. 그 과정에서 이루어지는 선택과 방향 결정은 종종 미묘하고 섬세하지만, 그로부터 도출되는 결단은 매우 깊고 본질적인 성격을 지닌다. 내가 구상하고자 했던 것은 인간적 연속성을 포함하는 급진적인 변화이며, 우리 사회에서 이에 대한 압력이야말로 가장 강렬하고 가치 있는 동력이라고 믿는다. 이 분야에서 연구하는 우리 모두의 과제는 이러한 압력을 명확히 표현하는 것이다. 왜냐하면, 명확히 표현될 때만이 이러한 압력은 하나의 체계적인 원칙과 실천적 프로그램으로 전환될 수 있기 때문이다.

내가 언급한 성장 개념은 현재 프랑스 문화 이론에서 중요한 개념으로 자리 잡은 지속적 교육 개념과 밀접하게 연결된다. 나는 최근 이에 대해 가치 있는 교류를 가질 기회가 있었다. 이 개념은 본서의 핵심을 이루는 학습과 대중 민주주의 문화 개념을 새로운 언어로 재구성하려는 중요한 시도이다. 특히, 여기서 강조하는 것은 우리의 사회적·문화적 경험 전체가 지닌 교육적 힘이다. 여기서 교육(éducation)은 단순한 교습(enseignement)과 구별되며, 이는 공식적·비공식적 형태의 지속적 교육뿐만 아니라, 우리가 속한 환경과 그 안에서 형성되는 제도 및 관계가 우리의 사고방식을 어떻게 형성하는지를 분석하는 작업이다.

이러한 관점에서 볼 때, 가족이나 도시 계획 문제를 논의하는 것 자체가 교육적 활동이 된다. 왜냐하면, 이러한 문제들이 바로 우리가 학습하는 공간이기 때문이다. 마찬가지로, '매스 커뮤니케이션'이라는 오래된 개념 속에 갇혀 있는 문화적 커뮤니케이션도 이와 같은 사회 정책과 긴밀하게 통합

될 수 있다. 텔레비전, 신문, 여성 잡지를 살펴보면, 이들 매체가 단순한 정보 제공의 역할을 넘어 하나의 교육적 기능을 수행하고 있음을 쉽게 확인할 수 있다. 또한, 이들은 공식적인 교육보다 훨씬 더 광범위하게 자금이 투자되고 배포되는 대중 교육의 핵심 영역이기도 하다.

이제 선택은 분명하다. 변화하는 사회 속에서 지속적 교육의 필요성은 어떤 방식으로든 충족될 것이다. 현재로서는 의미 있는 예외와 저항적 시도들이 있음에도 불구하고 이러한 교육은 대체로 자본주의 사회의 우선순위와 이해관계 속에서 흡수되고 있다. 특히, 자본주의 사회는 필연적으로 다음과 같은 원칙을 유지하려 한다. 즉, '소수의 지배층이 다수를 통제하고, 그들에게 커뮤니케이션을 통해 가르친다'는 개념이다. 나는 이번 개정 작업을 하면서, 문화 커뮤니케이션이 얼마나 강력하고 조직적으로 통합되어 있는지를 깨닫게 되었다. 경제적으로 보면, 광고를 중심으로 조직된 이 시스템은 문화적으로도 특정한 인간상, 인간의 욕구, 그리고 인간의 능력에 대한 특정한 가치와 습관을 중심으로 정교하게 구성되어 있다. 나는 이 강력한 문화 시스템이 앞으로 수십 년 동안 정치와 교육 모두를 자기 목적에 맞게 조정할 가능성이 크다고 본다. 정치 분야에서는 이미 선거 캠페인의 스타일과 권력의 재현 방식에 있어 이러한 영향이 두드러지게 나타나고 있다. 교육 분야에서도 이러한 압력은 이미 강하게 작용하고 있으며, 새로운 교육 매체의 오용을 통해 더욱 강화될 가능성이 크다. 또한, 교육에서 소수 문화를 보호하려는 움직임이 역설적으로 자본주의적 교육 시스템의 진입점이 될 수도 있다. 즉, 엘리트 교육을 위한 별도의 보호 구역이 형성되면, 이를 통해 대중 교육의 확장을 제한하는 기제로 작용할 수도 있다. 실제로 일부 엘리트 교육은 광고 및 홍보 분야에서 직접적으로 활용되고 있기도 하다.

이와 같은 자본주의적 영구 교육이 점점 더 체계화되고, 그 방법과 범위를 확장하는 현실 속에서 이에 대응할 수 있는 통합된 대안이 이제는 필수적이다. 나는 여러 국가에서 추진되고 있는 민주적이고 대중적인 형태의 지속적 교육 계획들을 살펴볼 기회가 있었다. 예를 들면, 가족 복지 프로그램, 학교·대학·성인 교육의 개선 및 확대, 자연환경 보호 정책, 여가와 학습의 필요를 반영한 도시 및 지역 계획, 그리고 노동의 의미와 통제권을 회복하려는 노력이 이에 해당한다.

나는 이러한 프로그램들이 지닌 정신 속에서 커뮤니케이션을 논의하고자 한다. 왜냐하면, 지속적 교육이 어떤 형태로 자리 잡을지는 바로 이 영역에서 결정될 것이기 때문이다. 물론, 커뮤니케이션은 특정한 영역이며, 지속적인 연구와 분석이 필요하다. 하지만 동시에, 이 영역은 우리가 세계를 어떻게 인식하고, 우리 자신을 어떻게 이해하며, 우리의 가능성을 어떻게 정의하는지를 형성하고 전파하는 가장 강력한 공간이기도 하다. 따라서, 이 분야에서 통제권을 회복하는 작업은 어떤 외부적 압력이 가해지든 간에 최우선 과제가 되어야 한다.

제3판 서문

이 책은 펭귄 출판사의 특별판으로 1962년에 처음 출판되었다. 1965년에 수정보완판이 나왔고, 〈회고와 전망, 1975〉라는 장을 추가하여 1975년에 3판이 나왔다. 이 글에서는 이 책이 집필된 시점부터 현재에 이르기까지 제기된 주요 쟁점들을 분석하였다. 동시에 1960년대 초반에 인식하였던 시각과 전망을 유지하고자 하였다. 해가 갈수록 이러한 분석과 주장이 필요하다는 것을 절실하게 느낀다.

이 작업은 처음부터 끝까지 아내의 도움에 크게 의존하였다. 1960년에 있었던 전국교사연합 주최의 〈대중문화와 개인적 책임〉이라는 주제의 컨퍼런스가 이 책의 출발점이 되었다. 각기 다른 시점과 방식으로 디터 페브스너(Dieter Pevsner), 스튜어트 홀(Stuart Hall), 그레이엄 마틴(Graham Martin), 리차드 호가트(Richard Hoggart), 엘리아스 브레드스도르프(Elias Bredsdorff), 마틴 버날(Martin Bernal), 에데린 윌리엄스(Ederyn Williams)와 니콜라스 간햄(Nicholas Garnham)의 도움을 받았다. 특히 매독 윌리엄스(Madawc Williams (1973)의 신문 내용 분석에 많은 도움을 받았다. 3장에 있는 새로운 글들을 〈The Listener〉에 실었던 글이다.

목차

부록

레이먼드 윌리엄스의

커뮤니케이션스

제 1 장

개념 정의*

(Definition)

우리가 말하는 '커뮤니케이션(communication)'은 무엇을 의미하는가? 영어에서 이 단어의 가장 오래된 의미는 사람과 사람 사이에서 아이디어, 정보, 태도를 전달하는 과정이다. 나중에는 지역과 지역 사이를 연결하는 경로나 수단이라는 의미로도 사용되었다. 산업혁명 이후 운하, 철도, 증기선, 자동차, 항공기와 같은 수송 수단들이 급속히 발전하면서 '커뮤니케이션'은 이동과 운송의 방식을 지칭하는 용어로 쓰이게 되었다. 현대에 들어서 또 다른 혁신이 이루어졌다. 증기 인쇄술, 전신, 사진, 무선 통신, 영화, 텔레비전은 모두 아이디어, 정보, 태도를 전달하는 새로운 방식들이며, 이 역시 '커뮤니케이션'으로 불린다. 이렇게 다양한 맥락으로 커뮤니케이션이 사용되면서 용어상의 혼란이 발생했다. 나는 물리적 이동이나 수송 수단에 대해서는 '커뮤니케이션'보다 '수송(transport)'이 적합하다고 생각한다.[4] 그러나 두 단어 모두 계속해서 사용될 것으로 예상된다. 이 책에서 나는 '커뮤니케이션스(communications)'는 아이디어, 정보, 태도가 송수신되는 제도와 형태를 의미하며, '커뮤니케이션(communication)'은 송수신의 과정을 지칭하는 데 사용하고자 한다.

우리 세대에 들어서 커뮤니케이션에 대한 관심이 현저히 증가했다. 역사적으로 볼 때, 강력한 새로운 커뮤니케이션 수단의 발전은 민주주의의 확장과 더불어, 민주주의를 통제하고 관리하려는 다양한 지배 집단들의 시도와 동시에 진행되었다. 또한 이러한 발전은 노동과 교육의 본질에 중대한 변화를 유발하였고, 많은 이들에게 새로운 사회적 기회를 제공하였다. 새로운 커뮤니케이션 체계의 출현과 대규모 조직의 성장은 사회의 규모를 비약적으로 확대하였고, 이러한 요소들이 결합하여 전혀 새로운 형태의 사회적 문제를 초래하였다. 커뮤니케이션에 대한 관심이 증가한 것은 이러한 새로운 상황에 대한 중요한 반응으로 나타난 것이다. 이는 실제로 우리가 일상적으로 사용한 범주들을 가로지르며 경험을 새롭게 열어주는 방식으로 작용하였다. 우리는 이미 사회에 대한 몇 가지 기본 관념이 이러한 새로운 강조에 따라 변화하고 있음을 목격하고 있다. 전통적 정치 관점은 사회의 중심적 사실을 권력과 정부로 간주하였고, 전통적 경제 관점은 그것을 재산, 생산, 교역으로 간주하였다. 이 두 가지 접근법은 여전히 중요하지만, 이제 그것들은 새로운 강조점과 함께 배치되어야 한다. 사회는 경험이 서술되고, 공유되고, 수정되며, 보존되는 하나의 커뮤니케이션 형태이기도 하기 때문이다. 우리는 우리 전체의 사회적 삶을 정치적 혹은 경제적 용어로 서술하는 데 익숙해져 있다. 그러나 커뮤니케이션에 대한 이러한 강조는 인간과 사회가 단지 권력이나 재산, 생산과 같은 관계들로만 구성되어 있지 않다는 사실을 실질적으로 주장한다. 인간이 서로를 설명하고, 배우며, 설득하고, 경험을 교환하는 관계는 본질적으로 중심적이다. 이 강조는 20세기 사회의 장기적 위기 상황에서 특히 중요해진다. 많은 이들은, 현대 커뮤니케이션의 성장을 인간이 학습하고 사고와 경험을 교환할 수 있는 능력의 확장보다는, 정부의 새로운 통치 수단 혹은 상업적 거래의 새로운 기회로 바라보아 왔다. 실제로 모든 새로운 커뮤니케이션 수단은 정치적 통제(예컨대 선전)나 상업적 이익(예컨대 광고)을 위한 수단으로 남용되기도 하였다. 우리는 이러한 남용에 항의할 수 있다. 그러나 만약 우리가 인간 사회에 대한 명확한 대안적 비전을 갖고 있지 않다면, 그러한 항의는 실질적인 효과를 내기 어렵다.

내가 보기에는, 커뮤니케이션을 부차적인 것으로 간주하는 우리의 태도 자체가 잘못된 것이다. 많은 이들은 먼저 '현실'이 존재하고 그것에 대한 '커뮤니케이션'이 있다고 가정한다.[5] 이와 같이 예술과 학문을 언제나 이차적인 활동으로 간주하게 되면, 우리는 그것들의 가치를 축소하게 된다. 다시 말해, 삶이 먼저 존재하고, 예술이나 학문은 그 삶을 단지 반영한다고 여기는 것이다.

우리가 가장 흔히 저지르는 정치적 오류는 권력, 즉 타인을 통치할 수 있는 능력이 사회적 과정 전체의 실체이며 정치의 유일한 맥락이라고 생각하는 것이다. 우리가 자주 범하는 경제적 오류는 생산과 교역만이 우리의 유일한 실질적 활동이며, 그것은 다른 어떤 인간적 정당화나 비판도 필요로 하지 않는다고 여기는 것이다. 그러나 우리는 이미 경험을 통해 알고 있는 사실을 다시 말할 필요가 있다. 인간의 삶과 사회의 작동은 이러한 목적들에만 한정될 수 없으며, 배우고, 서술하고, 이해하고, 교육하려는 투쟁이야말로 인간 존재의 중심적이며 필수적인 일부라는 것이다. 이러한 투쟁은 현실이 먼저 존재한 뒤에, 그에 부차적으로 시작되는 것이 아니다. 오히려 그것 자체가 현실이 지속적으로 형성되고 변화하는 주요한 방식이다. 우리가 '사회'라고 부르는 것은 정치적·경제적 제도의 네트워크일 뿐만 아니라, 동시에 학습과 커뮤니케이션의 과정이다.

커뮤니케이션은 배우고 서술하려는 투쟁 속에서 출발한다. 이 과정은 우리 내면에서 시작되며, 우리는 그 결과를 타인에게 전달하기 위해 일정한 규칙과 관습, 곧 접촉을 가능하게 하는 특정한 커뮤니케이션 모델에 의존하게 된다. 이러한 모델들이 더 이상 적절하지 않을 경우, 우리는 그것을 변화시키거나 수정하며 확장할 수 있다. 기존의 모델들을 효과적으로 활용하려는 노력과 그것을 변화시키려는 시도는 우리의 삶에서 상당한 에너지를 차지한다. 언어의 역사는 이러한 노력의 기록이며, 한 민족의 정치적·경제적 제도들이 변해온 역사만큼이나 중심적인 민족사의 일부다. 더 나아가, 많은 커뮤니케이션 모델은 그 자체로 하나의 사회 제도로 정착하였다. 타인을 대하는 특정한 태도, 호칭 방식, 어조와 표현 스타일 등은 사회적으로 강력한 영향력을 지닌 제도적 형태로 구체화되었다. 현대 커뮤니케이션의 위기는 기술 발명의 속도와 그 기술 수단이 적절하게 활용되어야 할 제도를 마련하는 데 따르는 어려움에서 비롯되었다. 현대 영국에서는 인쇄, 사진, 텔레비전이 다양한 방식으로 사용되고 있다. 그러나 이들 사용 방식은 단순히 기술적 수단 자체에서 자연스럽게 도출된 것이 아니다. 많은 방식은 변화하는 정치적·경제적 권력에 의해 형성되어 왔으며, 동시에 다양한 커뮤니케이션 모델의 영향도 받아 왔다. 예컨대, 많은 이들은 말하거나 글을 쓴다는 것이 곧 '대중'을 대상으로 하는 행위라고 인식한다. 사람들과 그들의 관심을 '서드 프로그램(Third Programme)', '홈 서비스(Home Service)', '라이트 프로그램(Light programme)'이라는 분류에 따라 나누고 정의할 수 있다는 생각도 마찬가지다.[6] '고급(quality)'과 '대중(popular)'으로 구분하는 사고방식도 포함된다. 이러한 논쟁의 여지가 있는 가정들이 견고한 실천적 제도 속에 구체화되면, 그 제도는 오히려 그것이 출발한 커뮤니케이션 모델을 사람들에게 되돌려 가르치게 된다. 우리는 현대 사회의 일반적인 커뮤니케이션 과정을 고찰할 때, 이들 제도의 구체적인 형태를 함께 들여다보지 않고는 그 과정을 제대로 이해할 수 없다. 더 나아가, 우리가 모든 사회 활동 속에서 커뮤니케이션의 중요성을 인식하게 될 때, 커뮤니케이션의 과정과 제도를 분석하는 일은 곧 우리 사회, 즉 그 사회가 지닌 몇 가지 특수한 관계 양상들을 새로운 시각에서 바라보는 일이 된다.

이 책은 이 분야에 대한 입문서이다. 먼저 현대 커뮤니케이션 수단들과 제도의 역사를 개괄하는 것으로 시작하여 우리의 가장 중요한 제도들의 방법과 내용을 다양한 관점에서 검토한다. 이어 제도를 둘러싸고 해마다 더욱 확대되고 심화하는 격렬한 논쟁을 다루고, 마지막으로 가능한 발전과 변화에 대한 일반적 논의의 기초가 될 수 있는 일련의 제안과 계획들을 제시한다. 나는 이 분야에서 오랫동안 연구해 왔으며, 이처럼 복잡하고 논쟁적인 주제를 간결하게 서술하는 책을 쓰는 데 따르는 어려움을 잘 알고 있다.

이 책은 노동자 교육 협회(WEA) 회원과 노동조합원을 대상으로 수년 동안 강의를 해온 경험을 바탕으로 구성되었다. 이러한 교육의 목적은 단지 특정한 사실이나 연구 방법을 제시하는 것이 아니라, 독립적인 탐구와 공동의 토론 과정을 시작하는 데 있다. 나는 이 책이 그런 방식으로 활용되어, 내가 중요하다고 믿는 하나의 커뮤니케이션 형태에 도움이 되기를 바란다.

나는 〈문화와 사회(Culture and Society)〉에서 다음과 같이 서술하였다. '어떠한 형태로든 의견을 들을 수 있다면 기쁘겠다. 우리가 처한 현재 상황을 고려할 때, 우리의 지속적인 관심과 그 관심을 표현하는 언어는 아무리 생생해도 지나치지 않다.' 그동안 나에게 전달된 수많은 찬성과 반대 의견들은 모두 소중했다. 이 초대는 지금도 여전히 유효하다.

제 2 장

역사 *

인쇄된 책은 현대적인 커뮤니케이션의 첫 번째 훌륭한 수단이다. 글쓰기는 커뮤니케이션의 기록을, 인쇄는 빠른 확산을 가능하게 하였다. 영국에서는 1500년에 2~3명의 인쇄업자가 있었으나, 1600년에는 90명 이상으로 증가했다. 1510년에 인쇄된 서적은 13종이었으나, 1600년에는 연평균 약 150종으로 늘어났다. 발라드, 역서, 팜플렛의 인쇄 또한 급속하게 증가했다. 17세기에는 책의 일반 판매 부수가 약 2,000부였으며, 인기 있는 역서는 평균 16,000부가 판매되었다.

1500년부터 1700년까지 국가는 인쇄물을 통제하기 위해 여러 조치를 하였다. 1538년에는 검열 제도가 도입되었고, 특허를 통해 인쇄업자의 수를 제한했고, 문제를 일으킨 저자는 기소 대상이 되었다. 이러한 조치는 정치적 상황에 따라 변동했다. 인쇄가 신문으로 발전하면서 엄격한 규제가 시행되었다. 1662년 인쇄허가법은 인쇄업자 수를 제한했고, 1663년에는 사실상 인쇄 뉴스의 독점권을 가진 언론 감시관이 임명되었다. 1695년 의회가 이 법의 갱신을 거부하면서 신문과 잡지가 급속히 확장되었다. 1700년부터 현대까지 커뮤니케이션의 역사는 대체로 신문의 역사라 할 수 있다. 점진적으로 개선된 우편 서비스부터 철도와 전보의 등장까지, 이 확장은 일반적 커뮤니케이션에 의존했다. 1814년 증기 인쇄술의 도입은 배포 속도를 혁신적으로 높였으며, 이후 인쇄 기술의 변화—현재 진행 중인 주요 변화 포함—는 깊은 영향을 미쳤다.

19세기 초까지 신문의 연간 판매량은 약 2,400만 부였으며, 매년 약 580종의 책이 평균 1,000부씩 출간되었다. 그러나 1700년부터 1820년 사이에는 새로운 형태로 인쇄물을 통제하려는 시도가 반복적으로 있었다. 언론인들에 대한 정부의 뇌물수수가 있었고, 일부 순응하는 신문에는 보조금을 지급했다. 직접적 국가 통제는 시장 세금 형태—신문 페이지마다 부과되는 인지세와 광고세[7]—로 대체되었다. 이는 수익 확보가 아닌 '비방 억제'를 목적으로 시행되었다. 18세기 초에 1/2 페니에서 시작된 인지세는 1815년에 4페니로 급등했는데, 이는 급진적 의견의 성장과 직접적 관련이 있었다. 독립적 언론인들은 1819년 표현의 자유를 억압하기 위한 추가 법안이 제정된 후에도 저항을 이어갔다.

1832년 개혁 법안(Reform Bill of 1832) 이후 상황이 바뀌었다. 광고세는 1833년 감소하고 1853년 폐지되었다. 인지세는 1836년 감소하고 1855년 폐지되었다. 증기 인쇄술과 철도의 성장에 힘입은 이러한 변화는 더 빠른 확장을 이끌었다. 신문 판매량은 1816년부터 1836년까지 33%, 1836년부터 1856년까지 70%, 1856년부터 1882년까지 약 600% 증가했다. 1830년대부터 범죄 보고서와 선정적 소설을 주로 다루는 새로운 일요 신문(sunday newspaper)[8]이 평일 일간지를 앞지르기 시작했으며, 이 우위는 지속되었다. 1850년 기준 성인 80명 중 1명이 일간지를, 20명 중 1명이 일요 신문을 읽었다. 1900년에는 성인 5~6명 중 1명이 일간지를, 3명 중 1명이 일요 신문을 읽었다. 독서 문화 역시 비슷한 확장을 경험하였다. 책 독서의 확장은 상상 이상이었으나, 속도는 더딘 편이었다. 1810년 약 580종이던 연간 출판물은 1850년대 2,600종으로 늘어났고, 1901년에는 6,000종에 달했다. 판매 부수는 증가했고 가격은 하락했다.

이제 우리는 극장과 엔터테인먼트 분야의 또 다른 발전 흐름을 살펴야 한다. 영국 최초의 극장은 1570년대에 건설되었지만, 그 이전에도 길드 연극—기적극과 도덕극[9]—이 축제 기간 거리와 시장에서 공연되며 대중 드라마의 기반을 마련했다. 또한 여기저기 옮겨 다니는 전문 연예인들이 박람회나 유사한 행사에서 공연하는 대중 엔터테인먼트도 존재했으나, 법적으로는 종종 무법자나 부랑자로 취급받았다. 1570년대에 새롭게 설립된 극장의 의의는, 연기자들이 비로소 안정적인 공연 공간을 갖게 되었다는 점에 있었다. 그러나 이러한 극장은 당국의 지속적인 규제와 압력을 받았고, 극단은 생존을 위해 후원자들의 후원과 보호에 의존해야 했다. 1640년대 올리버 크롬웰(Oliver Cromwell)이 이끄는 청교도 정권은 연극을 '부도덕한 오락'으로 간주하고, 모든 공공 극장을 폐쇄하기 이전까지 약 40년간 전문 배우와 극작가들이 대중 관객을 확보하며 문화적 성장이 두드러졌다. 다른 형태의 전문 엔터테인먼트는 여전히 어려움 속에서 지속되었다.

1660년 극장이 다시 문을 열면서 새로운 분열이 일어났다. 오직 두 개의 왕립 특허 극장(Royal Patent Theatres)만이 인정받았으며, 이들은 소위 '정통' 드라마의 독점권을 가졌다. 다른 전문 연예인들은 박람회 순회공연을 이어갔고, 18세기에 이르러 팬터마임, 스펙터클, 버라이어티 쇼 등 '비정통' 영역의 새로운 극장 형태로 진출했다. 특히 극장의 독점은 1843년이 되어서야 깨졌다. 공연 예술은 '예술'과 '오락'으로 구분되었으나, 경계는 모호한 채 극장 수는 점차 확장되었다.

1600년 엘리자베스 시대 연극의 전성기에 런던에는 최소 6개의 극장이 있었다. 1700년 왕정복고기 이후에는 2개로 축소되었으나, 1750년에는 런던에 5개, 지방에 5개의 극장이 추가되었고, 1800년에는 지방 극장이 40개로 늘어났다. 1850년에는 런던 21개, 지방 75개였으며, 1900년까지 런던 63개, 지방 300개 이상으로 급증했다. 또한 1840년대부터 음악 홀이 술집의 즉흥적 공연에서 발전하기 시작해, 1900년에는 40개가 운영되었다. 이들은 과거 '비정통' 전통을 이어받았으나, 과감한 홍보 캠페인과 엄청난 연봉, 버라이어티 쇼 분야의 새로운 발전을 특징으로 했다. 시장 박람회는 쇠퇴했지만, 19세기 후반에는 서커스로 발전한 동물원과 '승마 쇼'가 등장했다. 같은 시기, 축구와 경마 또한 정기적인 경기와 입장료를 갖춘 조직적인 오락으로 자리 잡게 되었고, 관중 수도 급격히 증가하였다.

1890년대에는 또 다른 변화가 시작되었다. 1896년 최초의 무선 전신 특허가 등록되었고, 영국에서 첫 영화 상영이 이루어져 음악 홀에서 정식 운영되기 시작했다. 무선과 영화의 본격적 영향은 1920년대에 나타났지만, 그 사이 언론 조직에 중대한 변화가 발생했다. 일반적으로 '노스클리프 혁명(Northcliffe Revolution)'[10]은 대중 저널리즘의 시작을 의미하는 것이 아니라(대중 저널리즘은 이미 1890년대의 일요 신문 이전부터 존재했다), 언론의 경제 구조를 근본적으로 바꾼 사건이었다.

18세기와 19세기 내내 신문은 광고로부터 다양한 수준의 수입을 의존해 왔다. 광고의 중요성은 18세기 중반에 정점을 찍었고, 19세기 후반에는 가장 낮은 수준으로 떨어졌다. 당시 광고는 오늘날 '분류 광고(classified advertising)'로 불리는 유형, 즉 특정 개인 알림이 주를 이루었다. 그러나 언론 외부에서는 다른 형태의 광고가 급속히 발전하고 있었다. 초기 광고는 박람회와 특허 의약품을 판매하는 행상인들과 밀접한 관련이 있었다. 그들의 홍보 방식은 신문을 통해 일부 전파되었지만, 주로 전단지와 포스터를 통해 확산되었다. 19세기 전반과 중반에 걸쳐 전단지 부착은 대규모로 조직된 산업으로 성장했다. 다양한 건물이 동의 없이 사용되다가, 1862년에는 전단지 협회가 특별 광고판을 설치했다. 길거리에서는 엄청난 수의 전단지가 배포되었으며, 사람과 차량을 고용해 광고판과 디스플레이를 돌려 보였다. 이는 1853년에 이르러 인력은 도로 가장자리로, 차량 사용은 금지될 정도로 과도하였다. 이후 새로운 발전이 이어졌다. 건물 꼭대기와 풍선 광고, 광고판의 대형 포스터, 전광판 광고 등이 등장했다. 결국 1880년대부터는 새로운 형태의 디스플레이 광고(display advertising)[11]가 언론에 진입하기 시작했고, 이는 마케팅 방식의 변화와 소매업 발전으로 인해 광고의 기반 자체가 변모하는 시기와 맞물렸다. 노스클리프(Northcliffe) 같은 인물들은 디스플레이 광고로부터의 수익 증가를 현대 신문 재정의 핵심으로 여겼으며,

특히 부수 확대를 위한 가격 인하의 수단으로 삼았다. 그는 자체 발행 부수를 공개하고 경쟁사에 동일한 조치를 요구했다. 새로운 형태의 광고 대행사들이 이 도전을 지지했으나, 이는 1931년이 되어서야 완전히 성공을 거두었다. 이 시점에 이르러 19세기 신문의 구조는 근본적으로 변모했다. 전형적인 19세기 신문은 광고 수익을 활용했지만 의존하지는 않았던 반면, 20세기 신문은 대중지의 경우 전체 수익의 약 절반, 전통적 소수층 대상 신문의 경우 약 3/4에 달하는 수준으로 광고 수익에 크게 의존하게 되었다. 이러한 광고 유형에서 충분한 수익을 확보하지 못하면, 상업 신문은 폐간되었다.

이 대대적 개편의 두 번째 측면은 신문과 잡지의 그룹 또는 체인 형성이었다. 19세기 신문 소유의 전형적 형태는 인쇄업자, 인쇄 가문 또는 소규모 회사에 의한 것이었다. 동일 인물이나 회사가 둘 이상의 신문을 소유하는 경우는 드물었다. 그러나 노스클리프(Northcliffe), 피어슨(Pearson), 뉴니스(Newnes)와 같은 새로운 유형의 언론 소유주들은 먼저 잡지 출판을 통해 자본과 독자층을 확보한 후, 이를 기반으로 신문을 창간하거나 기존 신문을 인수하며 언론 시장으로 진출해 나갔다. 이 과정은 20세기 내내 지속되었으며, 신문과 잡지 대부분은 독립적 민간 기업에서 자본주의적 복합체의 일원으로 전환되었다. 최근 수십 년간 이 과정은 가속화되었다.

앞으로도 변화가 예상되지만, 1974년 기준으로 전국 조간신문 판매량의 84%는 4개 그룹(리드 인터내셔널-IPC(Reed International-IPC), 뉴스 인터내셔널(News International), 비버브룩 신문사(Beaverbrook Newspapers), 어소시에이티드 신문사(Associated Newspapers))[12]이 장악했고, 전국 일요신문 판매량의 86%는 이 중 3개 그룹(리드 인터내셔널-IPC, 뉴스 인터내셔널, 비버브룩 신문사)이 차지했다. 런던의 두 석간신문은 전국 조간신문을 지배한 4개 그룹 중 2개(비버브룩 신문사와 어소시에이티드 신문사)의 소유였다. 지방 언론의 상당 부분도 앞서 언급된 3개 그룹을 포함한 복합체에 귀속되어 있었다.

이 시기 동안 독자층은 크게 확대되었다. 1920년에는 성인 2명 중 1명이 일간지를 읽었고, 성인 4명마다 일요 신문 5부를 읽었다. 1947년에는 성인 10명이 일간지 12부와 일요 신문 23부를 읽었다. 전국 일간지 총 발행 부수는 1937년 994만 3천 부, 1947년 1,556만 3천 부, 1961년 1,581만 2천 부, 1968년 1,494만 8천 부, 1974년 1,543만 3천 부를 기록했다. 전국 일요신문 총 발행 부수는 1937년 1,331만 5천 부, 1947년 3,532만 9천 부, 1961년 2,453만 6천 부, 1968년 2,417만 7천 부, 1974년 2,264만 1천 부였다. 전반적으로 1945년 직후 수년간 정체기를 맞았으며, 이후 전체적으로는 매우 높은 수준을 유지하되 다소 불규칙한 감소세를 보였다. 동시에 유통되는 신문의 종류는 꾸준히 줄어들었다. 19세기 말 런던 지역에 9개의 석간신문이 있었던 반면, 현재(불안정하게)는 2개만 남아 있다. 1960년 초 이후 7개의 전국 일간지 또는 일요 신문이 폐간되었다. 1900년과 비교할 때 독자층은 크게 확대되었지만, 선택의 폭은 심각하게 줄었다. 최근 폐간된 신문들은 대체로 상당한 발행 부수를 유지하고 있었다. 과거뿐만 아니라 현재의 기준으로도 매우 높은 수치였다. 폐간된 7개 전국지 중 5개의 마지막 발행 부수는 200만 부 이상(《엠파이어 뉴스》), 150만 부(《디스패치》), 각각 100만 부 이상(〈뉴스 크로니클〉, 〈그래픽〉, 〈선데이 크로니클〉)이었으며, 가장 최근 폐간된 두 신문(이 책의 최신판 이후 추가 폐간이 있을 수 있음)은 75만 부 이상(《스케치》)과 약 25만 부(《칠레안》, 구 〈레놀즈 뉴스〉)를 기록했다. 이러한 수치는 이들 신문이 독자들이 구매하지 않아 폐간된 것이라고 할 수 없음을 보여준다. 단지 현대 영국 신문 재정 구조에서 높은 구독 실적도 필수적인 광고 수익을 끌어올리기에 충분하지 않았기 때문이다. 낮은 발행 부수를 가진 〈타임스〉와 〈가디언〉 같은 신문들은 고소득층 및 사회적 영향력이 큰 계층 때문에 높은 단가의 광고 수익을 확보할 수 있어 생존하고 있다. 따라서 신문의 생존 여부는 많은 사람들이 원하는지가 아니라, 광고 매체의 적합성에 따라 결정된다. 이는 20세기 영국 커뮤니케이션의 독특한 특징이다.

반면 뮤지컬과 오페라를 주로 공연하는 극장은 꾸준히 쇠퇴했다. 1900

년 영국 전역의 400개 극장과 음악 홀이 200개로 줄었으며, 계속 감소하고 있다. 이 쇠퇴의 중요한 원인은 영화관의 경쟁이었으며, 영화관은 차례로 새로운 대규모 관객을 창출했다. 1939년 영국 영화관 주간 관객 수는 1,900만 명이었고, 1946년에는 3,100만 명을 넘었다. 전쟁 종전 이후 텔레비전의 등장으로 급격한 감소가 시작되었다. 1955년 주간 관객 수는 2,200만 명으로 줄었고, 1965년 600만 명, 1974년에는 300만 명 미만으로 떨어졌다. 전후 쇠퇴기에 영화관의 3분의 2 이상이 문을 닫았다. 1950년 4,584개였던 영화관은 1960년 3,034개, 1974년 1,200개(내부 개조로 1,600개 스크린 운영)로 감소했다.

19세기 극장의 확장은 20세기 영화 산업의 확장과 유사한 특징을 보였다. 초기 단계에는 소규모 투기업자가 지역 그룹을 점차 구축하는 방식이 주를 이뤘다. 후기 단계에서는 신문 산업에서 나타난 것과 유사한 복합체가 형성되었으며, 특히 런던 극장, 지방 공연장 체인, 대형 영화관 네트워크에서 두드러졌다. 영화 산업에서는 배급과 제작 측면의 소유권이 긴밀하게 연계되었다. 쇠퇴기에 접어든 극장과 영화관은 일반 상업 자산으로 취급되며, 투기적 부동산 계획의 일환으로 폐쇄되는 경우가 빈번했다.

20세기 영국에서의 커뮤니케이션 수단의 소유 형태에서 특징은 방송이 본격적으로 발전하기 시작할 무렵 이러한 경향이 차단되었다는 점이다. 아마도 국가 안보와 관련된 문제로 인해, 방송의 초기 발전은 곧 공공 기관에 의해 원래의 상업적 결합체로부터 인수되었다. 1927년 왕실 칙령(Royal Charter)을 통해 BBC가 독립적인 공공 법인으로 설립되었으며, 독점적 권리를 부여받았다. 이 칙령은 1937년에 갱신되었으며, 이후 텔레비전의 초기 발전 또한 이 틀 안에서 이루어졌다. 최초의 공공 텔레비전 서비스는 1936년 BBC에 의해 시작되었다. 1954년 텔레비전의 독점 체제가 무너졌고, 의회의 법령에 따라 두 번째 공공 기관인 ITA(Independent Television Authority)가 설립되었다. 이 기관은 상업 라디오를 포함하여 IBA(Independent Broadcasting Authority)로 이름을 바꾸었다. ITA는 송신 수단을 소유하고 있으나, 방송 내용은 약 13개 방송회사와의 계약을 통해 공급받는다. BBC는 수신료 수입을 통해 재정을 조달하는 반면, IBA는 프로그램 제작사들로부터의 납부금을 통해 운영되며, 이 제작사들은 광고 시간을 판매하여 수익을 창출한다. 따라서 1950년대에 들어서면, 언론에서 나타났던 것과 유사한 형태가 다수 텔레비전 서비스에서도 나타난다. 주요 수익원은 광고이며, 방송 프로그램 회사들은 신문사와 마찬가지로 광고 수익에 의존한다. IBA의 통제와 해당 법률의 규정은 차별화 요소로 작용하지만, 전체적인 상황에서 보자면 방송 프로그램 회사들에 대한 투자는 대부분 기존의 신문사나 극장, 영화 산업의 결합체에 의해 이루어졌다. 최근에는 광고 수익에 의존하는 지역 상업 라디오 방송이 출현하면서 이러한 경향이 더욱 확대되었다.

방송의 시청자 수는 놀라운 속도로 증가하였다. 매일 2,000만에서 2,500만 명이 텔레비전을 시청한다. 대다수 가정은 하나 이상의 라디오를 보유하고 있으며, 인구의 96%가 가정에 텔레비전을 갖추고 있다. 특정 프로그램의 시청자 수는 영국 커뮤니케이션 역사상 최대 규모를 기록한다. 방송과 녹음 기술의 발전은 모든 장르의 음악에 대한 청중을 비약적으로 확대하였다. 1970년대 중반에는 연간 약 2억 장의 레코드가 판매되었다.

출판물에서도 마찬가지로 큰 성장이 있었다. 1901년 연간 발행 도서 수는 6,000종에 불과했지만, 1924년에는 12,000종을 넘었고, 1937년에는 17,000종, 1963년에는 26,000종, 1973년에는 35,000종을 넘겼으며, 이 중 25,000종 이상은 신간이었다. 도서관 시설도 크게 확장되어, 1970년대 중반에는 공공 도서관 시스템을 통해 연간 약 6억 권의 책이 대출되고 있었다(이는 다른 사회와 비교할 때 매우 높은 수치이다). 이와 동시에 영국의 출판 산업, 특히 양장본이 비교적 저렴한 가격에 판매되는 출판 시장의 판매량에도 큰 영향을 미쳤다. 1930년대 중반 이후, 페이퍼 백[13] 생산에서 눈에 띄는 팽창이 있었고, 1950년대 중반에는 연간 약 2천만 권이 판매되었으며, 1960년대 중반에는 8천만 권, 1970년대 중반에는 1억 7천만 부에 달했다. 실제 독서 인구와 책 구매 인구는 계량화하기 어렵지만, 실제 이용률에는 큰 편차가 있을 수 있지만, 독서 인구는 전체 인구의 약 60퍼센트일 것으로 추정된다. 이러한 대다수 대중에 의한 도서 소비는 1950년대에 처음 도달한 것으로 보이며, 이는 1910년까지 일요 신문에 대한 대다수 대중의 소비와, 제1차 세계대전이 끝날 무렵의 일간지 소비와 비교될 수 있다.

도서 생산 또한 19세기 말 언론에서 관찰되었던 소유권 변화와 유사한 변화를 겪고 있다. 여전히 독립 출판사들도 존재하지만, 소유권 통합을 향한 뚜렷하고 가속화된 경향이 나타나고 있으며, 상당수의 겉보기에는 독립적인 출판 브랜드들이 이미 대형 출판 그룹에 흡수되었다.

이러한 전반적 기록에서 우리는 무엇을 배울 수 있을까? 현대 커뮤니케이션 역사에는 두 가지 주요 요인이 있다는 것은 분명하다. 첫째는 청중의 놀라운 확장이다. 신문, 잡지, 도서, 방송, 텔레비전, 녹음된 음악에 이르기까지, 과거와는 비교할 수 없는 수준의 확장이 이루어졌으며, 이러한 흐름은 오늘날에도 지속되고 있다. 최근 영화 관객 수의 감소에도 불구하고 여전히 많은 대중이 남아 있으며, 극장의 쇠퇴는 방송과 텔레비전을 통한 극적 콘텐츠 수용자의 비약적인 증가로 상쇄되었다. 이 전반적인 과정은 하나의 문화적 혁명이라는 결과를 낳고 있다.

동시에 또 하나의 중대한 전개가 있었다. 커뮤니케이션 수단의 소유권은 일반 산업 생산의 주요 소유 형태와 유사한 형태로 이동하고 있다. 자본주의 기업의 방식과 태도는 이제 공적 커뮤니케이션의 중심에 자리를 잡았다. 광고 수익에 대한 광범위한 의존이 존재하며, 이는 가능한 한 빨리 대규모 청중을 확보하고 광고주를 유치·유지하려는 정책으로 이어진다. 여기서 커뮤니케이션의 주요 목적 중 하나—실제로는 지배의 목적—는 특정 신문이나 프로그램을 판매하는 것이 된다. 인간 경험의 공유라는 모든 기본적 커뮤니케이션의 목적들이 점차 이 판매 압력에 종속되고 있다.

이러한 압박은 점점 더 증가하였다. 자신의 견해를 전파하기 위해 통제를 원했던 과거의 신문 소유주는, 대체로 이제 자신의 의견에는 관심이 없고 가능한 한 많은 신문을 팔고자 하는 소유주 유형으로 대체되었다. 과거에는 정책의 수단이었던 것이 이제는 정책 그 자체가 되어버린 것이다. 커뮤니케이션 조직은 사용이 아니라 이윤을 위한 것이 되었으며, 이제는 이러한 현실을 다르게 가장할 여지도 사라졌다.

이러한 강조점은 필연적으로 커뮤니케이션의 본질 그 자체에 영향을 미친다. 커뮤니케이션은 언제 어떤 형태로든 인간 세계를 드러낼 수밖에 없으며, 단순히 사물의 생산에만 국한될 수 없다. 하지만, 상품 판매를 통해 습득된 방식들이 인간에게도 적용되고 있다. 이는 인격과 성격의 제조 및 마케팅과 같은 형태로, 강력하고 팽창하는 홍보의 세계에서 나타난다. 경험 자체를 포장하거나, 심지어 그 경험의 외형적 광택만을 판매하여 실제 경험을 대체하는 방식도 존재한다. 이러한 경향이 인간에게 미치는 영향은 분명히 심각할 수밖에 없음에도 불구하고, 종종 '이상주의'로 치부되며, 판매 중심의 강조는 정상적이고 실용적인 것으로 여겨진다. 그러나 아이러니한 사실은, 커뮤니케이션의 유일하게 실질적인 목적이 바로 진정한 경험의 공유에 있다는 점이다. 이보다 더 높은 가치를 설정하는 것은 실용적이지 않다고 여겨질 수 있지만, 실상 그러한 판단 자체가 오히려 세계를 제한된 틀로 축소해 바라보는, 길들여지고 왜곡된 시각의 산물일 뿐이다.

이 두 주요 과정—대중적 확장과 판매 강조—의 상호작용은 매우 복잡하다. 이 둘은 우리의 인식 속에서 하나로 엮여 있는데, 그것들이 동시에 발생했기 때문이다. 그러나 그 일이 달리 일어났을 수도 있었고, 여전히 달라질 수도 있다는 점을 이해하기란 쉽지 않다.

역사적 분석은 두 측면에서 이루어져야 한다. 첫째, 커뮤니케이션의 확장은 민주주의의 확장 일부였다. 20세기에 들어와서, 대중의 영역은 확대되었지만, 커뮤니케이션 수단에 대한 소유와 통제는 오히려 좁아졌다. 과거 국가의 통제에 대한 기억 때문에 공적 통제에 대한 두려움이 존재하지만, 통제의 형태는 다양할 수 있다. 현대의 결합체 체제에서는 새로운 형태의 통제가 나타나고 있으며, 우리는 버크(Burke)[14]의 말에 동의할 수 있을지도 모른다.

> 지혜로운 이들은 악에 대한 처방을 이름이 아니라 실상에 따라 적용할 것이다… 그렇지 않으면, 당신은 역사적으로는 현명하겠지만 실제로는 어리석은 자가 될 것이다… 당신은 유령과 환영에 스스로를 겁주며, 당신의 집은 도적의 소굴이 될 것이다.

현대의 제한된 소유로 향하는 경향에서, 민주주의의 문화적 조건들은 실제로 거부당하고 있다. 때로는 아이러니하게도 자유라는 이름 아래서 말이다.

둘째, 확장은 인간 성장의 한 과정이었고, 지금도 그러하다. 모든 성장은 어렵고, 시간과 세심한 돌봄이 필요하다. 많은 종류의 혼란과 불확실성은 필연적으로 나타난다. 만약 과거의 형식을 그대로 유지하려 하거나, 새로운 문제를 해결하려는 새로운 형태를 이름뿐인 것으로 비난한다면, 과거의 형식은 새 문제에 무관한 것으로 전락할 수밖에 없다. 그 결과, 새로운 형태에 대한 통제권은 사회의 성장을 원하지 않거나, 확장이 지향하는 인간적 목적에 무관심한 이들에게 넘어갈 수 있다. 이러한 이들은 미숙함을 하나의 기회가 아닌 혼란이나 범법행위로 간주할 것이다. 새로운 문화가 출현하는 대신, '합성 문화(synthetic culture)'—긴장을 겪되 진정한 성장을 피하는 문화—가 등장하게 될 것이다. 이는 빠른 판매를 위한 문화일 뿐이다. 이러한 이들이 지배하는 한, 확장은 존재할지라도 진정한 성장은 없을 것이다.

합성 문화는 쉽게 만들어진다. 오래된 문화는 멀게 느껴진다. 우리는 이 긴장 속에 갇혀 있다. 하지만 성장의 힘, 확장의 진정한 동인들은 결국 부정될 수 없다. 많은 어려움을 겪으며 우리는 이미 실질적이고 가치 있는 성장의 사례들을 목격하였다. 그러나 이러한 확장의 본질은 우리에게 간단한 시험 기준을 적용할 수 없음을 경고한다. 우리는 다음과 같은 모순을 인식해야 한다. 즉 민주주의와 제한된 소유 사이의 모순, 진정한 확장과 판매를 위한 확장 사이의 모순이다. 커뮤니케이션의 진정한 역사는 이러한 모순을 보여줌으로써, 또한 우리로 하여금 미래를 위해 진정으로 대안적인 방향 중 하나를 선택할 필요가 있음을 일깨운다.

제 3 장

내용

우리는 특정한 신문이나 방송 프로그램에 익숙해지면서 그 내용과 시각을 당연하게 받아들이는 경향이 있다. 익숙한 매체를 계속 접하는 것은 그것을 더 쉽게 이해하는 데 도움이 된다. 그러나 한 가지 위험이 있다. 우리가 좋아하는 신문이나 프로그램이 세상을 바라보는 특정한 방식을 반영하고 있음에도 불구하고, 그것이 단 하나의 가능성일 뿐이라는 사실을 잊어버릴 수 있다는 점이다. 많은 사람들은 〈더 타임스〉와 〈데일리 미러〉, 혹은 〈서드 프로그램〉과 ITV 프로그램이 서로 다른 세계관을 가지고 있음을 알고 있다. 그러나 이러한 명백한 차이를 아는 것만으로는 충분하지 않다. 민주주의 사회에서 우리가 진정으로 깨어 있고 독립적인 사고를 유지하려면, 익숙한 미디어뿐만 아니라, 피하거나 무시해 온 미디어의 내용과 방식도 비판적으로 바라볼 필요가 있다. 이를 위해 우리는 미디어를 분석하는 여러 가지 방법을 활용할 수 있다. 나는 이러한 방법을 몇 가지 사례를 통해 설명하고자 한다. 이를 통해 우리가 사용할 수 있는 방법을 제시하고, 실제 자료를 활용한 분석도 하고자 한다. 이러한 분석은 지속적으로 이루어져야 한다. 미디어의 중요한 변화는 종종 공식적으로 발표되지 않기 때문에 이러한 과정을 통해 변화에 대한 감각을 유지할 수 있다. 또한, 역사적 비교를 통해 특정한 흐름을 파악하는 것이 가능해진다. 표본 조사에는 항상 일정한 오류가 존재하기 때문에, 분석의 신뢰성을 높이려면 다양한 표본을 활용하고 더 많은 사람들이 이러한 연구에 참여해야 한다. 과거에도 유사한 연구가 진행된 바 있으며, 가능하면 비교가 쉬운 방식으로 분석 방법을 유지하려 한다. 하지만 기존 연구들은 흩어져 있고 체계적이지 않기 때문에 새로운 분석 방식을 추가하고자 한다. 이 연구는 다음 세 가지 방식으로 진행될 것이다. 첫째, 콘텐츠 카테고리별 분석, 둘째, 스타일과 표현 방식 분석, 셋째, 비교 서베이이다.

1. 콘텐츠 카테고리별 분석

신문, 잡지, 그리고 방송 프로그램을 대상으로 각 매체가 서로 다른 유형의 콘텐츠에 할애하는 공간과 시간의 비율을 살펴보고자 한다. 먼저 신문, 특히 전국 단위의 조간신문을 중심으로 분석한다. 신문 지면이 광고와 편집(사설 및 기사) 콘텐츠로 어떻게 나뉘는지를 조사할 것이다. 이를 위해 표본 분석을 하고, 그 결과를 〈표 1〉에 정리하였다. 신문의 가격, 지면 수, 그리고 평균 발행 부수 등의 요소들이 광고와 편집 기사 간의 비율에 어떤 영향을 미치는지를 분석하고자 한다. 이러한 분석을 통해 광고가 신문 전체에서 차지하는 비율을 확인하고, 신문의 경제적 구조와 콘텐츠 구성 간의 연관성을 탐색할 수 있을 것이다.

신문 지면에서 광고와 편집 콘텐츠가 차지하는 비율은 단순히 신문의 성격 즉, '고급지(quality paper)'인지 '대중지(popular paper)'인지에 의해 결정되지 않는다. 광고 비율이 가장 낮은 〈해럴드(Herald)〉, 〈스케치(Sketch)〉, 〈워커(Worker)〉 등의 신문은 광고를 더 많이 유치할 수 있다면 그렇게 했을 것이다. 하지만, 〈해럴드〉와 〈스케치〉는 주요 경쟁지에 비해 발행 부수가 낮아 광고 수익이 적다. 반면, 〈더 타임스(The Times)〉와 〈가디언(Guardian)〉은 상대적으로 낮은 발행 부수를 기록하지만, 독자층의 사회·경제적 지위가 높아 광고를 더 많이 유치할 수 있다. 〈워커〉의 경우, 낮은 발행 부수와 함께 정치적 성향이 광고 유치에 부정적인 영향을 미치고 있다. 이러한 예외적인 사례들을 제외하면, 신문 지면의 약 1/3 정도가 광고에 할애된다는 평균적인 수치를 도출할 수 있다. 분석의 연속성과 비교를 위해, 1965년과 1973년에도 추가적인 표본 분석을 하였다.

〈표 1 a, b, c〉

1961. 7	가격 (펜스)	페이지 수	평균 발행 부수 (천 단위)	뉴스 비율 (%)	광고 비율 (%)
더 타임스	5	18	260	68	32
가디언	4	16	235	61	39
텔레그래프	3	22	1,264	52	48
메일	3	16	2,687	68	32
익스프레스	3	12	4,318	66	34
헤럴드(더 선으로 변경)	3	10	1,418	77	23
워커스(모닝 스타로 변경)	3	4	?	97	3
미러	3	20(타블로이판)	4,593	67	33
스케치	3	16(타블로이판)	1,000	90	10
1965. 7					
더 타임스	6	24	258	64	36
가디언	5	22	276	63	37
텔레그래프	4	32	1,351	44	56
메일	3	16	2,425	61	39
익스프레스	4	16	4,042	61	39
선(헤럴드 후신)	4	14	1,361	69	31
워커스(모닝 스타로 바뀜)	4	4	60	96	4
미러	4	24(타블로이판)	4,957	65	35
스케치	4	20(타블로이판)	826	80	20
1973. 7	신펜스 (구펜스)				
더 타임스	5(12)	32	344	62	38

가디언	5(12)	24	345	73	27
텔레그래프	4(9.6)	36	1,419	48	52
메일	3(7.2)	40(타블로이판)	1,729	60	40
익스프레스	3(7.2)	20	3,290	60	40
선	3(7.2)	32(타블로이판)	2,966	64	36
스타	4(9.6)	6	?	91	9
미러	3(7.2)	28(타블로이판)	4,291	63	37

이 표에서 주목할 점은 전체적인 발행 부수 감소와 판매 가격 상승이다. 〈더 타임스〉, 〈가디언〉, 〈텔레그래프〉는 발행 부수가 증가하거나 현상 유지를 하였지만, 〈미러(Mirror)〉, 〈익스프레스(Express)〉, 〈메일(Mail)〉은 감소했다. 이는 단순히 '대중지'에서 '고급지'로의 이동을 의미하지 않는다. 새 경영 체제에서 〈선(Sun)〉의 급격한 성장은 기존의 대중적 화보 저널리즘 스타일을 유지하며, 다른 매체에서 나타나는 심층 저널리즘 경향과는 거의 무관했다. 신문의 광고 의존도는 증가했다. 1961년 전체 신문의 평균 광고 비율은 28%(〈워커〉 제외 시 31%)였다. 1965년에는 이러한 비율이 각각 33%와 36%로 증가했고, 1973년에는 35%와 39%로 증가했다. 〈스케치〉의 낮은 광고 비율은 폐간의 주요 원인이었다.

	1937	1955	1961	1965	1973
〈더 타임스〉	33	40	32	36	38
〈메일〉	41	36	32	39	40
〈미러〉	26	34	33	35	37

신문이 광고에 상당 부분 의존한 것이 일반적이다. 대표적인 세 신문의 광고 비율을 시기별로 분석하면 다르게 나타나지만, 대체로 증가하였다. 전통적인 의미의 '고급지', '대중지', 혹은 '타블로이드'를 막론하고, 상업 광고에 대한 의존은 공통적 특징으로 나타났다.

〈표 2 a, b, c〉

1961. 7	더 타임스	가디언	텔레그래프	메일	익스프레스	헤럴드 (후신 선)	워커스 (후신 스타)	미러	스케치
분류광고	69	66	85	12	13	27	34	9	19
전시광고	31	34	15	88	87	73	66	91	81
1965. 7	더 타임스	가디언	텔레그래프	메일	익스프레스	헤럴드	워커스	미러	스케치
분류광고	77	75	73	44	22	18	100	9	41
전시광고	23	25	27	56	78	82	0	91	59
1973. 7	더 타임스	가디언	텔레그래프	메일	익스프레스	헤럴드	워커스	미러	스케치
분류광고	67	41&1/2	67&1/2	37	37&1/2	34&1/2	100	36&1/2	—
전시광고	33	58&1/2	32&1/2	63	62&1/2	65&1/2	0	63&1/2	—

하지만 광고는 매우 넓은 범주의 개념이며, 신문마다 광고 공간을 활용하는 방식은 차이가 있다. 예를 들어, 대중적인 대형 신문에서는 특정 공지나 작은 글씨로 구성된 분류 광고 classified advertisements의 비중이 높지만, 소규모 신문에서는 대형 글씨와 삽화를 활용한 디스플레이 광고 display advertisements가 차지하는 비율이 높다. 대형 신문과 소형 신문 그룹의 광고 유형 차이는 1961년에 비해 1973년에는 감소했으나, 여전히 뚜렷한 차이가 있다. 〈표 2〉에서는 광고 유형 간 비율 차이를 정리하였다. 이와 같은 차이는 신문을 직접 살펴보면 쉽게 파악할 수 있다. 그러나 광고 공간의 활용 방식에는 이보다 더 세밀한 차이점들이 존재하며, 이는 보다 면밀한 분석이 필요하다. 어떤 종류의 상품이나 서비스 광고가 어떤 신문에서 얼마나 많은 지면을 차지하는지를 비교해 보면 유의미한 차이를 발견할 수 있다. 〈표 3〉은 그에 대한 예시적 분포를 보여준다.

〈표 3 a, b, c〉

1961. 7	회사 간 및 여론	여행	차량	음료와 담배	기타 소비재	음식	특허 의약품	기타
더 타임스	57	10	8	8	5	—	1	11
가디언	48	7	8	9	18	—	1	9
텔레그래프	37	9	8	6	28	1	8	3
메일	—	2	2	13	55	10	9	9
익스프레스	—	2	2	14	43	10	16	13
헤럴드	—	—		3	62	9	13	13
워커	—	—		—	100	—	—	—
미러	—	—		13	59	9	16	3
스케치	—	—		42	25	—	7	26

1965. 7	회사 간 및 여론	여행	차량	음료와 담배	기타 소비재	음식	특허 의약품	기타
더 타임스	76	24	—	—	—	—	—	—
가디언	63	14	11	—	12	—	—	—
텔레그래프	54	8	14	7	9	8	—	—
메일	—	—	7	31	20	37	2	3
익스프레스	—	—	14	2	22	38	7	17
선	—	—	—	25	18	31	1/2	25&1/2
워커	—	—	—	—	—	—	—	—
미러	—	—	—	22	39	19	19	1
스케치	—	8	—	14	8	42	24	4

1973. 7	회사 간 및 여론	개인 금융	여행	차량	음료와 담배	기타 소비재	음식	특허의 약품	기타
더 타임스	61	5	2	24	—	6&1/2	—	—	1&1/2
가디언	80&1/2	—	2	16&1/2	1	—	—	—	—
텔레그래프	41&1/2	20&1/2	10	20	—	4	—	—	4
메일	—	57	—	11	12	9	5	5	1
익스프레스	6&1/2	24	8&1/2	19	6&1/2	13	10&1/2	5	6
선	7	24	—	16&1/2	14	2	25	5&1/2	6
스타	—	—	—	—	—	—	—	—	—
미러	—	13	—	16	16	15	30	8	2

이 수치는 디스플레이 광고만의 분포를 보여준다. 물론 이러한 비율은 시기마다 다를 수 있지만, 몇 가지 경향은 뚜렷하게 드러난다. 아마도 가장 주목할 만한 것은 '기업 간 및 여론 대상(inter-company and public opinion)' 광고[15]인데, 이는 비교적 새로운 유형의 광고이다. 이러한 광고는 대부분의 사람에게 직접적인 구매를 유도하거나 소비를 목표로 하지 않는다. 광고하는 제품은 대체로 규모가 큰 조직만이 구매할 수 있고, 전문적인 업계에 한정되어 있다. 그렇다면 왜 이러한 광고를 전문 업계 잡지 대신 일반 신문에 게재하는 것일까?

보통의 설명은, 이러한 광고가 실리는 신문은 해당 제품에 대한 구매 결정을 내릴 수 있는 위치에 있는 독자들의 비율이 가장 높다는 것이다. 이 설명은 일정 부분 분명히 타당하다. 하지만 그 비율이 실제 광고 지면에 비해 매우 작을 가능성이 있다. 더 근본적인 설명은 이러한 광고가 실제 거래 유도와는 별개로 대중 여론을 이끄는 데 있어 영향력이 있는 독자에게 해당 기업의 위신이나 '이미지'를 전달하려는 목적을 가진다는 점이다. 이러한 광고는 단지 개별 기업뿐 아니라, 기업 전체의 '이미지'를 긍정적으로 강조한다. 이 지점에서 이러한 광고와 본격적인 정치 광고의 경계는 종종 매우 모호해진다.

디스플레이 광고의 분포는 상당히 명확한 패턴을 보인다. 고가 상품 및 서비스(특히 여행·자동차)는 1961년 기준 고가 신문 또는 고소득층 독자를 대상으로 하는 매체에 집중되었다. 1973년까지는 일반적인 사회적 이유로 인해 이러한 경향이 줄었으며, 특히 자동차 광고에서 두드러진다. 중간 가격대 전시 광고의 분포는 덜 의미 있는 편이다. 표본의 지역적 변동은 중요하지 않으며, 추가 표본 분석 시 수정될 가능성이 크다. 고가 신문의 전시 광고에서 핵심은 '기업 간 및 여론 광고' 범주라면, 저가 신문에서는 특히 의약품 광고가 지속적 특징으로 나타난다. 이는 가장 빈곤하고 교육 수준이 낮은 계층을 대상으로 집중되는 것으로 보이며, 의도적 정책일 가능성이 있어 지속적 관찰이 필요하다. 새로운 경향으로는 〈표 3c〉의 '개인 금융'

범주가 있다. 이는 1960-70년대 초반 '투자신탁(unit trusts)'[16] 같은 주식 판매 및 건축 금융 상품의 활성화와 관련된다. 이는 같은 표에서 '금융 뉴스'의 증가에서 잘 나타난다.

〈표 2〉에 나타난 시기별 변화를 보면, 대중지에서는 분류 광고가 증가하고, 소규모 발행 신문에서는 디스플레이 광고가 다소 증가했음을 알 수 있다. 이러한 경향은 1961년에 비해 1973년에는 두 신문 그룹 간 광고 유형 분포의 차이를 덜 뚜렷하게 만들었지만, 그 차이는 여전히 명확히 존재한다.

나는 지금까지 광고 공간의 활용에 대해서만 논의하였다. 이는 신문의 내용 중 쉽게 간과될 수 있지만, 그 규모와 형식 면에서 매우 중요한 부분이기 때문이다. 이제 일반적으로 신문의 약 2/3를 차지하는 나머지 지면의 활용 방식으로 논의를 전환하고자 한다. 〈표 4a〉에 1961년의 샘플 분포 비율이 제시되어 있다. 이 표에서 사용된 분류 기준은 1947년 왕립 언론위원회 보고서(Royal Commission on the Press)의 부록 VII을 따른 것이다. 대부분의 범주는 자명하지만, '기타(miscellaneous)' 항목에는 만화 및 퍼즐 등이 포함된다. 특히 〈미러〉와 〈스케치〉 같은 '타블로이드' 신문에서 만화 및 유사한 요소의 비중이 높지만, 뉴스의 비율이 상대적으로 낮다는 점이 주목할 만하다. 한편, 신문에서 사진이 지면에서 차지하는 비율은 과거보다 그 격차가 줄어들었다. 이는 과거에 '사진 신문(picture paper)'이라는 개념이 시각 중심의 구성 방식을 기준으로 한 독립적인 신문 유형으로 명확히 구분되었던 것과는 대조적인 변화이다. 사진의 활용 방식과 유형의 차이는 이후 논의될 것이다.

〈표 4 a, b, c〉

1961. 7	뉴스	특집기사	사설	독자투고	사진	기타
더 타임스	74	8	3	2&1/2	11	1/2
가디언	64	17	3	3	10	3
텔레그래프	61	18	2	3	14	2
메일	55	8&1/2	1	1	25&1/2	9
익스프레스	62	8	1	1	18	10
헤럴드	64	9	2	2	14	9
워커	70	12	3	1	12	2
미러	45	7	1	2	29	16
스케치	49	7	1	2	18	23
1965. 7						
더 타임스	79	7&1/2	2&1/2	2	7&1/2	2
가디언	66	20	2&1/2	1&1/2	6	4
텔레그래프	67	19	2	1	9	2
메일	63&1/2	13	1	1/2	10	12
익스프레스	67	8	1	2	9	13
선	63	12&1/2	2&1/4	2&1/4	10	10
워커	67	13	3	—	10	7
미러	63	5	1	3	12	16
스케치	51	13&1/2	1&1/2	1	18	15
1973. 7						
더 타임스	67	19	2	4&1/2	4&1/2	3
가디언	68	21	2	2	4	3
텔레그래프	77&1/2	7&1/2	1&1/2	1&1/2	7&1/2	4&1/2
메일	61&1/2	18	1&1/2	5	8	6
익스프레스	58	19&1/2	1	—	14&1/2	7
선	58&1/2	8	3&1/2	2&1/2	20	7&1/2
스타	61&1/2	18	2	1/2	12	6
미러	61&1/2	10&1/2	2&1/2	2	16	7&1/2

신문에서 뉴스 비율이 항상 높은 것은 아니다. 이는 광고를 포함한 전체 지면 면적 대비 뉴스 비중을 기준으로 평가될 수 있다. 〈워커〉의 뉴스 비율은 약 68%로 가장 높지만, 이는 광고 비중이 매우 낮다는 점에서 다소 오해의 소지가 있다. 다른 신문들은 〈더 타임스〉가 약 50%, 〈미러〉가 약 30%를 차지하며 분포되어 있다. 그러나 신문의 내용을 정확하게 평가하기 위해서는 단순한 뉴스 비율을 넘어 뉴스 공간이 특정 뉴스 유형에 어떻게 할당되는지를 분석해야 한다. 이에 대한 1961년의 샘플 분포는 〈표 5a〉에 제시되어 있다.

〈표 5 a, b, c〉

1961. 7	국제정치, 사회경제	국내정치, 사회경제	법률, 경찰과 사건 사고	인물	스포츠	예술 (라디오·TV 포함)	금융과 상업	기타
더 타임스	18	11	1	6	23	10	28	3
가디언	21	19	1	1	28	12	15	3
텔레그래프	21	14&1/2	3&1/2	5	34&1/2	9	11	1&1/2
메일	9	12	12	8	35	8	9	7
익스프레스	16	13	17	3	42	2	2	5
헤럴드	11	15	9	12	43	6	3	1
워커	19	38	1	—	29	10	—	3
미러	5	13	14	17	38	2	—	11
스케치	2	9	14	17	36	3	3	16
1965. 7	국제정치, 사회경제	국내정치, 사회경제	법률, 경찰과 사건 사고	인물	스포츠	예술 (라디오·TV 포함)	금융과 상업	기타
더 타임스	13	23&1/2	5	6	15&1/2	7&1/2	28	1&1/2
가디언	19&1/2	31	4&1/2	1	9	21	14	—
텔레그래프	7	29	4	4	23	16	17	—
메일	14	24	5	10	31	4	12	—
익스프레스	4	14&1/2	10	10	52&1/2	2	7	—
선	4&1/2	33&1/2	14&1/2	3	32&1/2	2	9	1

워커	8	47	4	—	34	7	—	—
미러	2	22	26	14	31	4	1	—
스케치	2	19	13	15	49	1	1	—
1973. 7	국제정치, 사회경제	국내정치, 사회경제	법률, 경찰과 사건 사고	인물	스포츠	예술 (라디오· TV 포함)	금융과 상업	기타
더 타임스	17	30	2	3	17	2	28	—
가디언	25	27	1	—	21	10	16	—
텔레그래프	12	39	1/2	1&1/2	18&1/2	2&1/2	26	—
메일	5	27	—	7	32	1&1/2	26	1&1/2
익스프레스	9&1/2	21	2	6&1/2	46&1/2	2&1/2	12	—
선	1&1/2	39	1/2	7&1/2	50	—	1&1/2	—
스타	11&1/2	55	—	—	30	3&1/2	—	—
미러	1/4	34	—	14	44&1/2	2&1/4	5&1/4	—

이러한 차이들은 매우 흥미롭고, 면밀한 검토의 가치를 지닌다. 특히 이 지점에서, 세상의 '모습'—즉 주목할 만한 것들의 선택—이 구성되고 전달된다. 물론 '정치적, 사회적, 경제적'으로 분류되는 것만이 진지한 뉴스라고 여기는 오류를 범해서는 안 된다. 인간의 사실 가운데 진지한 뉴스가 될 수 있는 다른 것들이 존재하기 때문이다. 하지만 언론은 민주주의 사회에서 정치적·사회적·경제적 판단에 필요한 사실을 제공하는 기능으로 자주 논의된다. 따라서 우리는 신문 간의 차이뿐만 아니라, 각 신문에서 이러한 내용이 실제로 차지하는 비중에도 주목해야 한다. 국제적 및 국내적 범주의 정치·사회·경제 뉴스를 전체 지면(광고 포함)에서 차지하는 비율로 보았을 때, 가장 높은 수치는 〈워커〉로 39%에 달한다. 반면 〈더 타임스〉와 〈가디언〉 같은 다른 신문들은 약 16% 수준이며, 〈스케치〉는 약 5%로 가장 낮다. 이 수치들은 우리가 흔히 가지고 있는 신문의 주요 기능에 대한 통념과 비교해 볼 때, 꽤 충격적인 결과라 할 수 있다.

1965년과 1973년 추가 분석을 통해 다음 표를 비교할 수 있다. 이후 조사된 자료에서 가장 흥미로운 변화는 뉴스에 할애된 공간이 증가했다는 점이며, 다양한 종류의 신문 간에 어느 정도 균등화되는 경향이 나타났으며, 최근에는 특집 기사도 증가했다는 것이다. 1961년과 비교하면 사진에 할애된 공간이 줄어들었으나, 1960년대 중반의 감소 이후 〈익스프레스〉, 〈미러〉, 특히 새로운 스타일의 〈선〉에서 다시 증가하는 경향을 보였다. 물론, 이는 편집 내용의 배분에 대한 변화일 뿐이며, 앞서 언급한 광고 증가 속에서 고려해야 한다. 따라서 신문 전체 지면(광고 포함)에서 뉴스가 차지하는 비율을 살펴보면, 〈워커〉와 〈스타〉가 여전히 가장 높은 수치를 보인다. 이는 광고 비중이 매우 낮은 특수한 경우이기 때문이다. 다른 신문들은 절반 정도의 비율을 차지하고 있는데, (〈더 타임스〉, 1965년 49%; 〈가디언〉, 1973년 50%) 또는 3분의 1 이상을 차지하는 경우도 있다 (〈텔레그래프〉 1973년 37%, 〈익스프레스〉 1973년 35%). 그러나 뉴스의 종류는 여전히 매우 다양하다. 국제 및 국내 정치, 사회, 경제 뉴스를 포함한 뉴스 비중을 보면, 〈워커〉/〈스타〉가 여전히 가장 높은 비율을 차지하고 있다. (1965년 35%, 1973년 66%). 다른 신문들도 시간이 지나면서 이 비율이 증가하는 경향을 보였다. 1965년에는 〈가디언〉에서 23%, 〈미러〉에서 9%, 〈익스프레스〉에서 7%를 차지했다. 1973년에는 〈가디언〉이 25%, 〈익스프레스〉가 11%로 증가했다. 그러나 국제 뉴스 보도의 비율에는 상당한 차이가 있음을 주목할 필요가 있다. 1965년 조사에서는 국제 뉴스가 전체 지면(광고 포함)에서 차지하는 비율이 〈가디언〉에서 8%, 〈스케치〉에서는 1% 미만으로 나타났다. 1973년 조사에서는 〈가디언〉이 12.5%, 〈익스프레스〉가 3.5%를 차지하고, 〈미러〉와 〈선〉에서는 광고 공간이 1% 미만이다. 여기서도 마찬가지로, '세상'의 사진들은 선택적으로 강조되거나 배제됨으로써 결정적으로, 그리고 어쩌면 치명적으로 형성되었다.

편집 및 광고 자료에 할당된 공간과 국제 및 국내 정치, 사회, 경제 뉴스에 할당된 전체 공간의 비율을 간략하게 비교하면, 영국의 '고급지' 신문 세 개와 프랑스, 서독, 이탈리아의 직접 비교 가능한 신문 세 개 사이의 차이를 볼 수 있다.

〈표 6〉

1965	가격 (펜스)	페이지 수	기사 비율	광고 비율	정치·사회·경제 뉴스 비율(%)
더 타임스	6	24	64	36	19
가디언	5	22	63	37	23
텔레그래프	4	32	44	56	12
르 몽드	7	24(타블로이드 판형)	69	31	46
디 벨트	8	22	51	49	33
라 스템파	6	18	51	49	29

다음으로, 일요 신문과 관련된 비교 자료를 살펴볼 수 있다. 〈표 7〉에서는 편집 공간과 광고 공간 사이의 분포 샘플을 제공하며, 가격, 크기, 발행 부수와 관련된 데이터를 포함하고 있다.

〈표 7 a, b, c〉

1961. 7	펜스 (구펜스)	페이지 수	평균 발행 부수 (천 단위)	기사 비율 (%)	광고 비율 (%)
일요 더 타임스	6	36	1,023	51	49
옵저버	6	32	733	54	46
일요 텔레그래프	5	28	716	67	67
일요 익스프레스	5	28	3,767	51	49
피플	5	18	5,442	60	40
뉴스 오브 더 월드	5	16	6,734	67	33
레이놀즈 뉴스	5	14	326	81	19
픽토리얼	5	28 (타블로이드)	5,335	70	30
1965. 7	**펜스 (구펜스)**	**페이지 수**	**평균 발행 부수 (천 단위)**	**기사 비율 (%)**	**광고 비율 (%)**
일요 더 타임스	8	46+36 (타블로이드)	1,275	47	53
옵서버	7	32+32 (타블로이드)	829	53	47

일요 텔레그래프	6	24	662	74	26
일요 익스프레스	6	24	4,187	55	45
피플	6	20	5,509	60	40
뉴스 오브 더 월드	6	18	6,175	65	35
일요 시티즌	6	32 (타블로이드)	236	84	16
일요 미러	6	36 (타블로이드)	5,022	66	34
1973. 7	**신 펜스 (구펜스)**	**페이지 수**	**평균 발행 부수 (천 단위)**	**기사 비율 (%)**	**광고 비율 (%)**
일요 더 타임스	9 (21.6)	72+72 (타블로이드)	1,516	39	61
옵서버	8 (19.2)	40+48 (타블로이드)	795	43	57
일요 텔레그래프	5(12)	40	774	47	53
일요 익스프레스	5(12)	32	4,096	46	54
피플	5(12)	22	4,423	45	55
뉴스 오브 더 월드	5(12)	24	5,943	50	50
일요 미러	5(12)	48 (타블로이드)	4,543	57	43

일요 신문에서는 일반적으로 광고에 할당된 공간 비율이 더 높다. 1961년 〈레널즈 뉴스〉와 1965년 후신 〈선데이 시티즌〉의 낮은 광고 비율은 발행 부수 부족과 정치적 성향 때문으로 보이며, 1960년대 후반 폐간되었다. 분류 광고와 디스플레이 광고 비율(표 8)은 평일 조간신문과 유사한 패턴을 보이지만, 대중적 일요 신문에서 분류 광고가 증가한 추세이다.

〈표 8 a, b, c〉

1961. 7	일요 더 타임스	옵서버	일요 텔레그래프	일요 익스프레스	피플	뉴스 오브 더 월드	레이놀즈 뉴스	일요 픽토리얼
분류 광고	56	56	38	8	1	3	2	1
전시 광고	44	44	62	92	99	97	98	99
1965. 7	일요 더 타임스	옵서버	일요 텔레그래프	일요 익스프레스	피플	뉴스 오브 더 월드	레이놀즈 뉴스	일요 픽토리얼
분류 광고	63	61	68	23	21	20	20	12
전시 광고	37	39	32	77	79	80	80	88
1973. 7	일요 더 타임스	옵서버	일요 텔레그래프	일요 익스프레스	피플	뉴스 오브 더 월드	일요 미러	일요 픽토리얼
분류 광고	46	56	44&1/2	33	33	32	1	—
전시 광고	54	44	55&1/2	67	67	68	99	—

특정 상품 및 서비스의 일반 광고 공간 분포에서도 중요한 유사성이 나타나며, 이는 〈표 9〉에서 확인할 수 있다.

〈표 9 a, b, c〉

1961. 7	기업 간 및 여론	여행	차량	음료와 담배	기타 소비재	음식	특허 의약품	기타
일요 더 타임스	39	8	23	2	12	—	—	16
옵저버	20	9	17	8	24	—	—	22
일요 텔레그래프	11	5	39	3	26	8	1	7
일요 익스프레스	6	4	24	12	35	1	3	15
피플	6	3	6	14	31	6	14	20
뉴스 오브 더 월드	7	—	3	9	40	10	23	8
레이놀즈 뉴스	13	—	14	3	15	41	2	12
픽토리얼	—	1	6	18	52	7	9	7
1965. 7	기업 간 및 여론	여행	차량	음료와 담배	기타 소비재	음식	특허 의약품	기타
일요 더 타임스	22	7	7	14	29	3	2	16
옵저버	13	15	14	20	17	—	—	21

일요 텔레그래프	—	16	26	—	12	17	3	26
일요 익스프레스	—	10	14	9	25	11	4	27
피플	—	1	4	24	37	8	19	7
뉴스 오브 더 월드	—	1	29	14	27	—	16	13
일요 시티즌	—	3	—	—	40	42	13	2
일요 미러	—	4	2	15	41	2	12	24

1973. 7	기업 간 및 여론	여행	차량	음료와 담배	기타 소비재	음식	특허 의약품	기타	개인 금융
일요 더 타임스	28	35	5	9	3	10	—	10	35
옵저버	16	29&1/2	6&1/2	16&1/2	9	14&1/2	—	5&1/2	29&1/2
일요 텔레그래프	—	75&1/2	5	13	—	2&1/2	—	3	75&1/2
일요 익스프레스	—	23	15	19	—	24	8	9	23
피플	—	11&1/2	5&1/2	—	5&1/2	27	7	36&1/2	11&1/2
뉴스 오브 더 월드	4	9	6	4	12	23	8	22	9
일요 미러	—	22&1/2	1&1/2	8&1/2	7	20&1/2	11&1/2	21&1/2	22&1/2

특정 신문에서 기업 간 및 여론 광고의 중요성은 다시 한번 명확히 드러난다. 특히 의약품 광고의 집중도와 개인 금융 광고의 증가 역시 두드러진다. 기타 일반 광고의 분포는 이미 특징적인 패턴을 따르고 있다. 편집 공간 활용 측면에서는 중요한 차이가 발견된다. 〈표 10a〉에 퍼센트 분포 샘플이 제시되어 있다.

〈표 10 a, b, c〉

1961. 7	뉴스 (%)	특집 기사 (%)	사설 (%)	독자편지 (%)	사진 (%)	기타 (%)
일요 더 타임스	50	24	5	3	14	4
옵저버	49	25	5	3	11	7
일요 텔레그래프	55	22	3	2	14	4
일요 익스프레스	40	30	1	1	20	8
피플	52	23	2	2	13	8
뉴스 오브 더 월드	67	12	1	1	6	13

레이놀즈 뉴스	50	28	2	3	14	3
픽토리얼	50	18	1	1	24	6
1965. 7	뉴스 (%)	특집 기사 (%)	사설 (%)	독자편지 (%)	사진 (%)	기타 (%)
일요 더 타임스	46	25	1	2	23	3
옵저버	39	20	2	2	29	8
일요 텔레그래프	63	19	1	2	10	5
일요 익스프레스	52	23	1	2	13	9
피플	61	20	1	4	11	3
뉴스 오브 더 월드	60	14	1	1	14	10
일요 시티즌	46	12	1	4	16	21
일요 미러	47	25	—	3	23	2
1973. 7	뉴스 (%)	특집 기사 (%)	사설 (%)	독자편지 (%)	사진 (%)	기타 (%)
일요 더 타임스	32&1/2	36&1/2	1/2	1&1/2	26&1/2	2&1/2
옵저버	45	31&1/2	1/2	2	18	3
일요 텔레그래프	57	29&1/2	1	2&1/2	7&1/2	2&1/2
일요 익스프레스	50	26	—	2&1/2	18	3&1/2
피플	54	13	1	5&1/2	17&1/2	9
뉴스 오브 더 월드	49	27&1/2	1	4	14	4&1/2
일요 미러	41&1/2	16&1/2	1&1/2	2	30&1/2	8

일요 신문은 조간신문에 비해 다양한 특집 기사에 더 많은 공간을 할애하고, 뉴스 비중은 상대적으로 낮다. 〈뉴스 오브 더 월드〉만이 조간신문과 유사한 수준의 뉴스 비중을 유지하고 있으며, 이는 특별한 사례이다. 이러한 수치를 제대로 해석하려면 뉴스 유형을 분석해야 한다. 〈표 11a〉에 퍼센트 분포 샘플이 제시되어 있다. 법원 사건, 경찰 수사, 사고 관련 뉴스가 국제 및 국내 정치·사회·경제 뉴스를 초과하는 경우는 단 한 건뿐이며, 조간신문과 비교했을 때, 일요 신문에서는 특정 기사의 비중이 과도하게 높은 경우가 많았다. 특히 〈피플(People)〉과 〈뉴스 오브 더 월드(News of the

World)〉에서는 그 경향이 뚜렷했다. 스포츠 뉴스의 비중은 정치, 사회, 경제 뉴스를 초과했으며, 조간신문 9개 중 5개에서 스포츠 뉴스가 더 많았다. 일요 신문에서는 9개 중 단 1개를 제외하고 모든 신문에서 스포츠 뉴스의 비중이 높다. 정치, 사회, 경제 뉴스가 차지하는 비율은 전체 신문 기사(광고 포함) 중에서 가장 높은 경우 8~9%(〈옵서버(Observer)〉 및 〈레이놀즈 뉴스(Reynolds News)〉)에서 가장 낮은 경우 2% 미만(〈피플〉)으로 차이가 컸다. 예술(책, 영화, 연극, 텔레비전, 라디오, 음악 등)에 대한 뉴스 비율도 신문별로 큰 차이가 있었다. 〈옵서버〉는 예술 뉴스가 9.5%를 차지하지만, 〈일요 익스프레스〉와 〈뉴스 오브 더 월드〉는 각각 0.4%와 0.5%에 불과했다.

〈표 11 a, b, c〉

1961. 7	국제정치, 사회 및 경제	국내정치, 사회 및 경제	법률, 경찰과 사건사고	인물	스포츠	예술	금융과 상업	기타
일요 더 타임스	10	7	1	9	28	30	12	3
옵서버	15	17	1	6	22	35	4	—
일요 텔레그래프	12	9	2	3	31	28	12	3
일요 익스프레스	8	4	11	11	35	2	11	18
피플	1	4	38	4	45	2	—	6
뉴스 오브 더 월드	9	5	36	5	39	1	3	2
레이놀즈 뉴스	11	10	8	6	40	17	2	6
픽토리얼	4	7	13	11	51	4	—	10
1965. 7	국제정치, 사회 및 경제	국내정치, 사회 및 경제	법률, 경찰과 사건사고	인물	스포츠	예술	금융과 상업	기타
일요 더 타임스	13	10	2	6	21	20	25	3
옵서버	14	15	1	7	27	25	9	2
일요 텔레그래프	10	17	3	1	31	16	20	2
일요 익스프레스	11	19	6	10	37	3	10	4
피플	1	33	4	14	38	4	1	5
뉴스 오브 더 월드	2	10	32	13	38	2	2	1

일요 시티즌	7	31	2	16	32	9	2	1
일요 미러	12	23	7	6	40	1	4	7

1973. 7	국제 정치, 사회 및 경제	국내 정치, 사회 및 경제	법률, 경찰과 사건 사고	인물	스포츠	예술	금융과 상업	기타	의학 및 과학
일요 더 타임스	10	13	—	—	26&1/2	12	36	—	2&1/2
옵저버	17	15	—	—	22	25	17	3	1
일요 텔레그래프	9	14	—	1	25	20	30	—	1
일요 익스프레스	10&1/2	16	—	10&1/2	40	6&1/2	9&1/2	1&1/2	5&1/2
피플	1&1/2	25	26&1/2	—	45&1/2	—	1&1/2	—	—
뉴스 오브 더 월드	—	7	30	6&1/2	51&1/2	—	—	—	—
일요 미러	2	16	4	20	45	2	4	—	2

이후 추가적인 샘플 분석이 진행되어 비교 및 지속적인 연구가 이루어졌다. 조간신문과 비교하면, 일요 신문에서 뉴스 기사의 비중이 낮은 것이 이 후속 분석에서도 확인되었다. 신문별로 약간의 변화가 있었지만, 전반적인 경향은 유지되었다. 일요 신문의 두드러진 변화는 〈일요 더 타임스〉와 〈옵서버(Observer)〉에서 칼라 삽화 및 특집 기사의 비중이 크게 증가한 것이었다. 이는 사진과 시각적 콘텐츠의 비중을 대폭 늘리는 결과를 가져왔다.

이러한 색채 부록에서 광고 사진과 편집 사진은 종류와 스타일 면에서 매우 유사하여, 자세히 살펴보지 않으면 구분하기 어려울 정도이다. 일반적으로 일요일 신문의 모든 편집 사진이 뉴스 사진인 것은 아니며, 〈뉴스 오브 더 월드〉나 〈선데이 미러〉 등을 살펴보면 이를 확인할 수 있다. 그러나 색채 부록에서는 새로운 편집 방식이 두드러지는데, 특집 사진과 광고 사진이 결합하여 전체적인 스타일을 형성하며, 이를 통해 일종의 삶의 방식을 암시하려는 의도가 엿보인다. 광고와 특집 기법의 결합은 이 형태로 신문에 처음 등장했다는 점에서만 새로웠을 뿐, 실제로는 여성 잡지에서 수년간 익숙한 방식이었다. 색채 부록의 저널리즘 기법은 이러한 잡지에서 유래한 것으로 보인다.

기사의 분포와 관련하여 〈표 11b와 c〉에서 흥미로운 변화를 확인할 수 있다. 1965년 표본에서는 법원 사건, 경찰 수사, 사고 관련 뉴스가 국제 및 국내 정치·사회·경제 뉴스를 초과한 경우가 일요일 신문 중 하나뿐이었으며, 조간신문에서도 마찬가지였다. 1973년 표본에서는 이러한 초과 현상이 단 한 건으로 줄었다. 1965년 스포츠 뉴스는 조간신문 9개 중 3개, 일요 신문 8개 중 5개에서 정치·사회·경제 뉴스를 초과했다. 1973년에는 조간 신문 8개 중 3개, 일요 신문 7개 중 5개에서 이러한 현상이 나타났다. 일요 신문에서 전체 면적(광고 포함) 중 뉴스가 차지하는 비율은 1965년 〈텔레그래프(Telegraph)〉의 45%부터 〈선데이 타임스〉와 〈옵서버〉의 21%까지 다양했으나, 1973년에는 〈텔레그래프〉 27%, 〈선데이 타임스〉 13%로 범위가 축소되었다. 전체 지면에서 정치·사회·경제 뉴스의 비율은 1965년 광고 비중이 낮은 특수 사례인 〈시티즌(Citizen)〉의 16%를 시작으로 〈텔레그래프〉와 〈피플〉의 12%에서 〈옵서버〉의 6%, 〈선데이 타임스〉와 〈뉴스 오브 더 월드〉의 5%에 이르기까지 다양했다. 1973년에는 〈옵서버〉 14%에서 〈미러〉 7%로 범위가 다소 높아졌다. 두 표본 모두 예술 분야 뉴스의 비율은 〈옵서버〉 6%에서 〈뉴스 오브 더 월드〉 0%까지였다. 그러나 재무 및 상업 뉴스가 차지하는 면적 비율은 현저히 증가했다. 이 범주는 국제 또는 국내 경제 뉴스와 구별되는데, 일반적인 분석보다는 기업 소식과 주가 변동 등 개인 투자 참고 정보에 중점을 둔 특징이 있다. 1965년 두 신문과 1973년 세 신문에서 이 재무·상업 뉴스는 모든 국제 정치·사회·경제 뉴스를 초과했으며, 1965년 한 건과 1973년 두 건에서는 국내·국제 정치·사회·경제 뉴스를 모두 넘어섰다. 여기서 형성된 세계관과 주목해야 할 이슈들은 매우 특징적인 흥미를 자아낸다. 국제 뉴스의 부족 현상은 일요일 신문에서도 조간신문과 마찬가지로 두드러진다. 1965년 비율 범위는 〈선데이 텔레그래프〉 약 8%부터 〈더 피플〉과 〈뉴스 오브 더 월드〉 1% 미만이었고, 1973년에는 〈옵서버〉 7.5%에서 〈뉴스 오브 더 월드〉 0%였다.

신문의 공간 활용에 대한 이 분석을 마무리하기 위해 런던 지역 일간지

두 종을 간략히 살펴보자. 비교를 위해 〈표 12, 13, 14〉를 제시한다.

〈표 12 a, b, c〉

1961. 7	펜스(가격)	지면 수	평균 발행 부수(천)	기사 비율	광고 비율	분류 광고 비율	디스플레이 광고 비율
News	3	16	1,486	51	49	58	42
Standard	3	28(타블로이드)	761	48	52	59	41
1965. 7	**펜스(가격)**	**지면 수**	**평균 발행 부수(천)**	**기사 비율**	**광고 비율**	**분류 광고 비율**	**디스플레이 광고 비율**
News	4	18	1,278	37	63	77	23
Standard	4	32(타블로이드)	680	46	54	76	24
1973. 7	**신펜스(가격)**	**지면 수**	**평균 발행 부수(천)**	**기사 비율**	**광고 비율**	**분류 광고 비율**	**디스플레이 광고 비율**
News	3(7.2)	24	834	39	61	61&1/2	38&1/2
Standard	3(7.2)	56(타블로이드)	512	38&1/2	61&1/2	75	25

〈표 13 a, b, c〉

1961. 7	뉴스	특집	사설	독자투고	사진	기타
News	59	13	1	1	14	12
Standard	61&1/2	11	1	1	15&1/2	10
1965. 7	**뉴스**	**특집**	**사설**	**독자투고**	**사진**	**기타**
News	58&1/2	15&1/2	1	1	13	11
Standard	61	14	1	2	12	10
1973. 7	**뉴스**	**특집**	**사설**	**독자투고**	**사진**	**기타**
News	56	19	1/2	1	13	10&1/2
Standard	66&1/2	16	—	2	18&1/2	7

〈표 14 a, b, c〉

1961. 7	국제 정치·사회·경제	국내 정치·사회·경제	법률·경찰·사고	인물	스포츠	예술	재무 및 상업	기타
News	1	18	11	9	36	3	16	6
Standard	3&1/2	18	8	12	29	3	24	1&1/2

1965. 7	국제 정치·사회·경제	국내 정치·사회·경제	법률·경찰·사고	인물	스포츠	예술	재무 및 상업	기타
News	1	11	7	19	20	12	18	12
Standard	5	18	15	8	31	3	13	7

1973. 7	국제 정치·사회·경제	국내 정치·사회·경제	법률·경찰·사고	인물	스포츠	예술	의약과 과학	재무 및 상업	기타
News	1	32	10	12	24	7&1/2	1/2	13	—
Standard	4	19&1/2	9	8	28	3	2	16&1/2	—

여성과 청소년을 대상으로 특별히 발행되는 잡지들은 세계관 형성에 매우 중요한 역할을 한다. 대부분의 잡지에서 광고 비중이 높다(〈표15〉 참조).

〈표 15 a, b, c〉

1961. 7	펜스(가격)	발행주기	지면 수	기사 비율	광고 비율
우먼즈 온 Woman's Own	6	주간	76	52	48
우먼즈 미러 Woman's Mirror	6	주간	48	68	32
쉬 She	15	월간	80	58	42
보그 Vogue	30	월간	110	54	46
허니(성인 여성)* Honey	18	월간	68	68	32
보이프렌드(성인 여성)* Boyfriend	5	주간	28	89	11

1965. 7	펜스(가격)	발행주기	지면 수	기사 비율	광고 비율
우먼즈 온	8	주간	60	59	41
우먼즈 미러	6	주간	48	70	30
쉬	24	월간	100	63	37
보그	36	월간	108	62	38
허니(성인 여성)*	24	월간	68	54	46
보이 프렌드(성인 여성)*	9	주간	32	83	17
1973. 7	신 펜스(가격)	발행주기	지면 수	기사 비율	광고 비율
우먼즈 온	6	주간	64	62	38
*보그	30	월간	152	50	50
허니(성인 여성)*	17&1/2	월간	140	41	59
노바(새로운 유형의 잡지 사례 포함)	25	월간	100	63	37

명시된 잡지들은 각 주요 유형의 대표적 사례이다. 별표(*)가 표시된 잡지는 주로 청소년 여성을 대상으로 한다. 편집물과 광고를 구분하는 것은 종종 쉽지 않다. 단순히 양자의 표현 방식이 유사한 것뿐만 아니라, 특정 편집 기사에 간접적 광고가 상당 부분 포함되기 때문이다. 콘텐츠 분석 또한 복잡하다. 모든 잡지는 광고와 편집물 간 시각적 스타일이 중첩되며 풍부한 삽화로 구성된다. 편집 사진 및 그림의 비율은 다음과 같다. 〈우먼스 오운(Woman's Own)〉은 1965년 42%에서 1973년 27%로 감소했고, 〈보그(Vogue)〉는 1965년 75%에서 1973년 57%로, 〈허니(Honey)〉는 1965년 51%에서 1973년 46%로 하락했다. 〈노바(Nova)〉 표본의 비율은 36%였다.

광고와 삽화를 제외하고 (단, 이들이 주된 영향력을 미친다는 점을 염두에 둔 채) 남은 편집물의 관심사 분포를 살펴보자. 〈표 16a〉는 1961년 분포를 보여준다.

〈표 16 a, b, c〉

1961. 7	편집자 코멘트	가정·요리	쇼핑 가이드	외모 관리	조언	독자 편지	소설	가십	의료	예술	여행	자녀	동물	진로
Woman's Own	10	11	1	14	6	3	38	12	2	3	—	—	—	—
Woman's Mirror	10	5	6	11	—	4	15	36	7	1	—	5	—	—
쉬	17	6	17	3	3	4	6	13	1	8	14	2	6	—
보그	5	6	49	10	—	—	—	7	—	19	4	—	—	—
허니* (성인 여성)	10	—	1	21	7	4	26	11	2	6	8	—	—	4
Boyfriend* (성인 여성)	5	—	—	8	13	—	47	25	—	2	—	—	—	—

1965. 7	편집자 코멘트	가정·요리	쇼핑 가이드	외모 관리	조언	독자 편지	소설	가십	의료	예술	여행	자녀	동물	진로
Woman's Own	—	12&1/2	1/&1/2	15	13&1/2	5	29	3	3	1	—	7&1/2	9	—
Woman's Mirror	12	10&1/2	1	7	2&1/2	7	24	23	2	—	9	2	—	—
쉬	4	9	8&1/2	5	8&1/2	3	10	8	4	12	5	7	1	15
보그	5	23	13	8	6	—	—	—	—	25	20	—	—	—
허니* (성인 여성)	14&1/2	—	7	12	14&1/2	2	34	6&1/2	—	2/1/2	—	—	—	7
Boyfriend* (성인 여성)	6	—	3&1/2	10	5&1/2	2	60	8	—	5	—	—	—	—

1973. 7	편집자 코멘트	가정·요리	쇼핑 가이드	외모 관리	조언	독자 편지	소설	가십	의료	예술	여행	자녀	동물	진로	금융
Woman's Own	3	8	23	6&1/2	6	6&1/2	3	13	6	—	—	—	—	—	
보그	—	6	6	15	12	—	—	25	6	10	6	—	—	4	
허니* (성인 여성)	3	11	—	16	17	3	1&1/2	9	7&1/2	3	6	—	—	—	
노바	23	7	8	3	5	—	2	12	7	11	6	—	2	7	

이러한 유형별 차이를 보면 흥미로운 점이 많다. 저가 잡지에서는 픽션과 가십이 핵심 콘텐츠로 자리 잡았지만, 고급 잡지에서는 소비 관련 정보, 특히 '구매 조언'이 중심적 역할을 한다. 예를 들어, 예술과 여행 기사는

단순한 정보 제공이 아니라 소비를 촉진하는 '구매 조언'으로 기능하는 경우가 많다. 이는 소비자 관심과 습관과 일맥상통한다. 그러나 이러한 유형 차이보다 더 중요한 것은 1961년 샘플에서 정치적 주제가 철저히 배제되었다는 점이다. 이는 '여성의 세계'를 인위적으로 제한한 결과였다. 하지만 이러한 '비정치적' 세계가 곧 사회적 가치 체계를 반영하지 않은 것은 아니었다. 오히려 이는 소비, 개인 경쟁, 그리고 (표 16(b)에서 보이듯) '사회적 성공'에 대한 분명한 가치를 내포하고 있었다. 1965년에도 유사한 분석이 이루어졌으며, 그 결과는 〈표 16b〉에 나타나 있다.

1965년의 샘플은 잡지의 편집 방향이 상당히 확장되었음을 확인할 수 있다. 단순히 대중적 관심사를 다룬 기사가 간헐적으로 포함되었던 수준을 넘어, 〈쉬〉와 같은 잡지는 여성 잡지로서의 정체성을 유지하면서도 일반적인 시각 잡지들과 견줄 만한 내용을 포함하고 있었다. 또한, 기존에 감정적 관계 문제에 한정되었던 행동 조언 역시 새로운 영역으로 확장되었다. 예컨대, 법률 및 재정 관련 조언이 추가되었으며, 그중 하나의 기사는 '여성을 위한 금융'이라는 제목을 달고 있었다.

일부 잡지들은 행동 조언을 중심으로 구성되었으며, 다양한 접근 방식과 기법이 활용되었다. 이와 관련하여 특히 주목할 만한 점은 행동 조언과 쇼핑 가이드의 경계가 점점 모호해지고 있었다는 사실이다. 이 경향을 대표적으로 보여주는 사례로는 〈보그〉와 〈허니〉를 들 수 있다. 〈보그〉에서는 의류 전시가 다른 모든 관심사를 압도할 정도로 중심적인 위치를 차지하고 있었지만, 더욱 흥미로운 점은 이처럼 강조된 의류 중심성이 다른 관심사들과 유기적으로 통합되는 방식이었다. 예를 들어, 여행 관심사는 의류 사진 속에 녹아들어 표현되었다. 사막을 배경으로 촬영된 사진에서는 해당 장소가 '진짜 사막'임을 강조하는 동시에, 특정 브랜드명과 가격이 명시되어 옷과 여행의 연결을 유도하였다. 그러나 이러한 접근은 단지 의류 구매를 유도하는 데 그치지 않았다. 예컨대, 〈보그〉의 피크닉 관련 기사는 역사적·예술적 배경을 설명하는 300~400단어 분량의 텍스트로 시작되었고, 잡지의 광고와 결합하여 구성되었다. 이후에는 17페이지에 걸친 화보가 이어졌는데, 여기에는 제임스 티소(James Tissot)의 회화 〈더 피크닉(The Picnic)〉 일부가 삽입되었고, 문학 속 유명한 피크닉 장면을 재현한 사진들도 함께 실렸다.[17] 예를 들어, 드라이든의 〈사랑을 위하여(All for Love)〉에서 나일강 위의 클레오파트라는 '매혹적인 실크 튜닉, 동양풍의 파란 장식, 금빛 레이스, 진주빛 장미와 은색 장미'를 입고 등장하며, 해당 의상은 가격(55기니)과 함께 소개된다. 이처럼 광고와 콘텐츠가 결합된 방식은 〈허니〉에서 더욱 확장되었다. 〈허니〉는 〈헛되이 꿈꾸는 휴식(A Dream of a Holiday)〉라는 단편 소설을 17페이지에 걸쳐 연재하였는데, 소설 속 인물들이 착용한 의상은 같은 페이지에 상점명과 가격과 함께 제시되었다. 광고와 쇼핑 가이드를 중심으로 다양한 관심사를 통합하는 편집 방식은 더욱 정교해지고 있었으며, 동시에 이러한 통합 방식이 반영하는 생활양식과 가치관 또한 점차 강조되었다. 예를 들어, 1965년 〈허니〉의 조언 대부분은 직업, 특히 경력과 관련된 내용을 다루고 있었으며, 이는 주로 비서직으로 해석되었다. 잡지는 다음과 같이 기술하고 있다. '총명한 여성이 성공할 가능성이 높은 직종은 광고, 홍보, 잡지, 신문, TV, 출판업계이다.' 특히 출판업계의 경우, '비서는 비교적 빠르게 보조 직원이나 편집자로 승진할 수 있다'고 강조되었다. 해당 기사에는 면접 시 유의할 태도, 비서로서의 출장 준비 요령, 그리고 업무 수행에 필요한 지식 습득법 등이 포함되었으며, 예를 들어 '비서는 상사에게 이렇게 말할 수 있어야 한다. 델리는 8월이면 몬순 때문에 습도가 높아지니 우비를 챙기는 게 좋겠어요.'라는 조언이 실려 있었다. 결국, 이러한 잡지는 단순히 무엇을 소비할 것인가를 제안하는 데 그치지 않고, 독자들이 어떻게 사회적 흐름과 트렌드에 적응할 것인지에 대한 지침 또한 제공하고 있었다. 이 시점에서 분석의 초점은 단순한 관심사들의 분포가 아니라, 광고 중심으로 통합된 관심사의 구성 방식에 맞추어져야 한다. 공적 가치의 구조는 PR 세계에서 투영된 결과로 해석될 수 있으며, 기존 여성 잡지 유형과 이러한 새로운 형태를 비교하면, 관심사의 폭과 통합 양식이 이전보다 훨씬 확장되었음을 알 수 있다.

1973년에 추가적인 비교 분석이 이루어졌으며, 그 결과는 〈표 16c〉에 나타나 있다. 이 분석은 몇 가지 중요한 변화를 보여준다. 가장 두드러지는 변화는 새로운 범주인 '의견(opinion)'의 등장이다. 이제 여성 잡지에는 1961년까지 '여성의 관심사'로 간주되던 범위를 넘어서는 기사들이 포함되었다. 예를 들어, 사형 제도, 동일 임금, 생활비, 여성 해방 운동과 같은 주제들이 다루어졌다. 또한, 보다 일반적인 관심사들도 증가했으며, 일부는 지역 잡지 형식으로 표현되었고, 정치, 예술, 유명 인물에 관한 짧은 기사들이 나란히 실렸다. 가정 및 요리 내용도 변화하였다. 과거에는 가정관리 개념이 강했으나, 최근에는 어디서 이국적인 음식을 살 수 있는지, 외식을 할지에 대한 정보 제공이 강조되었다. 쇼핑 가이드는 여전히 존재하지만, '구매 조언' 형태로 지속되었다. 예를 들어, 여전히 실제 모델을 사용한 패션 일러스트가 전체 페이지를 차지하며, 가격과 구매처가 덧붙여지는 방식이었다. 이들은 편집 콘텐츠와 연결되며, 할리우드 스타일의 '와일드 웨스트(Wild West)' 패션과 같은 특정 주제와 연계되기도 했다. 개인적인 행동에 대한 조언은 다소 줄어들었으며, 소설과 의료 관련 조언 역시 감소했다. 건강 관련 내용은 이제 심리학적 관점이 추가되었으며, 어린이 기사는 크게 줄어들거나 일부에서는 완전히 제외되었다. 한편, 새롭게 전문화된 카테고리로 금융 관련 조언이 등장했으며, 이는 1960년대 신문에서 투자에 관심이 급증한 것과 유사한 경향을 보인다. 과거의 직업 관련 기사들은 축소되거나 사라졌으며, 대신 이러한 직업 개념이 거의 모든 다른 관심사에 통합되는 방식으로 변화했다. 전반적으로 잡지는 과거보다 덜 제한적이고 덜 '가정적'이었다. 이제 여성 독자들은 폭넓은 관심사를 가진 사람들로 간주되고, 동시에 '사회화된 여성(socialized woman)'의 모델이 강조되었다.

<표 17 a, b>

1961. 7	뉴스	다큐	음악 (일반)	음악 (대중)	토론	패널 게임	버라이어티	종교	광고 잡지	취미	스포츠
BBC	4.40	6.20	3.00	1.40	2.10	0.30	3.40	1.53	—	0.35	7.50
ITV	3.13	2.30	—	2.05	2.20	3.20	3.50	2.30	0.45	0.45	2.45
1965. 7	뉴스	다큐	음악 (일반)	음악 (대중)	교육	패널 게임	버라이어티	종교	아동	취미	스포츠
BBC1	3.00	8.55	0.50	1.20	0.35	0.25	4.30	2.05	4.30	—	14.00
ITV	3.08	7.30	—	1.10	0.45	0.30	4.45	3.00	5.15	1.10	6.25
BBC2	2.59	5.30	1.35	0.55	1.45	—	1.35	0.30	2.05	0.50	7.2

1961년과 1965년 모두 BBC와 ITV의 차이는 크지 않았다. 이는 신문 내 서로 다른 분야 간의 차이보다 적은 수준이었다. 즉, 신문에서는 진지한 관심사와 대중적인 관심사가 뚜렷이 구별되었지만, 텔레비전에서는 이러한 구분이 사실상 무시되었으며, 이러한 관점에서 잔여적 요소로 볼 수 있다. 물론 프로그램 편성에서 강조점의 중요한 차이가 있었으며, 이는 1973년 영국 3대 TV 채널과 미국의 공영 채널 KQED(샌프란시스코) 및 상업 채널 7(캘리포니아)을 비교한 분석에서 다시 확인할 수 있다. 이 비교는 다음과 같은 이유로 특별한 관련성을 지닌다.

<표 18> 시간당 프로그램 분배

1973. 3	BBC1	BBC2	Angelia	KQED	ch. 7
A. 뉴스 및 공공 정책	5.7	3.5	5.0	5.2	11.6
뉴스	7.1	—	5.1	5.1	5.3
뉴스 매거진(일반)	3.1	—	—	2.5	0.3
뉴스 매거진(민족)	8.3	4.3	3.0	8.5	1.8
시사 해설소계	24.2	7.8	13.1	21.3	19.0
B. 특집 및 다큐멘터리					
특집	5.6	6.2	4.5	4.5	0.6
다큐멘터리	1.0	5.9	2.0	1.0	—
소계	6.6	12.1	6.5	5.5	0.6

C. 교육 학교, 대학, 등 교육 방송 성인교육 소계	 17.9 2.9 1.9 22.7	 16.5 1.7 — 18.2	 10.7 2.2 — 12.9	 18.6 3.5 2.5 24.6	— 0.9 2.0 2.9 —
D. 예술과 음악	1.2	1.7	—	4.5	—
E. 어린이 프로그램 만화, 인형극 기타 오락 교육용 소계	 4.4 1.4 5.7 11.5	 0.1 0.7 3.3 4.1	 1.1 4.6 2.6 8.3	 — — 25.0 25.0	 2.5 2.0 0.8 5.3
F. 드라마 단막극 시리즈 연속극 소계	 4.4 6.3 0.8 11.5	 3.1 0.9 1.5 5.5	 3.5 8.7 8.1 20.3	 — 1.0 3.7 4.7	 — 16.3 6.1 22.4
G.영화	6.7	6.6	12.3	5.2	23.8
H. 일반오락 뮤지컬 쇼 버라이어티 쇼 게임, 퀴즈쇼 토크 쇼 소계	 2.7 1.2 1.5 2.0 7.4	 3.0 0.5 1.0 — 4.5	 2.0 3.7 3.2 0.9 9.8	 — — — — —	 1.1 0.4 15.9 15.0 32.4
I. 스포츠	5.9	1.1	6.7	2.0	6.4
J. 종교	1.1	—	0.6	—	0.8
K. 홍보	1.1	0.7	1.7	1.4	1.4
L. 광고	—	—	10.8	—	18.4
총시간	99.9	62.3	103.0	94.2	144.3

미국 프로그램이 영국 방송계에 미치는 영향력은 지대하지만, 두 시스템을 비교해 보면 몇 가지 중요한 차이점이 드러난다. 특히 영국에서는 공영 방송과 상업 방송 간의 양극화가 덜 두드러지며, 공영 방송(공공 서비스)이 추구하는 기본 가치는 지속적인 비판에도 불구하고 여전히 유효하게 작동하고 있다.

이 다섯 채널의 총방송 시간은 상당히 다르므로, 방송된 전체 콘텐츠 대비 관심사 분포를 백분율로 확인하는 것이 유용하다. 이는 〈표 19〉에 제시되어 있다.

〈표 19〉 프로그램 카테고리별 분포 비교 백분율

1973. 3	BBC1	BBC2	Angelia	KQED	ch. 7
뉴스 및 공공 정책	24.5	12.0	13.0	22.5	14.0
특집 및 다큐멘터리	6.5	20.0	6.3	6.0	0.5
교육	23.0	29.5	12.5	26.0	2.0
예술과 음악	1.0	2.5	—	5.0	—
어린이 프로그램	11.5	6.5	8.0	27.0	4.0
드라마-단막극	4.5	4.5	3.1	—	—
드라마-시리즈와 연속극	7.0	4.0	16.6	5.0	17.0
영화	6.5	1.5	6.2	2.0	4.5
일반오락	7.5	7.5	9.5	—	24.5
스포츠	1.0	—	6.2	2.0	4.5
종교	1.0	—	0.6	—	0.5
홍보	1.0	1.0	1.5	1.0	1.0
광고	—	—	10.7	—	14.0

이를 바탕으로 매우 일반적인 수준에서 '공공 서비스'와 '상업' 두 유형의 프로그램을 구분하고, 다양한 채널 간 및 영국 채널의 시간적 변화를 비교할 수 있다. '공공 서비스' 프로그램(유형 A)에는 뉴스, 공공 정책, 특집, 다큐멘터리, 교육, 예술, 음악, 단막극, 스포츠, 어린이 프로그램이 포함된다. '상업' 프로그램(유형 B)에는 드라마 시리즈 및 연속극, 영화, 일반 엔터테인먼트(버라이어티 및 패널 게임 포함)가 포함된다. 이 비교는 〈표 20〉에 제시되어 있다.

〈표 20〉 프로그램 카테고리별 분포 비교 백분율

	공공서비스 프로그램(A유형)	상업 프로그램(B유형)
1961. 7		
BBC	70	30
ITV(Angelia)	49	51
1965. 7		
BBC1	63	37
BBC2	67	33
ITV(Angelia)	51	49
1973. 3		
BBC1	78.5	21.5
BBC1	78	22
ITV(Angelia)	57	43
KQED(USA)	89	11
Channel 7(Canada)	31	69

이 표는 BBC와 ITV가 프로그램 유형에서 차이가 지속된다는 것을 보여준다. 영국의 상업 채널은 미국의 상업 채널보다 '공공 서비스' 유형에 훨씬 가깝다. 이는 방송의 정치적 구조 차이와 상대적으로 균등한 서비스 유형의 경쟁 효과(BBC 프로그램에도 영향을 미침) 때문이다. 미국의 비교는 더 극단적이며, 방송 환경에 적응하려는 강한 압력이 존재함을 언급해야 한다. 영국 텔레비전은 대다수의 '상업 서비스'와 소수의 '공공 서비스'로 구성된 모델을 따르고 있으며, 이러한 구성은 프로그램 편성에 명확한 영향을 미쳤음을 관찰할 수 있다. BBC 라디오 프로그램 간에는 관심사의 분포에 더 뚜렷한 차이가 존재한다. 〈표 21〉은 한 주간의 샘플 분포를 보여준다. 과거에는 BBC 라디오 프로그램들이 취향과 관심사 및 진지함에 따라 피라미드 형태로 구성되었다고 여겨졌다. 청취자들은 '라이트' 수준에서 출발하여, '홈' 수준을 거쳐, '서드'라는 정점으로 이동할 수 있는 구조였다.

〈표 21 a, b, c〉

1961. 7'	Home	Light	Third	Network Three
뉴스	15.5	6.25	—	—
잡지	10.35	6.30	—	—
다큐멘터리	4.50	2.10	1.00	—
토론	7.30	1.00	2.40	1.30
일반 대화 (general talks)	5.35	0.30	3.30	0.50
일반 낭독 (general reading)	2.40	1.50	—	—
시	—	—	1.35	—
일반음악	30.20	7.25	9.50	1.00
대중음악	7.30	71.20	—	—
오페라	1.30	—	4.50	—
고전 드라마	—	—	0.35	—
일반 현대 드라마	2.30	1.30	1.30	—
연속극	—	4.45	—	—
모험 드라마	3.05	0.30	—	—
범죄 드라마	2.00	1.00	—	—
어린이	2.10	1.55	—	—
취미	0.30	—	—	1.15
언어	—	—	—	—
스포츠	2.50	6.10	—	—
버라이어티	2.30	9.30	—	—
패널 게임	2.00	1.00	—	—
1965. 7	**Home**	**Light**	**Third**	**Network Three**
뉴스	18.30	4.00	1.10	1.32
종교	6.45	0.25	0.20	—
잡지	26.35	—	—	—
다큐	3.15	—	2.00	—
토론	3.15	1.30	2.25	—
일반 대화	4.03	—	2.40	—
일반 낭독	4.00	1.15	—	—
시	—	—	1.35	—
일반 음악	13.00	—	13.10	52.30
대중음악	9.05	114.40	—	1.30
오페라	—	—	1.55	0.30
고전 드라마	—	—	1.00	—
일반 현대 드라마	6.45	2.10	2.10	—
연속극	4.45	4.00	—	—
모험 드라마	0.30	1.00	—	—
범죄 드라마	0.30	—	—	—
아동	3.35	—	—	—

교육과 언어	1.30	—	—	5.00
취미	2.30	—	—	—
스포츠	1.48	1.50	—	19.15
버라이어티	1.30	5.30	—	—
패널 게임	3.40	1.10	—	—
1973. 7	**Radio 4**	**Radio 1**	**Radio 2**	**Radio 3**
뉴스	17.20	0.39	2.17	2.50
종교	3.58	0.18	1.13	0.20
잡지	32.28	3.07	6.07	1.40
다큐	4.35	0.55	—	—
토론	7.30	—	—	5.55
일반 대화	4.50	0.20	0.28	1.35
일반 낭독	5.40	—	—	1.35
시	0.35	—	—	0.45
일반 음악	7.12	5.36	12.32	71.25
대중음악	—	98.33	39.01	0.25
오페라	—	—	—	5.55
고전 드라마	3.30	—	—	1.30
일반 현대 드라마	8.50	—	—	0.20
연속극	4.30	—	4.30	—
모험 드라마	0.45	—	—	—
범죄 드라마	—	—	—	—
아동	2.15	v	0.07	—
교육과 언어	0.30	—	—	5.00
교육(VHF)	10.00	—	—	—
취미	1.45	—	—	—
스포츠	1.00	1.12	24.34	14.05
버라이어티	0.30	0.29	8.25	—
패널 게임	4.52	2.28	0.28	—
농업	2.10	—	—	—

현재의 BBC 정책은 국민적 공통 프로그램을 제공하기 보다는, 서로 다른 취향과 계층을 고려한 다양한 청취 프로그램을 제공하는 방식으로 바뀌었다. 이와 별개로, 해당 기간 문화적 전문화로 이동하는 특징적인 흐름이 있었다. 음악 프로그램의 분포 변화가 이를 가장 분명하게 보여준다. 유사하게, 뉴스, 잡지, 다큐멘터리, 토론 프로그램도 1961년에는 Home(3.5) : Light(1) 비율이었으나, 1965년에는 9:1, 1973년에는 Radio 1부터 Radio 4까지의 서비스가 점점 더 전문화되었으며, Radio 4가 Radio 1에 비해 16:1, Radio 4가 Radio 2에 비해 6:1 비율로 프로그램을 편성했다. 이러한

경향이 해적 방송 pirate' stations과 상업 방송의 경쟁으로 인해 강하게 영향을 받았으며, 더 많은 텔레비전 (케이블 채널 포함)이 도입되면서 같은 방식으로 재현될지는 아직 확실하지 않다. 어떤 면에서 보더라도, 동일한 공공 기관 아래에서 운영되더라도, 텔레비전은 영국 커뮤니케이션 체제에서 독특한 존재가 되었으며, 다양한 관심사를 결합하려는 시도를 계속하고 있다. 이러한 분배는 명백하게 기본적인 커뮤니케이션 정책의 문제이다.

2. 스타일과 표현 방식 분석

신문과 방송 프로그램을 범주별로 측정함으로써, 다양한 유형의 신문과 프로그램이 가지는 관심사의 분포를 어느 정도 파악할 수 있다. 그러나 전달되는 전체 내용을 완전히 이해하기 위해서는 이러한 관심사가 어떻게 제시되는지를 살펴볼 필요가 있다.

1) 헤드라인

특정 신문의 논조와 관심사를 파악하는 데 있어 헤드라인 비교는 유용한 방법이다. 다음은 1961년 한 주 동안의 주요 헤드라인 샘플이다.

요일	신문과 헤드라인
월요일	더 타임스: 러시아, 항공 전력 과시 가디언: 러시아, 항공 전력 선보여 텔레그래프: 러시아, 미사일 전력 공개 메일: 흐루쇼프의 항공 전력 공개 행사 익스프레스: 흐루쇼프, 군사력 과시 헤럴드: 사상 최강의 에어쇼 - 흐루쇼프 주관 워커: 가격 인상 및 임금 동결 계획 미러: 공작을 위한 목발 스케치: 호수에서 밧줄에 묶인 채 발견된 아동
화요일	더 타임스: 케네디 대통령, 국방 검토 지시 가디언: 케네디 대통령, 국방 검토 지시

	텔레그래프: 멘지스, 유럽 공동 시장 문제로 충돌 메일: '대화하자'는 여섯 국가의 제안 익스프레스: 샌디스, 멘지스와 충돌 헤럴드: 유럽 6개국, 영국에 8월 1일 회담 요청 워커: 우주 비행사 환영! 미러: 관료주의와 우주 시대 스케치: 영국 공군 과학자, 정신 이상자 심문 예정
수요일	더 타임스: 환호하는 군중, 가가린 소령을 열렬히 맞이하다 가디언: 가가린 소령, 영웅적 환대 받아 텔레그래프: 가가린 소령, 여왕과 오찬 메일: 악수! 2,000번 익스프레스: '환상적' (러시아어 표현 사용) 헤럴드: 런던, 유리 가가린에게 뜨거운 환영 보내 워커: 진정한 영웅을 위한 환영 행사 미러: 당신을 만나 기쁩니다 (러시아어 표현 사용) 스케치: 가가린 열풍
목요일	더 타임스: 미국, 미사일 탐지 위성 발사 가디언: 미사일 추적 위성 궤도 진입 텔레그래프: 특수부대, 쿠웨이트 철수 예정 메일: 총리, 경고 메시지 발표 예정 익스프레스: 공산권 전문가 사망 헤럴드: 미국, 러시아 상공에 '우주 정찰기' 배치 워커: 가을, 전차 배치 예정 미러: 가가린에게 입맞춤한 소녀 스케치: 큐(Kew) 정원에서 1톤짜리 고래 소동
금요일	더 타임스: 경제 회복을 위한 긴급 조치 시행 가디언: 정부, 조선업 조사 착수 텔레그래프: 총리, 우려 표명하나 "두려움은 없음" 메일: 맥밀런, 침착한 태도 유지 익스프레스: "걱정은 되지만 두렵지는 않다" 헤럴드: "우려하고 있지만 두렵지는 않다" - 총리 발언 워커: 핵무기 금지 운동, 결정적 승리 미러: 생매장된 사람! 스케치: '이것이 나의 도끼다'
토요일	더 타임스: 카셈 장군, 쿠웨이트 영유권 주장 재개 가디언: FBI, 유럽 공동 시장에 대한 우려 표명 텔레그래프: 영국노동조합회의(TUC), 전기기술자노조(ETU) 위기 논의 예정 메일: 파업으로 영국해외항공(BOAC) 운항 중단 익스프레스: 파업으로 항공기 운항 차질 헤럴드: 위기 대응: 보수당, 이제 계획 수립으로 전환 워커: 맥밀런, 사실상 임금 삭감 계획 추진 미러: 노동조합회의(TUC), 공산주의 성향 노조에 대한 충격적인 조사 스케치: BOAC, 파업으로 '운항 중단'

이는 1965년 7월 일요신문의 헤드라인과 비교할 수 있다.

요일	헤드라인
일요일	더 타임스: 미국, 북베트남 봉쇄 및 폭격 확대 추진 옵서버: 칼라한이 영국을 저당 잡히고 있다- 로이드 발언 텔레그래프: 히스, 실패한 쿠데타로 정치적 타격… 서투른 음모 익스프레스: 철도 부문, 태업 확산으로 새로운 위협 직면 피플: 수년 만에 최악의 여름 날씨! 뉴스 오브 더 월드: 내가 탈출한 이유- 빅스의 증언 시티즌: 윌슨 총리, 준법 투쟁 강력 비판 미러: 포럼에서의 가슴 아픈 순간

우리는 영국 언론에서 친숙한 강조 방식에 점점 익숙해지고 있다. 각 신문이 주요 기사를 선정하는 방식을 BBC 아침 뉴스와 비교하는 것은 의미 있다.

일시	헤드라인
1965년 7월 5일 (월요일)	BBC · 어젯밤, 런던 웨스트엔드에 위치한 아메리칸 익스프레스 회사 사무실에서 수제 폭탄이 폭발한 후, 추가 경찰병력이 주영 미국 대사관으로 파견되었다. · 강력한 회오리바람이 이탈리아 북부를 강타하여 최소 12명이 사망하고 수백 명이 부상을 입었다. · 괌 섬을 기지로 한 미국 폭격기가 다시 한번 남베트남의 베트콩 게릴라를 공격했다. · 운수일반노조(Transport and General 워커s Union) 회의가 오늘 개막된다. 사무총장 대행은 대표단이 정부의 소득 정책(Incomes Policy)을 거부할 것으로 예상한다고 밝혔다. · 전국적으로 구름이 많고 간헐적으로 맑은 날씨가 예보되었다. 더 타임스: 미국, 미사일 기지 공격 금지 가디언: 그림폰드, 서방에 닥친 위험 경고 텔레그래프: 런던 주재 미국 기관에서 폭탄 테러 발생 메일: 남아프리카 공화국 교도소 내부 실태 익스프레스: 폭탄 폭발 사건, 긴박한 상황 선: '수출 산업의 모범 사례' 워커: '벨트를 조이라 - 폴로를 유지하라' 미러: 귀족, 공작 관련 논란에 합류 스케치: 하원의원들, 필립 공을 두고 충돌
1965년	BBC

7월 10일 (토요일)	· 런던 서부에 사는 한 남성이 완즈워스 교도소 탈옥 사건과 관련하여 경찰에 가구운반 차량에 대한 정보를 제공했다. · 미국 워싱턴에서, 하원이 흑인에게 무조건적으로 투표권을 부여하는 법안을 통과시켰다. · 프랑코 장군의 신임 내각은 스페인의 정치 체제를 보다 대표성 있게 개선할 것을 약속했다. · 그리스의 앤마리 왕비가 딸을 출산했다. · 북베트남은 영연방 평화 사절단과의 회담 가능성을 완전히 배제했다. · 일부 노동당 하원의원들이 이번 주말 의회 특권 문제를 둘러싸고 캠페인을 벌이고 있다. · 대체로 건조한 날씨가 예보되었으나, 서부 지역에 늦은 시간 비가 내릴 가능성이 있다. 더 타임스: 하노이, 영국의 중재 제안을 거부 가디언: 존슨 대통령, 베트남 전쟁 악화 전망 텔레그래프: 빅스 검거를 위한 대저택 수색 작전 메일: '내가 탈옥 차량을 칠했다' 익스프레스: 샷건을 동원한 대대적 수색 작전 선: 빅스, 최루가스 포위 작전 워커: 존슨, 베트남에 대한 위협 강화 미러: 경찰 150명, 대저택 급습 - 그러나 빅스는 불발 스케치: '빨간색 밴 단서' - 한 남성이 경찰에 증언
1965년 7월 12일 (월요일)	Le Monde (파리): 드골 장군, 목요일 저녁 전까지 결선 투표 출마 여부를 결정할 것으로 예상됨 New York 더 타임스 (뉴욕): 드골, 결선 투표 참여 여부에 침묵… 출마할 것으로 예상 La Stampa (토리노): 드골, 미테랑과 함께 결선 투표에 출마할 예정 Berlingske Tidende (코펜하겐): 드골, 침묵 유지 중이나 목요일까지 입장을 밝혀야 함 Izvestia (모스크바): 베트남의 정당한 대의는 승리할 것이다 Frankfurter Allgemeine (프랑크푸르트): 선거 실패 이후, 드골은 침묵을 지키고 있다 익스프레스en (스톡홀름): 스웨덴 상공에서 조종사가 사망한 채 떠도는 유령 비행기 더 타임스: 드골 장군, 결선 투표 준비 완료 가디언: 존슨 대통령, 연방준비은행 총재 소환 텔레그래프: 존슨, 중앙은행 총재 소환 메일: 루니크(소련 우주선) 착륙 충격 익스프레스: '이 거래를 중단하라' 선: 브라운(재무장관), 내각 내 비판 직면 워커: 드골을 꺾기 위한 요청 미러: 도박사들, 그레이하운드 경주 거액 당첨금 지급 보류 스케치: 그레이하운드 경주 배당금, 도박사들 아직 미지급
1965년 8월 12일	Figaro (파리): 드골, 결선 투표 출마 선언 New York 헤럴드-Tribune: 바티칸 공의회 종료: 출산 조절 문제 불확실

	Die Welt (독일): 로마 공의회 오늘 종료 Pravda (모스크바): 소련 1966년 국가 경제 개발 계획에 관한 로마 공의회 오늘 종료 피플's Daily (베이징): 인민 라디오 창립 20주년 기념일을 맞아, 마오 주석, 류 주석 및 당과 국가의 주요 지도자들이 중국 및 전 세계 인민을 위한 우수한 방송 제작을 촉구 더 타임스: 스미스 총리에 대한 정부 내 엇갈린 입장 가디언: 바텀리 장관, '스미스는 거짓말쟁이' 발언 텔레그래프: '스미스가 거짓말했다' – 바텀리 주장 메일: 크리스마스이브 버스 운행 중단 위기 익스프레스: 무어스 살인 사건: '죽음 자랑' 논란 선: MP들, 석유 운반선 저지 요구 워커: "스미스 정권에 석유 공급 중단하라" 미러: 무어스 법정, 도끼 살인 증언 나와 스케치: 살인 후 농담 나눈 커플

또한 BBC 뉴스에서의 우선순위 배치 방식도 검토할 가치가 있다. (참고: 신문과 방송 뉴스는 정보가 공개되는 시점에서 일정한 차이가 있음을 유념해야 한다. 그러나 아래 사례에서 볼 수 있듯이, 주요 차이점은 이러한 시간 차이와는 크게 관련이 없는 것으로 보인다) 또 하나의 비교 방식은 영국과 해외 신문들이 특정한 날 어떤 뉴스를 주요 기사로 선정했는지 비교하는 것이다. 다음은 1965년 12월 7일과 8일, 영국 아침 신문 및 해외 여러 나라 신문에서 선정된 주요 뉴스 헤드라인의 예시이다.

2) 스토리 전달 방식

헤드라인을 비교하는 것만으로도, 가장 중요하다고 여겨진 사건, 그것이 제시된 방식 또는 각도의 차이, 그리고 언어 및 어조에서의 명확한 차이가 드러난다. 이러한 요소들을 같은 주의 신문에서 보도된 한 사건을 통해 살펴보는 것은 의미가 있다.

선택된 기사는 1961년 운수일반노조(Transport and General Workers' Union) 회의에서 논의된 외교 및 국방 정책에 관한 토론과 투표이다. 이 토론의 결과에 대한 상당한 사전 논평과 추측이 있었으나, 실제 결과를 그 날 뉴스에서 보도한 신문은 〈워커〉 한 곳뿐이었다. 〈워커〉는 해당 회의에서 지지한 정책과 유사한 편집 방침을 가진 유일한 신문이었다. 따라서 만약 투표 결과가 반대로 나왔다면, 이 상황은 정반대가 되었을 것이라 가정하는 것이 공정할 것이다.

언론	보도 분량	헤드라인
BBC	-	운수노조, 4대1의 투표로 핵무기 폐기 정책 재확인
더 타임스	23단 인치(column inches), 보조 뉴스 페이지	코즌스, 일방적 핵군축유지 싸움에서 승리 코즌스, 운수노조를 일방적 핵군축 정책으로 유지
가디언	22단 인치, 1면 하단 중앙	코즌스의 지지율 감소
텔레그래프	11(7/8)단 인치, 1면과 뒷면/34½단 인치, 내부 뒷면	코즌스, 핵무기 폐기 투표에서 승리 승리자 - 싸우는 코즌스
메일	23단 인치, 내부 페이지	코즌스, 3대1로 승리"
익스프레스	28단 인치, 1면	특이한 결과
헤럴드	¾단 인치, 1면 / 62¼단 인치, 내부 뒷면	코즌스의 H-폭탄 승리
워커	30단 인치, 1면 주요 기사	코즌스, 핵무기 폐기 투표에서 승리
미러	23¼단 인치, 내부 페이지	
스케치	13¼단 인치, 내부 페이지	

BBC 홈 서비스 뉴스와 〈워커〉를 제외한 모든 헤드라인에서는 이슈가 쿠즌스(Mr. Cousins) 운수노조 사무총장 개인에게 집중되었다. BBC의 헤드라인은 '운송 노조, 핵무기 폐기 정책을 4대 1로 재확인'이었고, 〈워커〉의 헤드라인은 '핵폭탄 금지: 압도적 승리'였다. 다른 신문들의 헤드라인은 다음과 같다. 〈더 타임스〉 '쿠즌스, 일방적 군축을 유지하기 위한 싸움에서 승리', 〈가디언〉 '쿠즌스, 운송 노조를 일방적 군축으로 이끈다', 〈텔레그래프〉 '쿠즌스의 과반수 지지 감소', 〈메일〉 '쿠즌스, 핵폭탄 투표에서 승리', 〈익스프레스〉 승리자 - 싸우는 쿠즌스, 〈헤럴드〉 '쿠즌스, 3대 1로 승리', 그리고 첫 페이지에는 '외톨이'라는 제목을 추가하였다. 〈미러〉 'H-폭탄 승리: 쿠즌스', 〈스케치〉 '쿠즌스, 핵폭탄 전투에서 승리'라고 하였다.

이 문제에 대한 정치적 해석에는 정당한 차이가 있을 수 있지만, 극단적인 개인화는 뉴스 편집에서 흔히 사용되는 기법이다. '폭탄 전투', '싸우는 쿠즌스', '폭탄 승부', '반란 세력', '핵폭탄 투표' 등의 표현은 실질적으로 편향된 보도를 만드는 요소가 된다. 〈워커〉가 사용한 '압도적 승리'라는 표현 역시 이러한 맥락에서 이해할 수 있다. 〈익스프레스〉에서는 쿠즌스를 복싱 선수로 묘사한 만화를 삽입하여, 그가 상대 후보인 게이츠켈(Gaitskell)을 쓰러뜨린 모습으로 보도했다.[18] 〈헤럴드〉는 '외톨이'라는 표현을 사용하여 쿠즌스가 소수 의견을 대표하고 있다는 인상을 심어주었다. 이러한 기법들은 뉴스가 사실을 전달하는 것이 아니라, 독자들에게 특정한 감정을 불러일으키도록 의도된 것이다.

이 문제를 분석하기 위해서는 실제 토론의 내용을 살펴볼 필요가 있다. 〈더 타임스〉는 찬성 연설자가 52명, 반대 연설자가 35명, 그리고 1명이 유보라고 보도했다. 이 수치는 〈가디언〉, 〈텔레그래프〉, 〈헤럴드〉, 〈메일〉, 〈미러〉, 〈익스프레스〉에서도 똑같이 인용되었다. 〈익스프레스〉는 52대 35이며, 〈워커〉는 수치를 제공하지 않았다. 〈스케치〉는 '80명 이상', BBC는 '100명 가까이'라고 보도했다. 그러나 신문마다 토론을 해석하는 방식은 달랐다. 〈더 타임스〉는 연설자들을 '일방적 군축파'와 '다자적 군축파'로 나누었고, 〈가디언〉은 여기에 '게이츠켈 지지자'라는 범주를 추가했다. 〈텔레그래프〉는 '일방적 군축 지지자 vs 집단 군축 지지자', 〈메일〉은 '쿠즌스 지지자 vs 다자적 군축 지지자', 〈익스프레스〉는 '쿠즌스 지지자 vs 반대 세력', 〈헤럴드〉와 〈미러〉는 단순히 '찬성 vs 반대'로 구분했다. 〈텔레그래프〉는 또 다른 시각을 제공하며, '게이츠켈은 양측에서 비판받았다'고 보도했다. 또한 〈텔레그래프〉는 유일하게 실제 정책의 세부 사항을 분석했으며, 다른 신문들이 인물 중심으로 접근한 것과 차별되었다.

토론 시간이 얼마나 지속되었는지에 대한 보도도 신문마다 달랐다. BBC는 '하루 종일', 〈워커〉는 '하루 종일 진행'이라고 표현했으며, 〈메일〉, 〈익스프레스〉, 〈미러〉는 6시간, 〈헤럴드〉는 5시간 30분, 〈더 타임스〉는 5시간으로 보도했다. 투표 결과에 대한 보도도 차이를 보였다. BBC는 4대 1의 비율로 가결되었다고 보도했고, 〈메일〉도 같은 비율을 보도했다. 그러나

〈미러〉는 '3대 1에서 4대 1 사이'라고 했으며, 〈텔레그래프〉는 590 대 170, 〈더 타임스〉, 〈익스프레스〉, 〈스케치〉는 3대 1, 〈가디언〉은 '5대 1 또는 6대 1에서 5대 2까지' 다양한 수치를 인용했다. 〈헤럴드〉는 일부 기자들이 쿠즌스의 승리를 '3대 1보다 더 높게 평가했다'고 보도했고, 〈텔레그래프〉는 총 769명의 대표 중 '최대 150명이 반대표를 던졌다'고 구체적인 수치를 제공했다. 또한 '170명의 대표가 사무총장(쿠즌스)의 입장에 반대했다'는 분석도 있었지만, 반대표의 숫자는 100에서 200명 사이로 다양하게 추정되었다. 〈익스프레스〉는 '180명이 그에게 반대했다'라고 보도했다. 〈워커〉는 소수파를 '10분의 1도 안 된다'고 보도했다.

결과에 대한 해석은 〈메일〉이 '엄청난 개인적 승리'라고 한 것에서 〈미러〉의 '강렬한 개인적 승리', 〈헤럴드〉의 '그의 가장 중요한 승리'까지 다양하게 나타났다. 반면 〈텔레그래프〉는 '이 결과는 양측 모두에게 있어 성과로 간주될 수 있다'라고 평가했다. 이전 회의의 투표 결과와 비교할 때, 〈가디언〉은 '과반수가 크게 줄었다', 〈텔레그래프〉는 '과반수 감소', 〈스케치〉는 '이전 회의보다 훨씬 적은 규모', 〈헤럴드〉는 '지난 회의에서 과반수는 14 대 1이었지만, 이번 상황은 다른 맥락이었다'고 보도했다.

연설 내용에 대한 보도는 강조점이 달랐다. 〈더 타임스〉는 성공적인 동의를 제안하고 지지한 연설자들의 발언을 9 (c.i. 칼럼 인치, 이하 생략), 반대하는 측의 발언을 4로 보도했다. 또한 일반적인 요약으로 ¾ 과 1⅓ 를 추가했다. 쿠즌스의 연설은 3¼ 로 보도되었다. 전체 균형을 보면, 52명의 연설자 중 7, 35명의 연설자 중 5½ 로 나타났으며, 다른 신문에서는 다음과 같이 보도되었다. 〈가디언〉 7⅛ 및 1⅜, 〈텔레그래프〉 15¾ 및 2⅛, 〈메일〉 3 및 2⅛, 〈익스프레스〉 1⅝ 및 없음, 〈헤럴드〉 7⅞ 및 6⅛, 〈워커〉 1⅛ 및 없음, 〈미러〉 3⅛ 및 없음, 〈스케치〉 ½ 및 2¾ 이다. 이 모든 보도에서 가장 크게 다뤄진 것은 쿠즌스의 연설이었으며, 〈스케치〉만이 예외였다.

연설자 그룹 해석 방식	코슨즈 연설 묘사 방식
• 가디언: 일방적 핵군축론자(unilateralists) vs. 다자적 핵군축론자(multilateralists) • 텔레그래프: 일방적 핵군축론자 vs. 게이트스킬 지지자(Gaitskell supporters) • 메일: 일방적 핵군축론자 vs. 집단적 군축론자(collective disarmament supporters) • 익스프레스: 코즌스 지지자(for Cousins) vs. 다자적 군축론자(for multilateral disarmament) • 헤럴드: 코즌스 지지자 vs. 반대파(against) • 미러: 찬성 vs. 반대	• 더 타임스: 중립적 서술 • 가디언: 복수의 천사(Avenging Angel) 같았으며, 강력했으나 혼란스러웠다 • 텔레그래프: 메시아적(Messianic) • 메일: 열정적으로 포효했다 • 익스프레스: 토네이도 같은 연설, 거만한 확신과 진정성을 동시에 가짐 • 헤럴드: 극적인 연설 • 워커: 논평 없음 • 미러: 경력 중 가장 강렬한 연설 중 하나 • 스케치: 셔츠 소매를 걷어붙이고 열정적으로 발언

연설 보도에서 〈더 타임스〉는 언급을 하지 않았다. 〈가디언〉은 쿠즌스를 '복수의 천사 같은 모습'으로 묘사하며 그의 연설을 '강렬하지만 혼란스럽다'라고 표현했다. 〈텔레그래프〉는 '쿠즌스가 가장 메시아적이었던 순간'이라고 보도했다. 〈메일〉은 그가 '열정적으로 우레와 같은 연설을 했다'고 전했고, 〈익스프레스〉는 그의 연설을 '폭풍 같은 연설'이라고 묘사하면서, '오만한 자기 확신과 함께 웅변적인 진실성이 돋보였다'고 설명했다. 또한 〈익스프레스〉는 일부 직접 인용을 포함하며 '그가 외쳤다'라고 덧붙였다. 〈헤럴드〉는 이를 '극적인 연설'이라고 평가했으며, 〈워커〉는 별다른 언급을 하지 않았다. 〈미러〉는 '그의 경력에서 가장 강력한 연설 중 하나'라고 평가하며, '38분간의 열정적인 발언'이었다고 보도했다. 〈스케치〉는 쿠즌스가 '열정적으로 연설했다 - 셔츠 소매를 걷은 채로'라고 보도했다.

3) 일요신문의 '성' 보도 경향

특정 일요 신문에 '성' 관련 내용이 지나치게 많다는 불만이 흔하지만, 이 내용을 면밀하게 분석할 필요가 있다. 일반적으로 성은 범죄와 자주 연관되며, 부차적으로는 연예계, 특히 여배우와 모델의 사진과 연계된다. 이러한 연관성이 해당 신문에서 '성'이라는 단어가 의미하는 바를 결정하는 것으로 보인다. 다른 유형의 보도는 드물다.

여배우와 모델의 사진, 그리고 영화배우 및 유사한 유명 인사의 소문난 연애 보도를 제외하면, 크게 두 가지 주요 범주가 존재한다. 해당 신문들은 주로 〈뉴스 오브 더 월드〉, 그리고 1961년 당시 〈피플〉과 〈픽토리얼〉이다. 첫 번째 범주는 간통, 유혹, 강간, 동성애, 노출, 매춘과 관련된 법정 사건 보도이다. 〈뉴스 오브 더 월드〉는 이러한 유형의 보도를 전문적으로 다루며, 다른 신문들은 일부 극적인 사건만을 다룬다. 보도 자체는 일반적으로 직설적이지만, 제목은 선정적으로 구성된다. 예를 들어, '남편이 휘파람을 불어야 했을 때', '새벽 2시, 댄스가 끝난 후', '화장대 서랍 속 18장의 사진'과 같은 제목이 사용된다. 때로는 기자가 직접 작성한 기사가 실리기도 한다. 예를 들어, '한 시골 마을의 부패 소굴'과 같은 제목의 기사가 있다.

두 번째 범주는 정기적인 보도 형식은 아니지만, 사실 또는 주장된 사실에 기반한 기사이다. 이 범주에서 한 유형은 기소나 스캔들에 연루된 인물 또는 연예계 유명인의 '회고록'이나 '고백'이다. 이러한 기사는 '나의 타락한 삶' 또는 '나는 유혹에 빠졌다'와 같은 제목으로 광고되며, 종종 교훈적인 의미를 암시한다. 또 다른 유형은 해당 신문이 직접 수행한 '조사 보도'로, 종종 도덕적 경고 또는 불쾌한 현실을 폭로하는 것이 필요하다는 명목으로 이루어진다. 예를 들어, 'X.Y.의 충격적인 이중생활'(이름 및 사진 공개) - '유치원 교사이자 매춘부'라는 기사로, 〈피플〉의 조사팀이 작성했다. 두 명의 기자가 이미 확보한 정보를 바탕으로, 신분을 밝히지 않은 채 이 여성과 접촉하여 그녀의 매춘 활동을 입증하려 했다. 독립적인 조사 기사도 존재한다. 예를 들어, 같은 호의 〈피플〉에서는 '사랑의 마약이 50만 명을 죽이고 있다'는 제목의 기사가 실렸다. 이는 홍콩 항구 지역의 매춘과 헤로인 중독을 다룬 독립 기자의 보도로, 신문은 이를 '충격적일 수도 있다. 하지만 반드시 알려야 한다'라고 소개했다.

4) 여성 잡지의 소설 패턴

22개의 여성 잡지에서 70편의 이야기를 읽고 분석하였다. 대부분의 이야기에서 일반적인 특징은 독자의 특정한 심리적 과정을 유도하려는 의도가 명확하다는 점이다. 문학적 기법은 이러한 목적에 종속되며, 독립적인 문학적 의도나 가치는 전혀 존재하지 않는다.

단편 소설과 연재 소설의 배경에는 흥미로운 차이가 있다. 단편 소설은 대개 가정을 배경으로 하지만, 연재 소설은 파리, 호주의 양 목장, 이라크와 같은 '이국적인' 환경을 배경으로 한다. 40편의 가정 배경 소설 중 39편은 중산층 가정에서 설정되었으며, 예외는 저렴한 대중소설 잡지에서 발견된 한 편뿐이다. 직장을 배경으로 한 이야기에서는 사무실, 병원, 공항, 대형 여객선, 전원 지역이 흔히 등장하며, 일반적인 산업 현장이나 상점 노동은 거의 다루어지지 않는다.

남성 주인공의 사회적 지위는 이야기에서 중요한 요소이다. 69명의 남성 주인공 중 2명을 제외한 67명은 직업과 관련하여 언급되며, 이 중 2명은 외국 귀족, 64명은 주로 전문직을 포함한 '중산층' 직업을 가진 성공한 인물로 묘사된다. 나머지 1명은 가난했으나 호주에서 성공하여 돌아온 인물이다. 남성 주인공의 사회적 지위는 거의 예외 없이 여성 주인공보다 높으며, 약혼이나 결혼은 대부분 이러한 '상향 결혼'의 형태를 띤다. '상사와의 결혼'은 흔한 서사 구조이다. 남성 주인공의 성공을 상징하는 일반적인 요소는 자동차이며, 이는 감정적 관심의 대상이 되기도 한다.

줄거리는 일정한 패턴을 따른다. 70편 중 27편은 익숙한 유형의 음모 소설로, 이국적인 배경에서 오해와 비밀로 인해 위기가 발생하며, 주요 장면은 무도회, 결혼식, 파티에서 이루어진다. 또 다른 3편은 남성 작가에 의해 쓰인 유머러스하거나 반어적인 일화 형식의 이야기이다. 나머지 40편은 전형적인 감정적 문제 해결을 다룬다. 이들 중 7편은 치료적 의도를 가진다. 사랑에 대한 두려움, 실연이나 배신으로 인한 절망과 같은 상황이 여성 주인공의 시점에서 서술된다. 해결 방식은 항상 '적응'이다. 아이, 동물, 장소 등이 사랑에 대한 두려움을 극복하는 역할을 하며, 배신당한 아내는 반드시 남편, 자녀, 가정에 적응하게 된다. 이러한 이야기의 감정적 톤은 실용적인 조언 칼럼과 유사하며, 조언 칼럼 역시 일반적으로 어려운 상황에 대한 '적응'을 권장하고 변화 시도를 지양하는 경향이 있다.

나머지 33편은 '소망 충족(14편)' 또는 '마법적 문제 제거(19편)' 방식을 따른다. 소망 충족 이야기에서는 평범하거나 실패를 경험한 소극적인 여성, 실연당한 여성이 결국 성공한(경제적으로 풍족한) 남성과 결혼한다. 이야기는 그녀의 시점에서 전개되며, 독자는 그녀와 동일시하도록 유도된다. 이 이야기에서는 특별한 이유 없이 결국 모든 것이 해결된다. 반면, '마법적 문제 제거' 유형에서는 극적인 진실이 밝혀지는 장면이 중심을 이룬다. 경쟁자가 본래 악한 인물이었음이 드러나 패배하게 되거나, 그에 대한 질투가 애초에 불필요했음이 밝혀진다(그는 사실 다른 여성을 사랑한 적이 없었다는 식이다). 여기서 세상은 여성 주인공의 행동이 아니라, 고통스러운 요소가 갑자기 제거되는 방식으로 조정된다. 소망 충족 이야기에서는 그저 조용히 모든 것이 맞춰진다.

결과적으로, 이러한 이야기에서는 대부분 여성의 실제 가정과 직업, 다양한 남성 유형뿐만 아니라 지속적인 문제나 영구적인 어려운 관계 또한 철저히 배제된다.

5) 광고의 스타일 (ⅰ)

상업 광고의 기본적 기법은 언제나 과장을 기반으로 해왔다. 17세기 치약 광고에서는 치아를 깨끗하게 할 뿐만 아니라, 빠지는 것을 방지한다고 주장했으며, 오늘날 아프리카 지역 잡지에서는 피부를 더 밝게 만들어 준다는 크림 광고가 등장한다. 광고는 끊임없이 최상급 표현을 찾으며, 이는 종종 논리의 한계를 넘어선다(예: '흰 것보다 더 흰'). 이에 대한 자연스러운 반응조차 광고에 활용되며, 유머러스한 과장을 통해 이를 되풀이한다(예: '기네스-힘이 세다').

일부 광고는 여전히 제품 자체를 직접 추천하지만, 보다 일반적인 방식은 제품을 건강, 사랑, 존경과 같은 바람직한 요소와 연관 짓는 것이다. 이러한 연관은 매우 다양한 형태를 띤다. 예를 들어, 아프리카 지역 잡지의 연재 만화에서는 주방 비누가 친구를 집으로 초대하는 방법으로 제시된다(그렇지 않으면 커튼이 '구멍투성이'가 되어 부끄러움을 느낀다). 한편, 영국 잡지에서는 밍크 스톨을 두른 여성이 고급 자동차들로 가득한 거리에서 운전기사를 대동하고 비싼 싱크대를 들고 있는 광고가 실린다. ('그래서 헨리가 말했어요 … 가서 하나 사라고. 그래서 샀죠 … 엄청나게 넓은 배수대. 정말 기쁨 그 자체예요.')

또 다른 유형의 광고 기법도 있다. 특정 제품(거의 어떤 제품이든 가능하다)을 사용하면 배우자나 더 나은 직업을 얻을 수 있다는 직접적인 약속이 제시되며, 이러한 노골적인 주장을 다시 유머러스한 과장으로 반복하여 반발 심리를 이용한다. 또 다른 유형은 간접적인 방식으로 동일한 메시지를 전달하는 것으로, 단순히 제품과 바람직한 상황을 나란히 배치하는 것에서부터, 흐릿한 사진과 짙은 색감을 활용하여 꿈과 환상의 분위기를 조성하는 방식까지 다양하다.

한 주간의 신문에서 요트 사진이 실린 세 개의 광고를 보면, 모두 동일한 시간에 촬영된 것처럼 보인다. 각 광고에서 사진은 전체 공간의 3/4을 차지하며, 제품명은 눈에 띄지 않게 배치되어 있다. 제품을 살펴보면 빵, 과일 음료, 은행 광고임을 알 수 있다. 같은 주간 잡지에서는 파란 옷을 입은 시원한 인상의 여성이 검은색과 붉은색 옷을 입은 여섯 명의 남성에게 둘러싸여 있는 장면이 등장한다. 이 광고는 '우리는 이것을 컬러 자신감이라는 멋진 느낌이라 부른다'라고 설명하며, 제품은 화장품이다. 광고에서는 '세계의 기자들이 박수를 보낸다'고 주장한다.

이러한 유형의 광고가 흔해진 것은, 과거 의사가 그려진 그림 옆에 알약 포장을 배치했던 단순한 광고 방식에서 발전한 결과이지만, 현재는 매우 중요한 현상이 되었다. 광고에서 제품 자체는 사실상 무의미해졌으며, 광고주는 직접적으로 이미지와 환상을 조작하는 방식으로 접근한다. 이러한 광고들이 집중적으로 쏟아지면서, 특정 제품의 추천이 아니라 '환상 중심의 생활 방식'이라는 전체적인 스타일이 형성된다. 이는 실재를 명확하게 하는 것이 아니라 오히려 의도적으로 혼란스럽게 만드는, 일종의 변형된 예술로 기능한다.[19]

따라서, 가장 진지한 신문의 반쪽 지면에서 다음과 같은 문구를 발견해도 놀랍지 않다. '콘크리트의 껍질: 폴리안서스[20]의 돌파. 폴리안서스는 뚫고 나온다 … 자연스럽게.' 그리고 이어지는 문구: '주말은 가장 자연스러운 단절이다.' 이는 논란이 많은 '자연스러운 광고 삽입'을 통한 TV 광고를 추천하는 문구다. 마지막으로 작은 글씨로 다음과 같은 약속이 덧붙여진다. '주말에는 당신의 광고가 깊숙이 스며듭니다.' 이것이 광고가 본질적으로 추구하는 목표임은 분명하다.

6) 광고 스타일 (ii) – '자연스러운 휴식 시간'

텔레비전에서 인공적이고 관습적인 요소들이 삶의 방식으로 정착한 것처럼, 광고를 위한 '자연스러운 휴식 시간' 역시 일상의 일부로 받아들여지고 있다. 이러한 흐름에 의문을 제기하거나 텔레비전 광고 자체를 비판하는 이들은 '또 그 이야기'라는 냉소적인 반응에 직면할 위험이 있다. 나아가, 그런 비판적 입장을 고수하는 것이 곧 스스로를 새로운 문화 권력층으로 내세우려는 시도로 비칠 수도 있다. 한편, 광고를 만들어내는 권력은 때로는 우스꽝스럽고 불쾌하게 느껴질지라도 분명히 실재한다. 그것은 어떤 비판보다도 더 설득력 있게 현실을 구성하며, 이제는 하나의 '자연스러운 것'으로 자리매김하였다.

얼마 전 ITV에서 영화를 보며 이 '자연스러움'이 얼마나 깊이 뿌리내렸는지 다시 깨달았다. 영화는 '자연스러운 휴식' 후 저녁 7시 조금 넘어 시작되었고, 7시 25분, 7시 43분, 7시 55분에 '영국인이 가장 사랑하는 약용 샴푸' 광고가 나올 때쯤 전원을 끄기 전까지, 이 영화는 할리우드조차 상상하지 못한 '자연스러운 휴식'을 세 번이나 경험했다. (극장에서는 강력한 상업적 압력 속에서도 영화가 끝난 후 아이스크림 광고가 나오기 전까지 한 번에 볼 수 있다는 사실이 현재 상황을 극명하게 보여준다). 영화 편집의 특성상 분당 여러 차례 휴식이 가능하지만, 처음에는 관심을 끌기 위해 긴 장면을 보여주고, 이후 '휴식'이라 불리는 자연 현상의 빈도가 기적처럼 증가하는 것을 확인할 수 있다.

이 상황이 어떻게 만들어졌는지 살펴볼 필요가 있다. 한 독자가 최근 IBA(상업방송 ITV 규제기구) 위원장과 주고받은 서신을 보내왔는데, 이는 많은 것을 설명한다. 1953년 백서가 의회에 제출될 당시 정부는 '프로그램을 절대 중단하지 않을 것'이라고 밝혔다. 그러나 한 달 후 "소위 '자연스러운 휴식'이 아닌 이상 중단 없을 것"이라고 수정했다. 당시 한 의원이 지적했듯, 이는 '마차 네 대가 통과할 수 있는 틈'이었고, 실제로 그렇게 활용되었다. 초기 '자연스러운 휴식'의 예로는 2막 구성 연극의 막간(1막이 70분 진행된 후)이나 〈햄릿〉의 장면 전환 등이 제시되었다. (당시 고급 문화적 분위기를 엿볼 수 있다). 1964년 법률을 포함한 수많은 승인을 거쳐, '자연스러운 휴식'은 시간당 평균 세 번 발생하거나, 멈출 수 있는 모든 것을 의미하게 되었다. 이를 계속 '자연스러운 휴식'이라 부르는 것은 광고주와 그 친구들조차 인간 본성을 지나치게 왜곡하는 일이다.

물론 우리 대부분이 알고 있듯이, 진정한 문제는 오히려 정반대로 제기되어야 한다. 상업 텔레비전에는 아마도 오래된 영화를 감상하면서 '자연스러운' 광고 중단 지점을 찾는 이들이 있을 것이다. '그녀가 문을 쾅 닫고 나갈 때, 버트.' 혹은 '그가 비틀거리다 갑작스럽게 장면이 전환될 때요.' 향수 광고? 고양이 사료? 이러한 장면들이 지닌 창의적 가능성은 아직까지 체계적으로 탐구된 바 없다. 제작자들은 '자연스러운 흐름'을 기다리지 않는다—그들은 그것을 구성한다. 프로그램 제작자들과 그들의 작가들, 출연자들은 다른 모든 프로그램과 마찬가지로 방송 시간대를 배정받으며 일한다. 그러나 중요한 차이점은, 이들 프로그램 속에는 이질적 요소들이 삽입된다는 점이다. 많은 이들은 이를 마치 날씨처럼 받아들인다. 어떤 강력한 사회 체제든 시간이 지나면서 그러한 '자연스러운 무게'를 부여받게 되는 듯하다. 그러나 그것만이 유일한 방식은 아니며, 그 '자연스러움'이 유지되기 위해서는 누군가가 끊임없이 그것이 자연스럽다고 주장해야만 한다.

내가 받은 한 서신에서는 등반 원정 영화를 방송할 때나 세인트 폴 성당에서의 음악회 중간에 삽입된 상업 광고에 불만을 제기했다. 그는 광고주들이 종종 원정을 후원한다는 말을 들었는데(비록 그가 문제 삼은 광고들이 그런 경우는 아니었지만), 물론 '우리 시청자 대다수'는 광고를 위한 중단이나 광고 자체에 불쾌감을 느끼지 않는다는 설명도 함께 들었다. 어쩌면 그런 주장에 대한 근거가 있을 수도 있겠지만, 만약 그렇다면 수익을 위한 광고 삽입 시점의 계산이 그렇게 정밀하다는 사실이 오히려 중요한 문제다. 만약 사람들이 광고를 받아들이거나, 심지어 앞서 언급된 것처럼 적극적으로 즐긴다면, 그들에게 프로그램을 계속 보게 만들고, 적절한 지점에서 광고를 삽입하게끔 유도할 필요는 없었을 것이다. 광고는 이미 정해진 시간에 나와서 사람들이 자발적으로 선택하여 볼 수 있었을 것이다. 이탈리아나 광고 수입에 의존하는 다른 텔레비전 서비스들에서는 일정한 광고 시간이 따로 정해져 있으며, 프로그램과 광고의 분리라는 원칙이 존재한다. 이 원칙은 본래 영국 상업 텔레비전의 원칙이기도 했지만, 현재로서는 허구에 가깝다. 그렇다고 해서 영국 상업 텔레비전이 일반적인 광고 후원을 수용하고 있는 것은 아니지만, 그들의 실제 운영 방식은 기본적으로 미국식 관행을 따르고 있으며, 다만 그 빈도와 강도는 훨씬 낮다. 이는 페이드(fade) 장면이나 장면 재전환의 수 등을 살펴보면 확인할 수 있다.

한편, 후원을 받은 스포츠 중계는 BBC조차도 이제 너무나 자연스러워져서, 마치 경마, 육상, 골프, 크리켓 혹은 그와 유사한 야외 활동에 대한 애정과 맥주, 담배, 면도날 등 관련 기업 이사직 사이에 높은 상관관계가 있는 듯한 인상을 준다. 담배 광고에 있어서 텔레비전의 허점을 막으려는 환영할 만한 시도가 진행 중이지만, 문제는 훨씬 더 광범위하다. 나는 지난주에 텔레비전으로 크리켓 경기를 보다가, 타자들의 클로즈업 장면에서 모자의 일부로 보이는 'pworths'라는 글자 때문에 계속 당혹스럽고 산만해졌다. 결국 그 글자가 경기장 경계 펜스에 있는 전광판의 광고 문구임을 알게 되었고, 그와 동시에 나는 축구 경기를 보던 과거의 어떤 순간들이 떠올랐다. 경기 전개가 엉키거나 느려질 때, 화면 뒤편에 어렴풋이 보이는 단어의 나머지 절반을 확인하고 싶어서 공이 전진하길 바란 적도 있었다. 심지어 가끔은 십자말풀이를 푸는 듯한 놀라움도 있었다. 이처럼 광고의 배치는 너무도 자연스러워져, 심지어 사회주의 국가의 경기장조차 광고를 어디에, 어떻게, 어떤 각도에서 카메라에 잡히도록 계약하고 계획할 정도다. 그리고 이는 전적으로 다음과 같은 원리에 기반한다. 우리가 다양한 프로그램과 이벤트 시청을 즐긴다는 사실 때문에, 다른 무언가가 직접적이든 간접적이든 항상 수익성 있는 방식으로 삽입될 수 있으며, 이는 마치 자연스러운 부속물인 것처럼 여겨지게 된다는 것이다.

나는 이와 같은 전체 흐름에 저항하는 것이 여전히 의미 있다고 생각한다. 어쨌든 이러한 '자연스러움'을 '조작된 것'으로 폭로하는 일은 필요하다. 그리고 이러한 문제는 상업 텔레비전의 전체 운영 방식과 관련되며, 나아가 공공서비스 방송 체제 안으로 사실상 광고를 끌어들이는 침범과 기만적 장치들에까지 미친다.

7) 광고의 스타일 (iii) – 'ITV의 가정 로맨스'

텔레비전 프로그램 사이에 방영되는 광고에 대해 전반적인 비평적 검토가 이루어지지 않는 것은 일종의 편견에서 비롯된 것일지도 모른다. 최근에 나는 ITV에서 방영된 35분짜리 프로그램을 시청했는데, 그 프로그램에는 그날 저녁 어떤 다른 프로그램 못지않은 노력과 자금이 투입되었음이 분명했다. 그러나 평론가들의 반응을 보면, 마치 그 프로그램은 방영되지 않았던 것처럼 철저히 무시되었다. 물론 그 프로그램은 간헐적으로, 광고의 형식을 취해 등장했다. 오후 5시 45분부터 밤 10시 30분 사이, 45초에서 3분 30초 길이의 짧은 단편으로 구성되었지만, 자연주의와 판타지가 결합된 흥미로운 작품이었다. 영상 기법은 정교했고, 반복하면서 귀에 감기는 음악도 인상적이었다. 그 내용은 분명히 가정 문제를 중심으로 구성되어 있었다.

광고 제작에 투입된 연구와 기획(심리학자와 사회학자의 자문을 받은 경우도 많다), 시나리오 회의, 방영 시간 협상, 캐스팅 에이전시 탐색, 리허설, 편집 등을 고려하면 비평적 반응이 전혀 없다는 점이 다소 불공평해 보인다. 일각에서는 광고가 예술이 아니라고 주장하지만, 이는 각 제작 그룹에 '창의적 부서'가 존재한다는 사실을 망각한 것이다. 더욱이 프로그램과 광고 간 인력 교류도 활발하다. 유명 감독들이 대형 프로그램 제작 사이에 제품 광고를 만들고, 인기 배우들은 연기나 탐정 역할뿐만 아니라 시가를 피우거나 아이스크림을 먹는 모습으로도 출연한다. 필요한 연기 기술은 거의 동일하다. 리허설 후 수줍음과 관능을 동시에 표현할 수 있는 여성 배우는 많지만, '생물학적'이라는 단어를 마치 부적절한 제안처럼 조심스럽게 내뱉는 주부 역할을 소화할 배우를 찾기는 어렵다. 또는 퇴근 후 통조림 음식으로 저녁을 먹을 것 같아 우울해하다가, 이상적인 통조림을 발견하고 기쁨과 애정을 표현하는 평범한 남자 역할도 쉽지 않다. 동료들이 말하듯, 이것이 진정한 기술이다.

이처럼 오랫동안 간과된 부분을 보완하고자 한다. 모든 노력과 사람들은 비평적 반응을 받을 자격이 있다. 물론 스토리 라인을 재구성하는 데 어려움이 있다. 스토리가 없었던 것이 아니라, 표면적 디테일이 과도하게 많았기 때문이다. 내 기록에 따르면 맥주 5종, 사이다 1종, 특허 음료 4종, 와인 3종, 차 1종, 특허 의약품 3종, 소독제 3종, 파리 퇴치제, 헤어스프레이, 치약, 데오드란트 5종(땀 냄새 제거제, 3종은 동일한 주제 음악 사용), 소금 2종, 브라, 고속 가스, 휘발유와 오일, 면도기와 날 2종, 신문 2종, 종이 타월,

사탕, 개 사료 2종과 개약, 시가, 담배, 페인트, 필름, 가드닝 센터, 빵, 버터, 치즈, 아침 식사용 식품, 아이스크림 2종, 비스킷 3종, 샐러드 드레싱, 연유, 매시드 포테이토, 치킨 파이, 토마토 케첩, 통조림 햄과 과일, 리조또, 비누 2종, 세제, 게스트 스타가 서명한 주방 세제 1병이 등장했다. 버지니아 울프가 아널드 베넷의 소설을 비꼬며 말한 것처럼 '묘사하라, 묘사하라'는 유혹에 빠지기 쉽다.[21] 그러나 이러한 예술에서 우리가 쉽게 잘못할 수 있는 지점이 여기 있다. 이 중 6~7가지 품목만이 진정한 묘사 대상이었다. 이 예술적 특징은 거의 부수적이었다. 실제로 존재한 것은 베넷 이후 소설에서 사물이 도구적이고 능동적으로 변모하며, 그들을 통해 흐르는 삶의 이야기였다. 세어 보자. 특허받은 음료들을 보라. 하나는 분명히 마시기 위해 혼합되었다. 그러나 다른 것에는 감정의 흐름이 달랐다. 한 청년과 소녀가 시원한 물보라를 맞으며 바닷가를 달리고 있었고, 현대적 사고의 빠른 연상 작용을 통해 그 음료는 아침 멀미에도 좋다는 것이 떠올랐다. 그 미묘함을 생각해 보라.

일부 사람들은 광고를 물질주의 문명의 상징이라 비판한다. 그러나 이 증거들로 볼 때 그 주장은 사실과 거리가 멀다. 대부분의 대상은 행운을 가져다주는 부적과 같다. 물질주의 문명이라면 성능과 양을 강조했을 것이다. 이 예술의 세계는 다르다. 한 소녀가 비행기에서 내려 사진사들을 향해 팔을 들었다. 당황한다. 다시 돌아가 제품을 챙기고 나와 다른 팔을 든다. 행복해진다. 그동안 주인공(아마 그였을 것이다)은 매를 날리며 사이다를 마신다(당연히 그 순서대로). 그들은 그녀가 숲을 달려온 후 만나 바닷가를 함께 뛴다. 아기가 태어나면 마법의 치즈를 먹이는데, 남자아이라면 올림픽 선수로, 여자아이라면 미스 월드로 자라날 수 있다고 한다. 예쁜 무늬가 있는 종이 타월로 아기의 얼굴을 닦아주며 노래를 부르는 것도 잊지 않는다. 살균제로 모든 세균을 죽여 안전한 집을 유지하는 것도 잊지 않는다. 그러나 삶의 긴장과 압박은 계속 쌓인다. 새 세제에 기쁨을 느끼며 주방에서 춤을 추기도 하지만, 남편을 집에 붙잡아두기 힘들다가 양쪽이 열리는 마법의 캔을 찾아낸다. 또 다른 날에는 미리 준비된 치킨 파이를 사며 '이것이 나를 부정직한 여자로 만든다'고 고백한다. 데오드란트, 헤어스프레이, 주목받는 치약, 자신감을 주는 치약을 계속 사용하지만, 머리속 긴장 지도에서 통증이 사라지지 않는다. 남편은 매력 유지를 위해 면도만 할 뿐(물론 정교한 도구로), 대부분은 맥주나 시가를 찾아 외출한다. 가끔 장난기도 있어 개 흉내를 내며 통조림 식사를 더 얻어내지만, 아내가 쇼핑 중 대체품을 거절해도(2개를 1개 가격으로 판매해도) 그는 만족하지 않고, 아내는 자신의 매력, 노력, 집안 안전이 부족하다는 걱정을 멈추지 못한다. 그래도 삶의 고된 여정 속에서 그녀는 꿈을 꾼다. 특정 아이스크림을 사면 수행원들이 정글이나 셰이크의 천막으로 데려다준다. 다른 브랜드를 사면 집에서도 선글라스, 햇볕 차단 모자, 선 램프를 쓰고(아이스크림은 잊지 않으며) 비가 오는 날에도 휴가 분위기를 만든다. 마지막으로 파리 퇴치기를 휘두르면서, 불안하지만 행복한 마법 같은 하루가 끝난다.

이것이 모두가 살아가는 방식의 이야기이다. 효과는 단절적이기에 오히려 강력하다. '이제 휴식 시간입니다'라고 뉴스 진행자들이 말한다. 마치 세상의 무게에 짓눌려 술 한잔하러 나갈 필요라도 있는 듯이. 하지만 실제 휴식은 이 지속적인 가정의 로맨스를 위한 것이다. 정교하게 계산된 예술의 긴 암시적 마사지. 어떤 효과가 있을까? 효과를 계속 따지는 건 무례할지도 모른다. 사실, 놀라운 것은 이 젊은 예술—마음의 유년기와 사회의 제2의 유년기의 예술—뒤에 이익과 영향력에 대한 냉정하고 정확한 계산이 있다는 점이다. 최근 문고판 서적[22]에 실린 피터 매슨(Peter Masson)의 에세이 〈텔레비전이 다른 매체에 미치는 영향(The effects of Television on other media)〉은 텔레비전의 영향이 광고 매체에 집중된다는 사실뿐 아니라, 그 연구가 책의 다른 주제(예술, 정치, 사회적 행동)보다 정밀하고 전문적이라는 점에서 놀랍다. 올림픽 치즈와는 거리가 멀어 보이지만, 이것이 현재 창조적 예술의 관계 방식일 것이다. 뒤에서는 계산이, 앞에서는 가면극이 펼쳐진다.

8) 텔레비전 분석 (ⅰ)

텔레비전에 대해 글을 쓸 때면, 언제나 두 가지 방식 가운데 하나를 선택하기가 쉽지 않다. 개별 프로그램을 따로 떼어내어 분석하려는 시도는 가능하다. 그러나 이러한 접근은 흔히 '리뷰'라고 불리는 방식—공연과 연출의 세부 사항을 평가하는 작업—과는 꼭 일치하지 않는다. 왜냐하면 그러한 세부 사항들은 작품의 본질적 성격으로부터 결코 분리될 수 없기 때문이다. 작품은 단순히 그것이 전달되는 형식이나 기술만으로 파악될 수 있는 것이 아니라, 고유한 의미와 가치를 지닌 하나의 독특한 구조로 이해되어야 한다. 이와는 전혀 다른 방향에서, 텔레비전이라는 매체가 지닌 가장 뚜렷한 특성 가운데 하나는 '연속체로서의 질(quality as sequence)[23]'이다. 텔레비전은 개별 프로그램들로만 구성된 것이 아니라, 광고, 뉴스, 드라마, 오락 등 서로 이질적인 콘텐츠들이 연속적으로 배열되며 하나의 시청 경험을 형성한다. 중요한 것은, 이러한 연속성 자체가 시청자에게 전달되는 의미와 가치에 결정적인 역할을 한다는 점이다. 이는 단순한 편성 전략이 아니라, 특정한 생활양식과 가치관을 재현하고 강화하는 문화적이고 이데올로기적인 장치로 작동한다. 우리는 언제든 특정한 프로그램을 켜거나 끌 수는 있다. 그러나 일정한 의미에서, 프로그램들은 하나의 전체로 기획되고, 또한 자주 연속적인 맥락 안에서 수용된다. 나는 최근 들어 우리가 가장 절실히 필요로 하는 분석의 유형이 바로 이러한 일반적인 흐름에 대한 분석이라고 느끼게 되었다. 즉, 텔레비전이 어떻게 조직되어 있는가, 그것이 어떤 방식으로 구성되는가, 그리고 개별 프로그램들이 어떻게 발생하고, 그 안에 어떤 가치들이 내포되어 있는가를 분석하는 일이다.

그러나 '흐름'에 대한 분석은 여전히 낯선 접근이며, 여러 이유로 실천되기 어렵다. 무엇보다 우리는 개별 프로그램의 내용이나 형식에 주목하는 데 익숙할 뿐, 방송 전체를 하나의 연속적인 의미 구조로 읽어내는 데 익숙하지 않다. 예를 들어, 어느 금요일 밤 BBC 2를 통해 저녁 8시부터 11시가

넘을 때까지 여러 프로그램을 연속으로 시청했다. 그날 밤, 네 개의 단독 프로그램이 있었는데, 이들을 명확히 분류하기는 어렵다. 피터 쿡은 로드 맥큐언과 그의 개를 풍자했고, 앨런 베넷은 케네스 클라크가 베르나르 베렌슨을 회상하는 장면을 비교적 명확하게 패러디했다. 윌리엄 러슈턴은 '영국적인 정서'를 떠나기 위한 모험을 떠나는 용감한 모의 탐험을 소개했고, 이를 매우 정확하게 묘사했다. 버나드 브레이든은 마크 트웨인을 연기하며 페니모어 쿠퍼에 대해 이야기했다. 이들 사이사이에는 세 편의 짧은 인도 관련 영화, 브레히트를 노래하는 조지아 브라운, 뉴스, 그리고 〈무명의 주드(Jude the Obscure)〉의 한 에피소드가 방영되었다. 이 연속성의 내적 효과는 놀라웠다. 쿡과 베넷은 최근의 텔레비전 프로그램을 패러디했다—예를 들어 〈모히칸 족의 최후〉의 현재 각색판이 단서였다.

러시턴의 가상 원정대는 BBC와 〈선데이 타임스〉의 에베레스트 원정대 발표 다음에 이어졌고, 그 후 원정대 일원과의 인터뷰가 방송되었는데, 이중 인식의 지속적인 느낌 때문에 거의 들을 수 없을 정도였다. 조지아 브라운이 브레히트-아이슬러의 감상적인 발라드를 패러디한 노래를 부른 뒤에는, 값비싼 그림이 영국을 떠나지 않도록 하는 방법에 대한 담담한 토론이 이어졌다. 자본주의 예술 거래는 당연시되었고, 그 주변 영향에 대한 우려만 제기되었다. 앨런 베넷은 '문명' 게임에서 예술 작품의 전용을 보여주었다. 다음으로, 광고 대신 링크맨이 다음 주 예고편을 보여주며 퍼시 스로어의 정원 가꾸기 프로그램과 교묘한 연기를 했다. 이후 쿡이 매큔으로 분한 뒤, 한 미국 여성의 체조 계획과 여성 해방(어딘가 모호하게)에 대한 세 명의 이상한 구성원과의 인터뷰가 방송되었는데, 쿡은 텔레비전 인터뷰를 즉흥적이고 회의적인 무의미함으로 축소시켰다. 그 후 〈무명의 주드〉 4부와 편집된 뉴스가 이어졌다. 러슈턴의 모의 탐험은 BBC와 〈선데이 타임스〉가 공동으로 주최한 에베레스트 탐험 소식을 전한 발표 직후에 이어졌고, 그 자체도 탐험대원 중 한 명과의 인터뷰로 이어졌다. 그러나 이 시점에서 나는 그 인터뷰를 제대로 들을 수 없었다. 그 전반에 걸쳐 느껴졌던 이중적 반응의 피로감 때문이었다. 조지아 브라운이 브레히트-아이스러(Brecht-Eisler)의 감상적인 발라드를 패러디하여 부른 뒤에는, 값비싼 그림들이 여전히 높은 가격을 유지한 채 영국을 떠나지 않도록 하려면 어떻게 해야 하는가에 대한 차분한 토론이 이어졌다. 자본주의적 미술 거래는 당연한 것으로 받아들여졌고, 그로 인해 파생되는 부수적 결과들에 대해서만 우려가 제기되었다. 앨런 베넷은 예술품들을 '문명' 게임에서 사용하기 위한 형태로 전환하는 과정을 보여주었다. 그 다음에는 일종의 광고 휴식 시간처럼, 진행자가 앞으로 일주일간 방송될 프로그램의 일부 장면들을 보여주었는데, 이는 퍼시 스로어(Percy Thrower)의 원예 프로그램과 함께 '세련된 게임'으로 구성된 일환으로 보였다. 이후 쿡이 맥큐언 역을 맡은 코너 다음에는, 미국 여성 한 명과의 두 차례에 걸친 인터뷰가 있었는데, 하나는 그녀가 개발한 신체 운동 프로그램에 대한 것이었고, 다른 하나는 (어딘가 모호한 방식으로) 여성 해방 운동에 관련된, 다소 엉뚱하게 조합된 세 사람과의 토론이었다. 이 인터뷰들에서 쿡은 텔레비전 인터뷰를 즉흥적이고 회의적인 무의미함으로 환원시켰고, 이는 그 자신의 일반적인 공연 방식의 핵심이기도 했다. 다음에는 〈무명의 주드〉[24]의 네 번째 에피소드와 뉴스의 편집된 일부가 이어졌다.

그렇다면, 과연 무엇이 정말로 말해져야 하는가? 그것은 이 구조 전체가 덧없고, 거의 즉각적으로 스스로 패러디하는 구조였다는 점일까? 즉, 그림자와 반응을 광적으로 소비하는 일종의 격렬한 소비 방식이라는 것일까? 그러나 문제는 패러디의 빈도 자체가 아니었다. 오히려 패러디의 대상이 된 것들 대부분이, 그 패러디들보다도 더 실체가 없고 인공적으로 보였다는 점이 문제였다. 아니면 이렇게 말할 수도 있을까? 유일하게 단단하게 느껴졌던 것은 〈무명의 주드〉를 각색하려는 시도뿐이었다고. 그러나 그것조차도, 주요 영문 소설을 활용하면서도 구조적으로는 거의 무관심한 태도를 보인 텔레비전의 산물이었다. 고전 소설을 단지 '각색되고 송출되는 대상'으로 취급한, 최신식 연속극의 하나였다. 주드 역의 연기가 훌륭했다거나, 시골 결혼식 장면(비록 실제로는 도시 결혼식이었지만)이 보기 좋고 세심하게 연출되었다고 평가하는 것은 쉬운 일이다. 그러나 이는 본질적인 문제로부터 눈을 돌리는 회피적 방식일 수 있다. 이 각색의 깊은 곳에서, 하디의 주제가 지닌 비범하고 도전적인 통일성이 해체되어 훨씬 더 협소한 행동과 의식 수준으로 재조립되었다. 모든 사소한 왜곡, 중요한 생략, 불필요한 삽입을 일일이 기록하기엔 너무 방대하다. 원작 소설을 잘 아는 이들은 이미 이를 알아차렸을 것이고, 어쨌든 살아남을 것은 소설 그 자체일 것이다. 진정한 문제는, 그렇게 어렵고 강렬한 감정의 구조가 '하나의 일거리'처럼 처리되어, 그럭저럭 볼만한 텔레비전으로 바뀌었다는 사실이다. 그날 저녁의 다른 프로그램과 이 각색물 간의 연결성은 매우 희박하게 느껴졌다. 그리고 그런 점에서, 축소되고 해체된 토론 속에서 제르메인 그리어(Germaine Greer)가 자유와 결혼에 대해 말한 내용이, 심지어 80년 전의 인물인 수 브라이드헤드(Sue Bridehead)보다도 덜 설득력 있었던 것은 과연 의미심장한 일이 아니었을까?

혹은 쿡과 러슈턴이 각기 다른 방식으로 전날 밤 앨버트 홀에서 열린 텔레비전 시상식을 언급했다는 사실을 생각해 보라. 그것은 확실히 몇 가지 관련된 사유를 유발하였다. 이는 텔레비전 자체라기보다, 내가 지금껏 지적하려 해온 영국식 표현의 역설에 관한 것이다. 즉, 상호 칭찬과 습관화된 자기의식의 분위기 속에서, 본질적으로 즉흥적인 연기의 연속으로 구성된 구조라는 점이다. 이는 제스처와 이미지들이 녹아드는 일련의 분주한 즉흥 연기이며, 과거의 장면 몇 컷으로 겨우 중심을 잡는 흐름이다. 물론 나는 키스 미첼이 헨리 8세로서 보여준 뛰어난 연기에 박수가 쏟아지는 장면을 보는 것이 반가웠다. 에릭 모어캠 또한, 그의 해체적 회의주의에는 여전히 순진함과 선의의 흔적이 담겨 있어 인상 깊었다. 하지만 이와 동시에, 나는 그러한 인공적인 화려함 너머를 바라보며, 영국 텔레비전의 대표작들—〈문명(Civilisation)〉, 〈포사이트 가문(The Forsyte Saga)〉, 〈헨리 8세와 여섯 왕비(The Six Wives of Henry Ⅷ)〉—의 평균 방영 시기를 가늠해 보는 일이 흥미롭게 느껴졌다. 이것은 몇 가지 방식으로 가능하며, 어떤 경우에는 오래전으로 소급되기도 한다. 그러나 내가 생각하기에는 가장 최근의 것이자 가장 정확한 예는 클라이브 벨(Clive Bell), 골즈워디(Galsworthy), 코르다/로턴(Korda/Laughton)을 중심으로 한 1925년 무렵의 것일 것이다. 물론 이 셋 모두 현재는 영화 속 인물들이다. 훌륭하고 인상적이며, 기타 등등.

내가 흥미롭게 여기는 텔레비전은 이와는 매우 다르며, 실제로 그 한 주 동안에도 다음과 같은 프로그램들이 있었다. 〈맨 어라이브(Man Alive)〉와 〈월드 인 액션(World in Action)〉, 피겨스케이팅, 테니스와 럭비, 르네 커트포스(René Cutforth)의 웨일스를 헬리콥터로 촬영한 영상, 내 사적인 '경찰 시리즈 자료'에 추가할 수 있는 〈소프트리 소프트리(Softly Softly)〉의 시위 관련 에피소드, 파업 보도를 주제로 한 흥미로운 〈토크백(Talkback)〉, 그리고 뉴스 영화 두세 편 등이다.

이러한 프로그램들은 우리 세계의 사건과 장소들을 다루고자 했다. 인도를 배경으로 한 〈유로파(Europa)〉 시리즈는 다소 거친 면이 있기는 하나, 오히려 낯선 BBC 2의 저녁 프로그램들보다는 이 범주에 가까웠다. 이 프로그램들은 현재 텔레비전이 처한 실제적 한계 안에 있으면서도, 기존 예술 형식들이 남긴 영향력에 휘둘리지는 않았다. 이러한 경향은 영화의 발전 과정과도 일면 평행적이다. 영화 초기의 일부 제작자들은 이미 문화적 권위를 인정받은 대상들을 차용하여 예술적 품격을 부여하고자 했다. 이를테면 문학 작품의 각색, 유명한 연극배우의 기용, 전시장이나 극장을 배경으로 한 장면 구성 등이 그것이다. 물론 이러한 시도들은 곧바로 코미디언들의 패러디 대상이 되기도 했다. 한편, 영화라는 매체의 진정한 가능성은 그러한 전통적 형식 외부에서, 보다 직접적이고 새로운 방식으로 발전해 나가고 있었다.

나는 이제 충분한 증거가 모였다고 생각한다. 즉, 현재의 텔레비전 제작 책임자들은 1960년대의 어려움—진정한 성장을 위한 고통—을 겪은 뒤, 점점 더 기존 예술 형식들의 가치에 의존하고 있다는 것이다. 〈무명의 주드〉와 같은 작품은 그들에게는 너무 불편한 존재이지만, 동시에 그들의 공감대를 정면으로 파고든다. 그러나 그랜드 투어(Grand Tour), 에드워드 시대의 중산층, 소란스럽고 다채로운 영국 궁정의 과거. 이러한 것들은 모두 고정된 경험들이며, 다시 포장되고 '권위의 표식'을 부여받기 쉬운 것들이다. 젊은 세대는 이런 것들을 조롱하는 것 외에는 할 수 있는 게 없다. 그들 고유의 작업 세계는 점점 더 가장자리로 밀려나고 있다. 패러디는 살아남고, 창작자는 가까스로 버티는 상황이다. 이러한 흐름이라면, 주변에서 벌어지는 모든 일을 고려할 때 오래 지속될 수 있을지 의문이다.

9) 텔레비전 분석 (ii)

춤처럼 보였다. 흰옷을 입은 여인들이 반원을 반복해 그리며 헐렁한 드레스를 들어 올려 돛처럼 흔들렸다. 이는 동아프리카의 농부들이 농작물에 내려앉은 거대한 메뚜기 떼를 필사적으로 쫓아내려는 모습이었다. 그들이 성공하지 못하거나 도움을 받지 못한다면, 그해 안에 많은 가족이 굶주릴 것이었다.

약간의 도움이 작은 통제실과 소형 비행기에서 오고 있었다. 그러다 1분도 채 되지 않아 우리는 포스트 오피스 타워(지금은 BT 타워) 최상층의 또 다른 통제실로 이동했다. 긴박감 속에서, 이 작전실을 통해 우리는 뉴욕으로 이동해 '기자회견을 하는' 침팬지를 보게 되었다. 우리는 이 동물을 전에도 본 적이 있었다. 차(tea) 회사의 후원을 받으며 가슴에 〈데일리 메일〉이라 적힌 재킷을 입고 있었다. 기자회견은 서로 밀치며 '안녕, 티나!'라고 외치는 기자와 카메라맨으로 가득했다. 내가 보기에 침팬지는 그저 무기력하게 표정만 지을 뿐이었다. 아마 상관없었을 것이다. 어쨌든 제품 이름은 카메라에 잡혔다. 나는 워즈워스의 〈서곡〉에 등장하는 런던 거리의 맹인 거지를 떠올렸다.

> 얼굴을 똑바로 세우고
> 벽에 기대어 서 있었고, 가슴엔
> 자신의 이야기와 정체를 설명하는
> 글이 적힌 종이를 걸치고 있었다.
> 이 광경을 보자 내 마음은
> 물결의 힘처럼 뒤틀렸고,
> 이 표지가 하나의 상징이나
> 은유로 여겨졌다…

워즈워스에게 이는 '우리 자신과 우주에 대해 아는 모든 것의 극한'이었다.[25] 아마도 그럴 것이다. 하지만 그 거지는 자신을 그렇게 규정했다. 기자회견은 또 다른, 더 깊은 종류의 소외였다. 동아프리카의 들판을 떠올리며 워즈워스의 마지막 코멘트가 생각났다.

> 나는 이 세상이 아닌 곳에서 일깨움을 받은 사람처럼 세상을 바라보았다.

이런 조합을 만들어낸 것은 무엇이었을까? BBC 2의 편성은 겉보기엔 평범했다. 〈메뚜기의 해〉 다큐멘터리 재방송과 뒤이어 방영된 대서양 항공 경주 프로그램. 이 두 편의 프로그램은 텔레비전이 구현할 수 있는 최고 수준의 진정성과 그것이 어떻게 체계적으로 조작될 수 있는지를 대조적으로 보여준다. 〈메뚜기의 해〉는 생동감 넘치는 영상으로 아프리카 대륙을 가로지르는 메뚜기 떼와 싸우는 사람들의 모습을 조명했다. 에리트레아 출신 조종사가 거대한 메뚜기 떼를 가르며 침착하게 비행하는 장면은 단순하고 분명한 사회적 목적을 위한 인간의 헌신을 보여주는 인상적인 순간이었다. 반면 이어진 대서양 항공 경주 다큐멘터리는 겉으로는 정중하고 기술적인 이벤트처럼 보였지만, 그 속에는 미묘한 불편함이 흐른다. 한 조종사는 '스턴트'라는 단어를 조심스럽게 꺼내며, 이 행사가 과거의 위대한 비행과 본질적으로 다름을 암시했다. 무엇보다도 이 두 프로그램은 단순한 방송 콘텐츠가 아니라 정치적-산업적 이해관계가 얽힌 복합적 작전의 일부로 기능한다. BBC와 〈데일리 메일〉, 기업과 공군 및 해군의 협력은 그 자체로 하나의 '사회적 축제'처럼 구성되어 있다. 그러나 그것은 진정한 공동체 경험이 아니라 상업과 국가의 이익을 위해 기획된 스펙터클이다. 이러한 기획은 기존의 광고 삽입과도 다르다. 광고는 '자연스러운 휴식'이라 불리지만 실제론 인위적인 삽입이다. 그러나 이보다 더 발전된 단계는 계획된 통합이다. 뉴스 보도 형식을 빌려 제작된 이벤트, 기업과 무기 수출 산업이 얽힌 홍보, 그리고 이것이 다시 언론을 통해 외부 뉴스로 재확산되는 순환 구조. 이처럼 텔레비전은 단지 현실을 반영하는 창이 아니라 현실을 구성하고 조직하는 장치이다.

투명성은 결정적이다. 무슨 일이 벌어지고 있는지를 보기 위해 특별한 통찰은 필요하지 않다. 이처럼 기업들이 결합하면, 그들은 숨길 필요가 없다. 화요일 이른 저녁의 뉴스 속보는 단 한 번의 실험 이후, 제작자들이 '고유한 퍼포먼스를 활용해 수출 판매 증대를 희망한다'고 보도할 수 있다. 공영방송의 언어는 이제 대중적인 경제 기사에서 곧장 인용된다. 그리고 세계의 현재 상황을 다루는 짧은 뉴스 속보에서 침팬지에 대한 보도가 실렸다. 그 동물에 대해서는 '또 하나의 텔레비전 광고였을 수도 있다'는 논평이 덧붙여졌다. 그리고 그게 전부였다. 그게 바로 오늘날 '세련됨'이라는 것이 의미하는 바일 것이다. 그것은 분명 특정 위치를 부여받았지만, 일상적이고 정상적인 사건으로 수용된 것이다.

그들은 자원이 너무 부족했고, 메뚜기떼와 싸우고 있었다. 그들은 가난한 나라의 가난한 사람들이었다. 문제는 단지 그것뿐만이 아니다. 국제 항공 경주는 자원의 현저한 낭비였다. 텔레비전 용어로 말하면, 낭비일 뿐 아니라 주의력을 분산시키는 것이기도 했다. 그러나 물론 단순한 게임으로 끝나는 것이 아니다. 최근 어느 노동당 장관은 '다목적 전투기'를 '공공성이 강한 좋은 비행기'라고 묘사하며, 그것을 '진정한 승자', '수출 증대용'이라고 표현했다. 그런데 그것으로 무엇을 하려는가? '한몫 챙기기를 희망'한다는 것인데, 과연 무엇에서? 저녁 텔레비전 드라마가 이렇게 정치적으로 용납할 수 없는 세계의 갈등과 모순을 노골적으로 드러내는 경우는 흔치 않다.

BBC 2의 〈유로파(Europa)〉는 이와 같은 분야에서 의미 있는 기여를 했다. 이 프로그램은 서독의 한 영화가 여러 나라에서의 군사 광고를 분석한 내용을 보여주었다. 영국에서는 매년 400만 파운드가 군 모집 광고에 쓰인다. 이는 사회복지 삭감을 측정하는 지표로 삼아야 할 수치다. 이 프로그램은 동서 진영 모두에서 군국주의가 자신을 판매하는 다양한 방식에 대해 훌륭한 통찰을 제공했다.

이 모든 후에 뒤렌마트(Dürrenmatt)의 〈밤의 대화(Thirty-Minute Theatre, BBC 2)〉[26]가 방송되었다. 자유를 추구하는 작가와 그를 처형하려는 국가의 집행자 사이의 이 만남은 이상하리만큼 추상적으로 느껴졌다. 나는 대사와 배우들 사이에 괴리감을 감지했다. 도대체 그 유령 같은 인물이 어떤 '자유'에 대해 썼을 수 있었단 말인가? 그리고 철학적인 집행자는, 자신의 기이한 성향을 부각하며, 겸손을 승리로 권유하는가? 슬프고, 공허하고, 체념적인 분위기 — 그 무미건조한 전후 인도주의는 무대 위의 칼날과 함께 등장한다. 세련됨, 점점 희미해지는 것, 텅 빈 거리 위로 사라져가는 것들. 오직 한 문장만이 내 마음에 깊이 남았다. 우리의 세계, 그리고 전혀 다른 그 세계를 이어주는 말이었다.

'교육이 다시금 위험한 것이 되어간다니 기쁘군요.'

3. 비교 서베이

영국의 현대 커뮤니케이션 전반을 살펴보면 두 가지 중요한 특징이 드러난다. 첫째, 광고와 편집 콘텐츠가 형식과 내용 면에서 점점 더 밀접하게 결합되고 있다는 점이다. 둘째, 콘텐츠가 뚜렷한 계층 구조를 이루며, 각 계층이 서로 다른 고유한 세계 속에 머물고 있다는 사실이다.

광고와의 연관성은 여러 방식으로 나타난다. 그중 가장 중요한 양상은 역사적 비교를 도입하지 않으면 알아차리기 어려운 면이 있다. 그것은 바로 신문과 광고 간의 시각적 유사성이 점점 증가하고 있다는 점으로, 이는 활자체, 지면 구성, 사진 스타일 등에서 두드러진다. 예컨대 아직도 비교적 전통적인 지면 구성[27]을 유지하고 있는 〈더 타임스〉 같은 신문은 이러한 변화를 뚜렷하게 드러낸다. 이 신문의 일반적인 지면은 조밀한 인쇄 활자와 소형 제목을 갖춘 규칙적인 칼럼 형식을 따르고 있다. 이에 비해 광고는 큰 제목, 칼럼을 파괴하는 자유로운 지면 구성, 단어와 사진의 결합을 통해 하나의 시각적 효과를 만들어낸다. 더 타임스의 일반 사진은 기사와는 구분되어 있으며, 뉴스 사진도 해당 보도와의 직접적인 관련성을 유지한다. 반면, 대부분의 광고 사진은 제품과 직접적인 관련이 없거나, 제품 이외의 다른 관심 요소를 결합하여 시각적 흥미를 유도한다. 대중 신문에서는 이러한 유형의 사진이 다수를 차지하며, 이들은 직접적이고 종종 고립적인 시각적 호소를 시도한다. 대중지는 뉴스 사진과 광고 사진을 구분하기 어려우며, 지면 구성이나 활자체에서도 광고와 편집물 사이에 명확한 구분이 없다. 결과적으로 광고는 편집물 전반과 분리되기 어려운 양상을 보인다. 신문의 '효과'는 광고로부터 분리된 독립 항목이나 단순한 부대비용이 아니라, 전체 커뮤니케이션의 일환이다. 이러한 경향이 가장 극단적으로 발전한 예는 여성 잡지에서 볼 수 있다. 이들 잡지에서는 광고를 가까이에서 유심히 살펴보지 않으면 식별하기 어려울 때가 많으며, 언어적·시각적 스타일이 독자적 흥미와 결합하여 하나의 전체적 효과를 만들어낸다. 이와 유사한 경우로 광고 특집란(advertising supplement)이 있다. 여기에서는 독립적인 편집물처럼 보이는 제품 및 서비스 소개와 직접적인 광고가 계획적으로 나란히 배치된다.

역사적으로 잡지는 책의 스타일을 따랐고, 일간지는 잡지를 확장한 형식이었다. 초기 일요 신문은 전단지(ballads and broadsheets)의 전통을 이어받아, 한두 개의 큰 제목과 주요 삽화를 앞세운 뒤 조밀한 인쇄문을 따랐다. 그러나 오늘날 대부분의 신문과 잡지의 지면 스타일은 광고의 그것을 따르고 있다. 다양한 크기의 활자 사용, 슬로건, 시각적 요소와 언어적 요소의 계획된 결합은 포스터와 디스플레이 광고에서 발전한 양식이었다. 대중 신문의 양면을 아무런 선입견 없이 바라보면, 그것은 포스터, 디스플레이 광고, 디스플레이 기사의 퍼즐 조각처럼 보인다. 광고 슬로건이 감정적 관심과 반응을 유도하는 방식은 이제 대중 신문의 기사 제목에서도 똑같이 발견된다. 제목만을 나열해 보면, 보다 전통적인 신문들은 주요 뉴스를 요약한 것으로 이해하기 쉬웠다. 반면 다른 신문들의 제목은 그러한 요약 시도조차 하지 않고, 관심을 끌고 감정적 반응을 유도하는 데 집중했으며, 이는 일반 광고에서 흔히 보던 방식과 다르지 않았다. (예컨대 1961년 〈스케치〉의 제목에서 'axe'는 경제 정책을, 'dead'는 비행 중단을 각각 묘사하는 데 사용되었다.) 이러한 유형의 제목과 사진을 중심으로 구성된 전면 기사들은 하나의 통합된 감정적 효과를 만들어내는 것을 목표로 하는 듯하다. 다시 말해, 상품 판매를 위해 개발된 커뮤니케이션 스타일이 뉴스와 의견 보도 방식에 상당 부분 침투한 것이다.

두 번째 일반적 사실, 즉 콘텐츠의 계층적 분할에도 광고와의 관련성이 존재한다. 현대 커뮤니케이션 전체 내용을 합리적으로 살펴보면, 빠진 분야는 거의 없다. 거의 모든 관심사와 다양한 수준의 집중도를 충족할 수 있는 콘텐츠가 제공된다. 물론 범죄나 사고처럼 특정한 관심사에 과도하게 집중되기도 하지만, 대개는 전반적인 범위 안에서 자신이 원하는 것을 선택할 수 있다. 그러나 이러한 포괄성 속에서도 콘텐츠는 여전히 엄격한 구획으로 나뉘며, 그 경향은 점점 더 강화되고 있다.

전쟁 이후, 잡지와 방송에서는 하나의 매체가 일반적인 분야를 포괄하기보다는, 특정한 관심사나 취향을 기준으로 분화되는 경향이 뚜렷해졌다. 과거의 종합 교양 잡지들은 대부분 사라졌고, 특정 사용자 계층을 위한 전문 잡지들로 대체되었다. 방송에서의 라이트, 홈, 서드 프로그램 분화 역시 콘텐츠를 세분화하는 결과를 낳았다. 텔레비전은 종합 편성 프로그램을 유지하고 있지만, 그 안에서는 시청 시간에 따른 전문화가 뚜렷하다. 황금 시간대에는 대중적 인기가 검증된 프로그램이 집중되고, 새로운 형식이나 소수 대상 프로그램(비록 그 '소수'가 상당한 수일지라도)은 비인기 시간대에 편성되는 경향이 있다. 이는 유감스러운 일이지만, 여전히 다른 국가에서 보편화된 서비스별 분화보다는 나은 방식이라 할 수 있다.

신문, 잡지, 방송 프로그램이 각각 별도의 계층으로 나뉘어가는 것은 많은 이들에게 자연스럽게 보인다. 특정한 경우, 전문 매체의 발전은 문화적 성장의 신호로, 유용하고 필수적인 전문화를 동반한다. 그러나 공적 커뮤니케이션 일반의 맥락에서는 이것이 유일한 경향은 아니다. 또 다른 두 가지 압력이 동시에 작용하고 있다. 첫째는 광고주들의 압력이다. 광고주들은 특정한 계층의 독자를 보유한 잡지를 선호하며, 이는 예측 가능한 시장을 형성하기 때문이다. 둘째는 영국 사회를 상류, 중류, 하류로 구분하는 전통적인 계층 모델의 영향이다. 이러한 구분은 교육 제도에서도 발견되며, 원래 3분 모델이었던 중등교육도 점차 2분 모델로 축소되고 있다. 언론에서도 유사한 변화가 감지된다. 한 세대 전보다 지금은 '중간'지의 자리는 점점 사라지고 있으며, '정론지'와 '대중지'로의 분화가 더욱 뚜렷해지고 있다.

그 결과 특정 관심사들이 특정 사회 계층에 전문화되어 귀속되는 경향이 강해지고 있다. 예컨대 진지한 정치나 전통 예술은 이제 명백히 소수 계층의 전유물처럼 여겨진다. 더욱 심각한 문제는, 개인이나 가족이 이들 계층 간을 넘나들며 관심사를 다양화하려면 이제 이를 '의식적으로' 추구해야 한다는 점이다. 관심의 폭을 넓히기 위해서는 자신이 보는 신문이나 잡지, 또는 이용하는 방송 서비스를 바꾸어야 한다. 그러나 실제로 개인과 가족의 관심은 매우 다양하며, 비록 사회적 집단으로 분류될 수는 있지만, 신문·잡지·방송 프로그램의 구분이 암시하는 것처럼 엄격히 나누어져 있는 것은 아니다. 하지만, 점점 고착되고 있는 전형화는 심각한 사회적 문제로 이어질 수 있다. 이러한 경향은 단순한 미디어 특성을 넘어, 사회적 구분의 수단으로도 활용되고 있다는 점에서 주목할 만하다. 이러한 경향은 사회적 구분의 수단으로도 활용되고 있다는 점에서 그 의미가 크다. 이를테면 '상류층 인사', '서드 프로그램 유형의 사람', '데일리 미러의 평균 독자'와 같은 표현은 사회적 유형화를 전제로 하고 있다. 또한 이러한 구분은 일반 광고에서도 신문이나 잡지를 추천하는 방식으로 활용된다. 예컨대 '분별력 있는 사람들은 X를 피운다', '상류층은 Y를 읽는다'는 식의 문구에서 그것을 확인할 수 있다. 그러나 사회 및 교육에 관한 일반적인 조사 결과는 그러한 엄격한 구분을 뒷받침하지 않는다. 오히려 현실에는 다양한 종류의 점진적인 스펙트럼이 존재하며, 이는 커뮤니케이션 콘텐츠 전반에 반영되어 있으나 실제 유통 구조에는 반영되지 않는다.

사실상 거의 모든 국민이 문해력을 갖추었지만, 여전히 심각한 교육적·사회적 격차를 안고 있는 대규모 사회에서는 다양한 커뮤니케이션 문제들이 존재한다. 자료 전반을 살펴보면, 독자 혹은 청취자의 유형에 관한 고정된 도식이 분명히 사용되고 있음을 확인할 수 있다. 이러한 도식은 그들의 관심사, 선호 스타일, 어조에 이르기까지 일종의 공식으로 적용된다. 소수자 대상의 신문과 잡지도 대중 매체만큼이나 이러한 도식을 경직되게 따르곤 한다. 모든 커뮤니케이션은 일정 수준의 관습에 의존하기 때문에, 이러한 도식들은 쉽게 내면화되며, 이를 넘어서는 성장이나 변화는 매우 어려워질 수 있다. 우리는 모두 특정한 스타일이나 지면 구성에 익숙해져 있다. 이러한 요소들은 실제 관심사나 콘텐츠와 본질적인 관련이 없을 수도 있음에도, 그것들이 없으면 방향을 잃은 듯한 느낌을 받게 된다. 실제 콘텐츠와 표현 방식에서도 이러한 도식은 점점 더 경직되어 가고 있는 듯하다. '대중'을 위한 콘텐츠는 범죄, 성, 스포츠, 유명 인사, 오락, 사진을 중심으로 구성되고, '소수자'를 위한 콘텐츠는 전통 정치, 전통 예술, 대중 경향에 대한 브리핑 등으로 구성된다. 따라서 '대중'과 '소수자'라는 구분이 필연적인 사회적 사실인지, 혹은 오히려 그러한 구분이 커뮤니케이션의 모형으로서 그들이 묘사하는 현실을 일정 부분 만들어내고 강화하고 있는 것인지에 대해 논의할 필요가 있다.

제 4 장

논쟁 *

1. 대중(The Masses)

우리는 결국 우리가 감당할 수 있는 수준의 문화를 갖게 마련이다. 우리가 생산하는 것들 대부분은 판매되지 않는 한 지속적으로 생산될 수 없다. 그렇다면, 사람들이 실제로 구매하고 있는 것이 바로 그들이 진정으로 원하는 바를 반영한다고 보아야 하지 않을까?

미러 그룹(Mirror Group)의 대표인 세실 킹(Cecil King)은 다음과 같이 진술한 바 있다.

> 우리는 당연히 공중이 원하는 것을 제공해야 한다. 그렇지 않으면, 최근 일부 신문의 폐간 사례에서 보듯이 시장에서 도태될 수밖에 없다. 물론 공중의 수준을 향상하려는 노력 또한 병행되어야 한다. 그러나 문제는, 비평가들이 위대한 영국 공중이 자신들과 그 주변 인물들만큼의 교육 수준을 갖추고 있다고 전제한다는 데 있다. 그들은 현재의 자신의 위치를 기준 삼아, 그 수준으로 공중을 끌어올려야 한다고 주장한다. 하지만 현실은 전혀 다르다. 실제로는, 신문과 유사한 조직을 운영하는 이들만이 영국 공중 다수가 교육 전반에 대해 얼마나 무관심하고, 둔감하며, 관심이 부족한지를 정확히 인지하고 있다.

이에 대해 독립 텔레비전(Independent Television)의 노먼 콜린스(Norman Collins)는 다음과 같이 덧붙였다.

> 만일 우리가 대중이 요구하는 것을 있는 그대로 제공한다면, 그것은 끔찍한 방송 서비스가 될 것이다. 이 나라의 전반적인 교육 수준이 매우 낮다는 점은 명백하다. 우리가 수신하는 편지들 가운데 대다수는 문법적으로 부정확하고, 문체는 서툴며, 전반적으로 비문학적인 방식으로 작성되어 있다. 더 심각한 문제는, 그 편지들에 드러난 사고방식이다. 거기에는 결코 바람직하다고 할 수 없는 태도들이 나타난다. 이들이 요청하는 것은 영화배우나 텔레비전 스타의 사진, 더 많은 재즈 프로그램, 혹은 음악홀 형식의 오락 프로그램 확대와 같은 것이다. 만약 이러한 요구가 10대 또는 20대 초반의 청년층에서 비롯된 것이라면, 그 책임의 상당 부분은 교육자들에게 있다고 생각한다. 우리가 이러한 요구를 충족시키는 데에만 머문다면, 그것은 실로 개탄스러운 일이 아닐 수 없다.

이러한 진술에서 보듯 킹과 콜린스는 대중의 취향에 대해 실무적 경험과 감각을 갖춘 인물들이다. 그렇다면 우리는 이들의 결론을 그대로 수용해야 하는가? 즉, 대중은 어리석고 무관심하므로, 우리는 이러한 한계 안에서 최선을 다할 수밖에 없다는 것인가? 대중은 계몽을 갈망하며, 민주주의는 계몽의 확산을 가능하게 하는 제도라는 전통적 신념은 단지 감상적인 이상에 불과한 것일까? 현실은 그 반대를 보여주고 있는 것일까?

그러나 현실은 과연 그렇게 단순한가? 킹과 콜린스는 실무자이며, 그들의 진술은 일관적이고 경험에 기반하고 있다. 그러나 전혀 다른 유형의 증언도 존재한다. 그것은 연구자와 교육자들의 경험과 분석에서 비롯된다. 리즈대학교 그라나다 연구 교수인 조셉 트레너먼(Joseph Trenaman)은 다음과 같이 지적한다.

> 대중은 배우기를 원하지 않고 단지 오락만을 원한다고 흔히 주장된다. 그러나 이러한 주장은 사실에 근거한 바가 전혀 없다. 나는 그러한 관점을 입증하는 어떠한 연구나 실증적 증거도 알지 못하며, 오히려 그와 반대되는 증거들이 존재한다. 이 문제의 핵심 중 하나는, 교육 수준이 낮은 계층의 경우 지식에 대한 반응이 사회적·계급적 차이에 대한 그들의 태도와 얽혀 있다는 점이다. 그리고 우리가 흔히 '문화'라고 부르는 것은, 이들로 하여금 그것을 사회적 지위, 보상, 권력과 동일시하도록 만드는 경향이 있다. 이는 단순한 학습의 문제가 아니라, 구조적 인식의 문제이기도 하다.

더비셔(Derbyshire) 교육청의 교육국장 잭 롱랜드(Jack Longland)는 다음과 같이 진술하였다.

> 신문, 방송, 저가 출판물, 영화, 광고 등은 대중에게 새로운 기회를 처음으로 제공하고 있다. 그러나 대중의 지능, 역량, 취향, 관심을 지속적으로 과소평가하는 태도가 이어지는 한, 이러한 매체들은 앞으로도 계속해서 대중을 소외시킬 것이다. 우리는 교육을 책임지고 있는 입장에서, 이러한 사실을 분명히 인식할 수밖에 없는 강력한 근거를 가지고 있다. 왜냐하면 우리는 이미 미래의 매스 커뮤니케이션 사회를 구성하게 될 사람들을 모두 만나보았으며, 그들을 상당히 잘 알고 있기 때문이다.

롱랜드는 아이들이 학교에서 흥미와 만족을 느끼며 참여하는 다양한 창의적이고 자발적인 교육 활동의 사례들을 언급하면서, 이 아이들이 학교를 졸업한 직후 곧바로 '대중 매체 세계의 전면적 공세'에 노출된다는 점을 지적하였다.

이러한 진술 가운데 필자가 흥미를 느끼는 점은, 겉보기에 동일한 영역에서 활동하는 인물들이 각자의 경험에 충실하게 발언하고 있음에도 불구하고, 전혀 상반된 결론에 도달하고 있다는 사실이다. 그렇다면, 이러한 차이는 어디에서 비롯되는가?

첫째, 이들은 서로 다른 대상을 바라보고 있기 때문이다. 킹과 콜린스는 자신들이 직접 운영하는 현행 미디어 서비스와 밀접하게 연관된 증거를 근거로 판단하고 있으며, 그 증거는 그 자체로 강력한 설득력이 있다. 반면, 트레너먼과 롱랜드는 다른 제도적 틀과 맥락 속에서 도출된 증거를 바탕으로 하며, 이는 부분적으로 '잠재적 관심'에 주목하는 것이기도 하다. 이러한 잠재성은 다양한 요인들로 인해 현재의 조건 아래에서는 충분히 발현되지 못하고 있다. 따라서 이 두 유형의 증거는 항상 함께 고려되어야 한다.

우리는 흔히 하나의 민족이 공유하는 문화 수준을 단일하고 고정된 실체로 간주하는 경향이 있다. '대중'이나 '위대한 영국 공중(the great British public)'과 같은 표현들은, 실제로는 다양한 삶의 방식 속에서 성장하고 변화하는 개인들을 떠올리게 하기보다는, 고정된 습성을 지닌 어떤 거대한 '다두의 존재(many-headed thing)'를 상정하도록 만든다. 예컨대, 트레너먼이 언급한 사람들 가운데는, 우리가 '문화'라 부르는 것에 대한 실제적 참여를 나타내는 증거가 없을 수도 있다. 그러나 그것은 '문화'가 여전히 '사회적·계급적 차이'와 동일시되고 있기 때문이며, 이러한 동일시는 역사적 산물로서 변화할 수 있다. 롱랜드가 지적한 아이들 역시 아동기에서 성인기로 이행하는 과정에서 비판적 전환의 시점을 맞이하게 된다. 특히 이들 대부분에게 있어서 신체적 성숙의 시기와 학업을 마무리하는 시기가 거의 일치한다는 점은, 그들이 이전과 동일한 방식으로 동일한 관심사를 지속하기 어렵게 만든다. 하지만 만약 '능동적 교육의 세계'가 아동기와 동일시되고, '대중 커뮤니케이션의 세계'가 성인의 더 큰 자유와 동일시된다면, 이 전환기에 개인의 선택은 매우 어려워질 수밖에 없다. 그러나 이와 같은 동일시 역시 역사적 산물이며, 따라서 변화한다. 학생들의 학업 종료 연령이 신체적 사춘기와 거의 일치한다는 사실은, 종종 교육을 '어린 시절에 놓고 가야 할 것들' 중 하나로 인식하게 만든다. 그러나 이러한 관념은 필연적인 것이 아니며, 반드시 그러할 필요도 없다.

성장과 변화는 전체 문제의 핵심이다. 그러나 '대중'에 대한 고정 관념을 가지고 있다면, 이러한 성장과 변화를 실질적으로 고려할 수 없다. 어떤 시점에서 대중의 취향 중 한 측면을 포착해 그것을 집중적으로 홍보하면, 그 취향이 원래보다 더욱 고정되고, 강조되며, 더 중요하게 여겨질 수 있다는 증거들이 존재한다. 〈텔레비전과 아동(Television and the Child)〉를 출판한 힐데 히멜바이트(Hilde Himmelweit) 박사는 수년에 걸친 비교 연구의 증거를 다음과 같이 진술하였다.

> 사람들이 어떤 프로그램을 좋아한다면 시청률이 높아지고, 따라서 그것은 황금 시간대에 편성된다. 이로써 하나의 악순환 고리가 형성된다. 만약 우리가 단지 현재의 시청률만을 본다면, '도대체 뭘 기대할 수 있는가? 어차피 사람들이 서부극을 좋아하니까 우리는 서부극을 편성하는 것'이라는 주장이 가능해진다. 그러나 우리는 5년에 걸친 추세 연구 자료를 가지고 있기 때문에, 이러한 취향이 일정 부분—물론 전적으로는 아니지만—인위적인 것이며, 프로그램 편성과 제작자에 의해 형성된 취향이라는 점을 확인할 수 있다.

공중의 취향과 여론의 흐름 속에서는, 새로운 경향을 창출하기보다는 이미 존재하는 경향을 부각하는 것이 가능하다는 데에는 대체로 의견이 일치한다. 그러나 그 과정에서 관심의 균형이 왜곡되고, 잠재적인 반응의 범위가 축소될 수 있다. 만일 이 두 가지 중 어느 하나라도 발생했다면, 일정 시점에 제공된 서비스에 대한 대중의 반응은 그들의 욕구와 능력에 대해 아무것도 입증하지 못한다.

이미 확인된 영역들에서는 특정 유형의 콘텐츠에 대한 호감이 존재한다. 바로 여기서 경향이 시작된다. 그러나 우리 사회는 다방 면에서 변화를 겪고 있으며, 여전히 미개척된 영역이 다수 존재한다. BBC 시청자 조사국장이었던 실비(Silvey) 박사는 다음과 같이 말한다.

> 대중 매체는 이미 구조화된 사고를 반영한다. 대부분 기존의 인식과 태도를 확인하고 강화하는 역할을 한다. 하지만 혼란이 지배하는 영역에서는, 존재하지 않는 것을 강화할 수 없다. 바로 이런 영역에서 매체의 책임은 가장 크다.

이 점은 매우 중요하다. 왜냐하면 우리 앞에 새롭게 열리고 있는 삶의 방식에서는 우리의 많은 사고와 취향이 아직 잠재적 상태에 있기 때문이다. 만약 이러한 잠재적 요소들을 충족시키는 일이, 이미 존재하며 빠르게 소비하는 취향이나 아이디어를 충족시키는 일에 비해 소홀히 다뤄진다면, 성장과 변화라는 전 과정 자체가 훼손될 위험이 있다.

이러한 상황이 막중한 책임을 요구한다는 주장에 반대하는 사람은 거의 없을 것이다. 킹과 콜린스 역시 그들의 발언에서 기준을 향상하고 새로운 관심사를 창출하고자 하는 시도를 언급한 바 있다. 여기서 결정적인 질문은, 우리가 현재 알고 있는 대중 커뮤니케이션의 조직 체계와 지배적인 사고방식이 과연 이러한 복잡하고 어려운 과업을 수행할 만큼 적절한가 하는 점이다.

나는 그것들이 불충분하다고 본다. 그 이유는 다음과 같다. 첫째, 우리가 계속해서 '대중'이라는 표현을 사용하는 한, 우리는 책임 의식의 기반이 되는 인간에 대한 존중과 성장에 대한 감각을 가질 수 없다. 둘째, 우리가 여전히 '계급(classes)'—사회적 집단이든, '학문형', '기술형', '손으로 일하는 노동자형(operative whose interests are all in his hands)' 같은 교육적 유형이든—을 분리된 방식으로 사고하는 한, 사람에 대한 이해는 충분히 유연해질 수 없으며, 문화는 단절된 영역들로 분할되고 그 사이를 잇는 다리는 계속해서 없을 것이다. 셋째, 수익에 대한 강조가 지속되는 한, 이미 알려진 것, 안전한 것에 집중하려는 압력이 항상 존재할 것이며, 새로운 아이디어와 새로운 경험을 시도하는 더 길고 어려운 과업에는 충분한 노력이 기울여지지 않을 것이다. 넷째, 매체가 광고 및 판매의 매개로 사용되는 데 중점을 두는 한, 사람들을 '소비에 적합한 심리 상태'로 유도하려는 압력이 계속 존재할 것이며, 기존 취향에 대한 호소력을 출발점 삼아 새로운 관심과 기회를 유도하려는 경향이 강화될 것이다. 이는 판매자에게는 편리할 수 있지만, 새로운 삶의 실제 문제들과는 본질적으로 무관할 수 있다.

따라서 '대중이 원하는 것을 제공한다'는 문제는 단순하고 즉흥적인 원칙 하나로 판단되어서는 안 되며, 일반적이고 복합적인 관점에서 성찰되어야 한다.

2. 고급문화와 대중문화

사람마다 뛰어난 능력을 지닌 정도는 다르다. 하지만 민주주의는 모든 사람이 판단에 있어 평등한 권리를 가진다고 말한다. 지금 우리가 겪고 있는 문제는, 바로 이 모순에서 비롯된 것이 아닐까? 고급문화의 전통이 평범한 사람들의 취향과 기준을 반영하는 대중문화에 의해 압도되고 있는 것은 아닐까? 그렇다면 우리에게 가장 중요한 일은 인류의 가장 높은 성취를 담고 있는 '소수의 문화'를 지키는 일이 아닐까?

문제는 '소수 문화(minority culture)'라는 표현이 두 가지 다른 의미를 지닌다는 점이다. 첫 번째 의미는 위대한 예술가와 사상가들의 작품, 그리고 그들과 함께 하나의 문화적 전통을 형성하는 중요한 인물들의 작업을 가리킨다. 두 번째 의미는 이러한 작품들을 향유하고 소비하는 사회적 소수 집단을 지칭하는 것이다. 이 집단은 종종 자신들만의 고유한 문화적 습관이나 취향을 덧붙이기도 한다.

위대한 문화 전통은 사실 모두가 함께 나누는 유산이다. 현대 교육은 이 유산을 더 많은 사람들에게 전달하고자 노력하였다. 물론 이 작업은 생각만큼 쉽지 않다. 어려운 작품을 널리 소개하려다 보면 그 작품의 가치를 일부 잃어버릴 수도 있다. 그래서 어떤 사람들은 애초에 이런 시도 자체가 잘못된 것이라고 말하며, 고급문화는 그 자체의 방식으로 유지되어야 한다고 주장한다.

하지만 정말로 그런 일이 가능한가? 위대한 작가와 사상가들의 작품은 항상 그들만의 것이 아니었고, 사람들에게 소개되고, 그 작품을 접한 사람들은 그 전통을 자기 삶에 녹여내기도 했다. 예를 들어, 소포클레스(Sophocles)에서 셰익스피어(Shakespeare), 입센(Ibsen), 조지 버나드 쇼(George Bernard Shaw), 테런스 래티건(Terence Rattigan)[28]에 이르기까지의 흐름은 진정한 계승일 수도 있고, 아닐 수도 있다. 과거의 위대한 이름과 가까이 있다는 이유만으로 지금 하는 일이 더 가치 있다고 말할 수는 없다. 예컨대, 옥스퍼드나 케임브리지 대학에 있다고 해서 크로이던 지역의 교사나 스코틀랜드 외딴섬의 작가보다 더 위대한 전통을 계승하고 있다고 말할 수는 없다. 문제는, 종종 어떤 소수 집단이 자신들에게 주어진 문화적 전통을 자기 우월성과 동일시하면서 생긴다. 그러나 이러한 착각은 시간이 흐르거나 사회적 환경이 달라지면 쉽게 무너질 수 있다. 그래서 우리는 언제나 위대한 문화유산과 그것을 소비하는 특정 집단을 구분해서 바라보아야 한다.

위대한 전통은 종종 전혀 예상치 못한 방식으로 계승된다. 과거의 사례를 보더라도, 새로운 예술 형식들은 당대의 기준에 따라 '저급한' 것으로 평가받곤 했다. 엘리자베스 시대의 연극이나 18세기의 소설이 그 대표적인 예다. 오늘날 우리는 그 이유를 이해할 수 있다. 당시 사회는 급격한 변화를 겪고 있었으며, 전통의 수호자라 자임했던 소수 집단은 그러한 변화를 올바르게 판단하지 못했다. 오늘날에도 영화, 뮤지컬, 재즈와 같은 새로운 예술 형식들이 등장하고 있으며, 이들 역시 초기에는 '수준 낮은 것'으로 평가받았다. 그러나 영화라는 매체를 통해 제작된 뛰어난 작품들은 희곡 못지않게 세계 연극의 전통에 기여하였다. 물론 모든 영화가 그러한 수준을 갖추고 있는 것은 아니다. 하지만 우리가 과거로부터 기억하는 것은 언제나 '가장 탁월한 작품들'이며, 현재 역시 '우리 시대의 최고 수준의 작품들'만이 진정한 비교 대상이 될 수 있다. 어떤 예술 형식이 예술가에게 더 풍부한 표현의 가능성을 제공하는지는, 시간이 흐르고 해당 형식이 충분히 발전한 이후에야 비로소 알 수 있다. 이를테면 소설은 대중적 확산 이후 한동안 '수준 낮다'는 평가를 받았으나, 100년이 지나서야 전성기를 맞이하였다. 그 가능성을 누구도 미리 예견하지는 못하였다. 단지 오랜 역사를 가졌다는 이유만으로 어떤 형식을 더 우월하다고 말할 수는 없다. 오늘날이라 해도, SF 소설이 역사 소설보다 덜 진지하다고 판단할 근거는 없으며, 새로운 뮤지컬이 자연주의 연극보다 가볍다고 단정할 이유도 없다. 저급하다는 평가는 흔히 익숙하지 않다는 뜻에 불과하며, 자기 자신과 자신의 취향을 곧 고급문화로 동일시하는 사람들이야말로 가장 쉽게 이러한 오류를 범하곤 한다.

물론 이런 주장에는 많은 사람들이 동의할 수 있을 것이다. 역사 속에서도 새로운 소수 집단이 등장해 기존의 실수를 바로잡아왔다. 하지만 여전히 남는 문제는, 이들이 '소수'라는 사실이다. 많은 사람들은 예술에 큰 관심이 없으며, 단지 오락을 즐기고 싶어 한다. 대중의 실제 취향은 버라이어티 쇼, 서커스, 스포츠, 거리 행진 같은 데 있다. 이런 사람들에게 예술을 억지로 강요할 필요가 있을까? 예술을 그런 취향에 맞추다 보면, 오히려 예술이 타협되고 상업화될 위험도 생긴다. 그렇다면 차라리 예술을 진정으로 이해하고 아끼는 사람들을 위해 그것을 잘 보존하는 데 집중하는 편이 더 낫지 않을까?

예술과 오락을 구분하는 일은 생각보다 훨씬 더 복잡하다. 극단적인 사례에서는 양자의 차이가 분명하게 드러나지만, 대부분 그 경계가 모호하다. 위대한 예술은 깊고 지속적인 감동을 줄 수 있다. 그러나 우리가 '예술'이라 부르는 많은 것들도 실제로는 가볍고 일시적인 경험에 그치는 경우가 많다. 서커스, 행진, 버라이어티 쇼와 같은 형식은 빠르게 잊히기도 하지만, 그 순간에는 강렬한 흥분과 몰입을 제공한다. 스포츠도 마찬가지다. 오늘날의 스포츠는 대중적 볼거리로서 매우 흥미롭지만, 본질적으로는 일시적인 경험이다. 물론 이러한 오락적 형식들과 장식 예술, 가벼운 희극, 유행하는 예술 공연 사이에는 일정한 차이가 존재할 수 있다. 그러나 그 차이를 정말로 '고급'과 '저급'이라는 이분법으로 나눌 수 있을까? 설령 그 차이가 객관적으로 존재하더라도, 그 사실 자체가 무엇을 결정적으로 변화시키는가? 만약 '고급문화'가 '대중문화'로 인해 위협받고 있다는 주장을 제기하고자 한다면, 단순한 차이를 지적하는 것을 넘어, 그 사이에 실질적인 충돌이 존재함을 입증해야 할 것이다. 우리는 이 문제를 일상 경험에서 확인할 수 있다. 실제로 우리의 삶은 그렇게 명확하게 분리된 문화적 세계 속에 존재하지 않는다. 사람들은 어떤 날은 서커스를 관람하고, 또 다른 날에는 연극을 본다. 때로는 축구 경기를 즐기고, 다른 날에는 음악회에 참석한다. 각 경험은 서로 다르며, 그 안에서도 수준의 차이가 크다. 그렇다면 우리는 하나의 활동이 다른 활동을 감상할 능력에 실제로 방해가 된다고 느끼는가?

하지만 어쩌면 진짜 문제는 여기 있지 않을 수도 있다. '대중문화'—예를 들어 텔레비전 같은 것—의 진정한 위협은 축구나 서커스와 다르게 사람들의 반응을 무디고, 무관심하고, 지루하게 만드는 데 있지 않을까? 예술이든 오락이든, 모든 것이 동일한 방식으로 표준화될 때, 우리는 어떤 것에도 진지하게 몰입하지 못하고, 단순한 수용자로 남게 된다. 콜리지(Coleridge)는 이를 '게으름에 빠지며, 공허를 두려워하는' 상태라고 하였다.[29] 우리가 그것을 즐기는 것도 아니고, 집중하는 것도 아니다. 그냥 시간을 때우는 데 쓰일 뿐이다. 이런 분위기 속에서는 위대한 문화 전통이 살아남을 수 없다.

많은 이들이 이러한 감각을 경험한 적 있을 것이다. 피로하거나, 병을 회복 중이거나, 불안하고 긴장된 상태에서 무언가를 기다릴 때, 우리는 이러한 '무감각한 오락'을 일종의 약처럼 소비한다. 물론 단기적 위안을 위한 이러한 소비가 항상 해롭다고 말할 수는 없다. 그러나 이와 같은 감상 태도가 일상화될 경우, 그것은 심각한 문제로 이어진다. 우리는 현실로부터 단절된 상태로 살아갈 여유가 없는 존재이기 때문이다. 아무리 짧은 위로의 순간이 필요하다 하더라도 말이다.

위대한 전통에 속하는 진정한 작품은, 다양한 방식으로 우리에게 강렬하게 다가오며, 깊은 집중과 몰입을 통해 우리가 반응하게 만든다. 예를 들어,

편견을 뚫고 진실을 전달하는 기자, 우리의 경험 깊숙한 곳을 건드려 숨을 쉬기도 어려울 만큼 충격을 주는 극작가, 무심코 지나치던 거리를 선명하게 그려내어 우리가 '어떻게 저 길을 아무 생각 없이 걸었을까'라고 돌아보게 만드는 화가 등이 그렇다. 이러한 예술은 우리가 늘 믿고 살아온 것을 흔들기도 하고, 전혀 새로운 경험과 감각을 열어주기도 한다. 혹은, 우리가 중요하다고 느끼지만 표현하지 못했던 생각이나 감정을 새롭게 확인시켜 주기도 한다.

그렇다면, 이러한 '살아 있는 예술'이 대중문화의 반복된 틀에 의해 위협받고 있는가? 위협은 실제로 존재한다. 그러나 그 위협은 단지 대중문화만이 아니라, '형식화된 예술'이나 '틀에 박힌 사고'에서도 온다. 현실로부터 우리를 단절시키는 틀과 습관은 여러 곳에서 생긴다. 우리 안의 나약함이 원인일 수도 있고, 누군가는 의도적으로 우리를 현실에서 멀어지게 만들기도 한다. 이런 단절은 종종 권력, 습관, 특권을 가진 자들의 이해관계를 지키는 데 도움이 된다. 이들은 사람들을 조용히 만들고 무비판적이게 만들기 위해, 현실과 단절시키는 공식이나 틀을 유지하고자 한다.

우리가 흔히 말하는 '대중문화'와 '소수 문화' 사이를 살펴보면, 한쪽이 항상 현실에 가깝고, 다른 한쪽이 현실에서 멀다고 말하기는 어렵다. 위대한 작품은 언제나 우리를 자극하며 깨어 있게 만들 수 있다. 하지만 그것이 어떤 소수 집단 안에 갇히게 되면, 그 집단은 그 작품에 자신들의 습관이나 감정, 입장을 덧붙이게 되고, 그로 인해 작품의 본래 의미가 달라질 수도 있다. 소수 문화는 때로는 위대한 작품을 보존하고 전달하는 역할을 하지만, 때로는 자기 방식으로 해석하고, 가치가 낮은 다른 것들과 섞어버리기도 한다. 나는 소수 문화가 항상 살아 있는 위대한 예술을 지켜내는 안정적이고 확실한 방법이라고 믿을 만한 근거는 없다고 생각한다.

소수 문화가 완전히 믿을 만한 것도 아니고 영원히 지속되지 않는다고 하더라도, 그래도 대중 커뮤니케이션의 세계보다는 낫지 않을까? 대중문화에서는 틀에 박힌 형식들이 거의 시스템처럼 작동하고 있는 것처럼 보인다.

아마도 수많은 사람들에게 빠르게 메시지를 전달하는 유일한 쉬운 방법이기 때문에 그런 형식이 필요한 것이고, 전체 시스템도 그것에 의존하고 있는 듯하다. 물론, 대규모 커뮤니케이션을 이해하려면 사람들이 빠르게 배우고 널리 사용할 수 있는 '공식'의 중요성을 인정해야 한다. 사실, 어떤 메시지를 전달하려면 일정한 형식은 필수적이다. 최악의 경우, 공식은 경험을 단순하게 가공하는 틀이 될 수도 있지만, 최선의 경우에는 널리 전달할 수 있도록 도와주는 약속된 표현 방식이 되기도 한다. 우리는 종종 대중 매체에서 나타나는 왜곡, 과장, 저속화된 콘텐츠들에 실망한다. 그러나 그 과정에서도 여전히 수많은 사실, 새로운 의견, 새로운 작업과 새로운 세계관이 전달되고 있다. 지금처럼 고도로 조직된 커뮤니케이션 시스템이 없었던 시대와 비교해 보면, 이는 놀라운 발전이다. 따라서 우리는 '소수 문화' 대 '대중문화', '고급' 대 '저급' 같은 이분법만으로 상황을 판단해서는 안 된다.

또 한 가지 중요한 점은, 이른바 '위대한 전통' 또한 소수 집단 내부에만 머무를 경우, 오히려 저속화될 위험이 있다는 것이다. 이러한 전통은 다양한 시대와 사회, 그리고 수많은 사람들로부터 물려받은 '혼합된 유산'이기 때문에, 그것을 제한된 사회적 틀 안에 가두는 것은 적절하지 않다. 그런데 만약 이 전통이 특정한 사회적 소수 집단에만 속한 것으로 여겨질 경우, 그 외부에 있는 사람들은 이에 대해 강한 반감이나 적대감을 품게 된다. 그리고 그렇게 형성된 문화적 공백은 결국 외부로부터 침투하려는 시도에 취약해지며, 이를 이용하려는 세력이 나타나게 된다. 오늘날 우리가 마주하는 가장 저급한 문화 콘텐츠들에는 실제 공동체의 삶에서 자연스럽게 생성된 '진정한 대중문화'의 요소가 거의 존재하지 않는다. 그 대신, 인위적으로 조작된 가짜 문화 혹은 반(anti)문화가 그 자리를 대신하고 있다. 이러한 문화는 다수에게도 이질적으로 느껴지며, 예술이나 지적 활동에 대해 적대적 태도를 보일 뿐 아니라, 그것들을 의도적으로 왜곡하는 데 에너지를 집중한다. 심지어 인간의 보편적 관심사인 성 sex조차 조잡하게 희화화되거나, 반짝거리는 모조품처럼 소비되도록 변형된다. 이러한 문화는 증오와 공격성을 지속적으로 자극하지만, 그것을 해소하거나 승화시키지는 않는다. 이는 '평범한 사람들의 문화'가 아니다. 문화적으로 소외된 이들의 문화이다. 그리고 이러한 소외의 조건을 조성한 책임은 단지 왜곡된 콘텐츠를 생산·유통하는 이들에게만 있는 것이 아니다. 위대한 전통을 소수의 전유물로 만들고, 그것을 대중으로부터 고립시킨 이들—바로 그 독점자들에게도 그 책임은 함께 있다.

영국의 상황을 보면, 이런 저질 문화의 많은 부분이 미국에서 들어온 것이다. 문화적으로 우리는 어떤 면에서는 미국의 식민지처럼 되어 있다. 하지만 우리가 받아들이는 것은 미국의 최고 문화가 아니라, 최악의 문화이고, 이런 콘텐츠를 수입하고 흉내 내는 데 앞장선 이들은 종종 바로 영국 내의 일부 사람들이다. 특히 이들은 영국의 '고급문화'를 자신들만의 것이라 여겨온 소수 계층에 대한 질투나 반감이 있다. 가짜 미국식 문화를 따라하는 것은 어떤 이들에게는 영국 특유의 계급 문제나 문화적 압박을 벗어나는 한 방법처럼 느껴질 수 있다. 하지만 그건 아무것도 해결하지 못한다. 오히려 그 공허함과 절망을 형식적으로 반복할 뿐이다. 대부분의 나쁜 문화는 이런 식의 사회적 붕괴에서 나온다. 진짜 대중문화는 무시당하고, 위대한 문화 전통은 폐쇄적으로 유지되며, 그 사이의 틈을 이용해 '뿌리 없는' 장사꾼들이 아무 의미 없는 콘텐츠로 그 공백을 채우는 것이다.

이 전체적인 상황은 결코 단순하게 이해할 수 있는 것이 아니다. 현재 일부 영역에서는 위대한 문화 전통이 책임 있게 보급되고 있으며, 관객층도 점차 확대되고 있고, 새로운 경험에서 비롯된 창작물 또한 활발히 등장하고 있다. 그러나 동시에, 이러한 문화적 공백을 의도적으로 착취하려는 세력 또한 강력하게 존재한다. 이들은 다른 정의나 가치 기준을 알지 못하는 이들로 구성되어 있으며, 현재의 문화 체계를 사실상 통제하고 있다. 하지만, 진정한 대중문화의 요소들은 여전히 생존해 있다. 특히 버라이어티, 스포츠, 일부 공연과 음악 등에서는 사람들이 여전히 자발적으로 참여하며, 스스로 오락을 창조하는 움직임이 지속되고 있다. 따라서 오늘날처럼 복잡하고 지속적으로 변화하는 문화 현실을 과거의 '소수 대 대중'이라는 이분법으로 이해하려는 시도는 더 이상 유효하지 않다. 그러한 구도는 현실을 해석하는 열쇠보다는 오히려 기존 이해 틀의 붕괴를 드러내는 증상에 가깝다. 우리는 이 새로운 상황을 올바로 이해하기 위해, 기존의 범주를 넘어서는 새로운 관점을 마련해야 한다.

3. 폭력과 가치

대중 일요신문, 텔레비전 드라마, 영화 제작 및 광고에서 '폭력'과 '성'이 지나치게 강조되지 않는가? 그런 강조가 있다는 점은 분명하다. 하지만 어떤 방식으로 강조되고, 실제로 혹은 잠재적으로 어떤 영향을 미치는가?

1) 누가 알겠는가?

특히 '폭력'과 관련해서는 여러 분야에서 적지 않은 연구가 진행되었다. 연구자들은 주로 세 가지 질문을 던져왔다. 첫째, 전체 콘텐츠 중에서 폭력 장면은 어느 정도의 비중을 차지하는가? 둘째, 그런 장면들은 폭력에 대해 어떤 태도를 보여주는가? 셋째, 겉으로는 도덕적인 입장을 표방하지만, 실제 표현 내용은 그와 상반되는 경우가 있는가?

첫 번째 질문은 비교적 쉽게 답할 수 있다. 다만, 이 질문은 전체 커뮤니케이션 영역에 걸쳐 지속적으로 다뤄진 적은 없다. 예를 들어, 뉴욕시의 텔레비전 프로그램에서 일주일 동안 폭력 행위나 폭력 위협이 7,065건 있었다는 조사 결과가 있다. 영국에서는 아동복지협의회가 특정 주간의 텔레비전 프로그램을 조사한 결과 다음과 같은 수치를 보여주었다.

가족 시청 시간대(오후 6-9시) : 21시간
ITV '범죄' 및 '서부극' : 5시간 30분

BBC '범죄' 및 '서부극' : 2시간 15분

이후 1965년 전체 편성 중 범죄 및 폭력 관련 프로그램 시간은 다음과 같다.

BBC 1 : 6시간 5분
ITV : 6시간 35분
BBC 2 : 4시간 20분

이는 전체 프로그램 중 약 11퍼센트(BBC 1), 11퍼센트(ITV), 13퍼센트(BBC 2)가 폭력 관련 내용이다. 가족 시청 시간대(평일 오후 6시~9시, 주말 오후 및 이른 저녁)에 해당하는 방송 시간은 BBC 1은 4시간 15분, ITV는 2시간 45분, BBC 2는 2시간 30분이다.

이러한 수치를 아는 것은 중요하지만, 해석이 쉽지 않은 경우도 많다. 폭력이 등장하는 자체보다 작품 안에서 그것이 어떤 태도를 하고 있는지가 더 중요하다는 주장도 자주 제기된다. 그러나 어떤 주제가 어떻게 다뤄졌든, 한 사회의 문화 전체 안에서 차지하는 위치도 중요하다. 단순한 '양적 집계'는 이러한 관심사의 분포를 보여주는 데 유용하다. 예컨대, '폭력은 현실의 일부이므로 당연히 등장해야 한다'는 주장이 있다면, 현실에서 폭력이 차지하는 비중과 신문, 영화, 텔레비전 프로그램의 비중을 비교하는 것이 타당하다. 우리 사회에서 현황을 조사하면, 커뮤니케이션 매체에서 폭력이 차지하는 비율이 실제 삶에서의 비율보다 훨씬 높다는 사실이 드러날 것이다. 그렇다면 우리는 왜 그런 비율 차이가 발생했는지, 그리고 그러한 비율의 변화로 인해 어떤 다른 관심사들이 축소되거나 배제되었는지를 함께 물어야 한다.

두 번째 질문인 폭력에 대한 태도 분석과 관련하여 몇 가지 세부적인 연구가 진행되었다. 그중 가장 주목할 만한 사례는 〈Television and the Child〉에 수록된 분석이다. 이 연구는 텔레비전의 대표적 장르인 '서부극'

과 '범죄극'을 비교하며, 이들이 폭력을 어떻게 재현하고 어떠한 도덕적 함의를 전달하는지를 고찰한다. 서부극은 단순하고 명확한 선악 구도를 기반으로 하여, 폭력을 남성적이며 정당한 해결 방식으로 제시한다. 악당은 언제나 일방적으로 배제되며, 그의 입장이 설명되거나 동정을 유발하는 장치는 존재하지 않는다. 주인공은 내적 갈등 없이 행동하며, 그 과정에서 어떤 이익도 취하지 않기 때문에, 폭력은 도덕적 정당성을 유지한 채 수용된다. 반면, 범죄극은 훨씬 복잡하고 사실적인 구성 속에서 폭력을 다룬다. 이 장르에서는 폭력의 결과가 생략되지 않으며, 카메라는 피를 흘리는 손, 이마에 맺힌 땀, 고통스러운 표정을 클로즈업하며, 물리적 현실을 직시하게 만든다. 또한 범죄극은 세 가지 핵심적인 가치 판단을 내포한다. 첫째, 범죄는 결국 법의 제재를 피할 수 없으며, 이는 법이 압도적인 자원과 권력을 보유하고 있기 때문이다. 둘째, 법 집행자와 범죄자는 본질적으로 유사하며, 필요하면 양측 모두 협박이나 기만을 거리낌 없이 사용한다는 점이다. 셋째, 외모는 신뢰할 수 없는 기준이며, 선량하게 보이는 인물이 실제로는 범죄자일 수 있고, 인간은 때로 자신의 행위를 스스로 통제하지 못하는 존재로 묘사된다는 점이다. 이처럼 서부극이 단순하고 양식화된 폭력 묘사를 통해 도덕적 확신과 명료한 세계관을 제공한다면, 범죄극은 모호하고 복합적인 상황 속에서 폭력의 결과와 인간 심리의 균열을 직시하도록 만든다. 두 장르 간의 차이는 이야기 형식의 차원에 머무르지 않고, 폭력과 도덕, 법과 인간에 대한 다른 문화적 인식을 반영하고 있다.

세 번째 질문은 겉으로 드러난 태도와 실제로 표현되는 태도 사이의 간극에 관한 것인데, 이와 관련된 연구는 아직 충분치 않다. 그러나 이 주제는 미디어 연구에 있어 핵심적인 중요성을 지닌다. 미디어의 효과를 논의할 때 단지 형식적인 '도덕적 교훈'만을 근거로 삼는다면, 지나치게 단순화되고 순진한 결론에 이를 위험이 있기 때문이다. 예를 들어, 범죄극이 반복적으로 전달하는 메시지—'범죄는 결국 대가를 치른다'—는 그 자체로 도덕적 효과를 가진다고 할 수 있으나, 실제로는 '대가를 치른다'는 말의 의미를 비판적으로 검토해야 할 필요가 있다. 범죄자가 받게 될 최종적인 처벌이 하나의 교훈이 될 수는 있겠지만, 범행을 저지르는 과정에서 느끼는 쾌감과 만족감은 또 다른 차원의 '보상'으로 작용할 수 있기 때문이다. 여기서, 도덕적 효과는 오히려 모호하거나 상충하는 방식으로 작동하게 된다. 특히 무겁고 불편한 주제를 다룰 때, 작품이 내세우는 명시적인 도덕적 의도와 관객에게 전달되는 강렬한 감각적 체험 사이에는 뚜렷한 긴장이나 괴리가 발생하기 쉽다. 실제로 인종차별을 비판하는 한 미국 영화에 대한 분석은, 표면적으로는 반(反)편견의 메시지를 표방하면서도 서사 이면에 잠재된 무의식적 환상이 표출되어, 결과적으로는 뿌리 깊은 편견을 오히려 강화하는 역설을 초래할 수 있음을 보여준다. 해당 영화의 전체적인 효과는 모호하고 양가적인 것으로 평가된다.[30]

이러한 콘텐츠 분석 결과에 대한 논란은 여전하다. ITV의 노엘 스티븐슨(Mr Noel Stevenson)은 말한다.

> 폭력과 부도덕을 논할 때, 텔레비전이 사람들을 폭력적이거나 부도덕하게 만든다는 주장은 가정, 이웃, 종교·산업 단체 등 사회적 압력과 충돌한다. 실제로 텔레비전의 영향은 미미하다.

사회학자 마크 에이브럼스(Dr. Mark Abrams)는 반박한다.

> 대중 매체에서 해로운 콘텐츠가 다수 존재한다는 사실은 부인할 수 없다. 그러나 문제는 평범한 아동들이 이러한 콘텐츠를 실제로 모방하는가, 혹은 폭력적 태도를 학습하게 되는가 하는 점이다. 이에 대해서는 아직 명확한 증거가 존재하지 않는다. 한 연구에 따르면, 적응에 어려움을 겪는 아동들과 그렇지 않은 아동들이 동일한 양의 폭력적 대중 매체 콘텐츠에 노출되었을 때, 전자는 후자와는 달리 그러한 내용을 더 선호하고, 독특한 형태의 만족을 느끼며, 그 소비 과정에서 그들의 심리적 문제가 해결되기보다는 지속되는

> 경향이 있다. 비록 결정적인 결론이 도출되지는 않았으나, 대중 매체 속 폭력적 요소가 적응 문제나 좌절을 경험하는 아동들의 어려움을 심화시킬 수 있다는 점에서, 이러한 콘텐츠를 제거해야 한다는 주장이 제기되고 있다. 그러나 이 주장의 타당성은 두 가지를 고려해야 한다. 첫째, 적응 문제를 가진 아이들의 비율은 얼마나 되는가? 1~2%처럼 낮다면 검열을 도입하는 것은 정당화되기 어렵지만, 20~25%처럼 높다면 반박의 여지가 없을 것이다. 안타깝게도 이는 논란은 많지만, 신뢰할 만한 데이터가 부족하다.

심리학자 힐데 히멜바이트 박사(Dr. Hilde Himmelweit)는 다음과 같이 경고한다.

> 해마다 아이들에게 폭력적 요소가 큰 비중을 차지하는 콘텐츠를 제공한다면, 사회에 대한 그들의 인식—폭력이 일상적이며 갈등은 물리적 폭력으로 해결된다는 생각—이 서서히 형성될 수 있다. 이는 감수할 만한 위험이 아니라고 본다.

2) 누가 신경 쓰는가?

문제는 단지 '누가 아는가?'에 그치지 않는다. 동시에 '누가 신경 쓰는가?'이기도 하다. 특정한 종류의 작품이 어떤 효과를 낳는지를 입증하는 것은 어렵다. 어쩌면 불가능할 수도 있다. 왜냐하면 그 작품에 노출된 사람은 동시에 수많은 다른 경험에도 노출되어 있기 때문이다. 작품 자체의 효과를 그 모든 것에서 분리하기는 쉽지 않다. 하지만 이런 어려움은 사회가 통제하거나 금지하거나 장려하려는 거의 모든 대상에 해당한다. 결국 이런 종류의 결정은 두 가지 방식 중 하나로 내려진다. 지배 집단의 기준에 따라 내려지거나, 아니면 종종 소수의 운동가 집단에 의해 자극된 사회 전체의 양심에 따라 내려진다. 어떤 위험이나 잠재적 위험에 관한 주장은 비판적으로 검토되어야 한다. 그것이 우리가 가진 최선의 지식에 근거할 때 더욱 그렇다. 그러나 현재 벌어지고 있는 논쟁이 단지 위험에 대한 서로 다른 추정들 사이의 대립이라고 생각하는 것은 잘못이다. 아예 그런 방식으로 생각하지 않는 또 다른 의견의 집단이 존재한다. 대중 일요신문과 만화책의 소유주와 편집자들, 성과 폭력을 주제로 한 소설의 출판사와 작가들, 유사한 텔레비전 프로그램의 기획자와 제작자들, 또 그런 영화의 제작자와 광고주들은 자신들의 활동이 대중에게 위험한지를 먼저 평가하고, 위험이 없거나 미미하다고 판단한 뒤에 콘텐츠를 제공하는 것이 아니다. 그들의 원칙은 전혀 다르다. 그것이 팔리기만 하면, 인기가 있기만 하면, 제공해도 된다는 것이다. 바로 여기서 두 번째 질문이 제기된다. '누가 신경을 쓰는가?'

이 논쟁은, 만약 신경 쓰는 사람들이 같은 부류라면 단순해졌을 것이다. 해석의 차이에도 불구하고, 교사들, 부모들, 사회복지 단체들, 그리고 사회학자, 심리학자, 작가들 사이에는 공통된 우려가 존재한다. 그러나 그들의 주장을 넘어서면서 때로 그것과 비슷해 보이는 또 다른 불만도 있다. 그것은 한 세대를 다른 세대의 기준으로 판단하는 사람들의 불만이다. 그들은 '세상은 어디로 가고 있는가?', '이 타락한 현대 사회에서 우리는 도대체 어디로 가고 있는가?'라고 묻는다. 이런 혼란은 〈채털리 부인의 사랑(Lady Chatterley's Lover)〉 출간을 둘러싼 논쟁[31]에서 흥미롭게 드러난 바 있다.

텔레비전 콘텐츠를 둘러싼 논쟁은 어떤 이들에게는 매우 단순하게 여겨질 수 있다. 극단적인 한쪽 입장은 다음과 같이 주장한다. '이제는 구시대적인 억압, 자기를 억누르는 청교도주의는 벗어던져야 한다. 사람들은 자신이 원하는 것을 자유롭게 읽을 수 있어야 하며, 예술가들 또한 마땅히 자신이 쓰고자 하는 바를 자유롭게 표현할 수 있어야 한다.' 반면 또 다른 극단에서는 다음과 같이 말한다. '우리 아이들의 기독교적 덕성이 무참히 짓밟히고 있다. 아이들의 순결을 훔쳐 얻은 금화가 악덕한 출판업자의 불룩한 주머니를 채우고 있다.' 이들은 〈채털리 부인의 사랑〉을 싸구려 포르노그래피, 선정적 영화, 공포 만화, 텔레비전의 폭력 콘텐츠 등과 동일한 범주로 간주한다.

더 복잡한 입장은 다음과 같은 방식으로 나타난다. 로렌스를 옹호할 때는 '예술가의 출판 자유'를 강조하면서도, 일요 신문이나 텔레비전의 폭력 장면을 비판할 때는 '미성숙한 이들을 보호해야 할 사회의 의무'를 앞세우는 것이다. 그러나 나는 이 두 입장을 동시에 정당화할 수 있다고는 생각하지 않는다. 나는 〈채털리 부인의 사랑〉이 대중문화의 다른 작품들과는 전혀 다른 예술적 수준에 있다고 확신한다. 나아가, 그것은 다른 콘텐츠들이 해를 끼치는 지점에서 오히려 긍정적인 영향을 미친다고도 판단한다. 그러나 논의를 다시 일반적인 원칙의 문제로 되돌려 보면, 우리는 단순히 '좋은 작품'과 '나쁜 작품'을 절대적으로 구분하고 그 기준에만 의존할 수는 없다. 왜냐하면 언제나 중간적이거나 혼합적인 성격의 작품들이 존재하기 때문이다. 만일 '출판의 자유'를 기준으로 삼는다면, 그것은 도덕적으로 뛰어난 작품에만 적용되는 것이 아니다. 반대로 '미성숙한 이들을 보호할 책임'을 기준으로 삼는다면, 모든 콘텐츠—우수한 것이든, 저급한 것이든, 무난한 것이든—가 그 기준에 따라 평가되어야 한다. 효과는 그 콘텐츠가 겨냥하는 대상에 따라 판단되어야 한다는 주장도 존재한다. 즉, 성인에게는 문제가 되지 않는 콘텐츠가 아동에게는 부적절할 수 있다는 것이다. 이는 일반적으로 타당한 견해일 수 있다. 그러나 실제로 대부분의 콘텐츠는 특정 집단에만 제한되기 어렵고, 의도와 무관하게 수용자는 서로 겹치는 경우가 많다. 특히 청소년기는 본질적으로 아동과 성인의 경계를 넘나드는 시기이다. 나아가 성인, 청소년, 아동 등 각 수용자 집단 내부에서도 개인의 성격과 정서적 안정성에는 큰 차이가 있으며, 이는 미디어 콘텐츠가 미치는 실제 효과에 중요한 영향을 미친다.

이 문제 전체에 관하여 우리는 보다 풍부한 실증적 자료가 필요하다. 그러나 만약 이 문제가 시급한 사안이라면, 우리는 계속해서 더 많은 증거를 기다리는 것이 과연 바람직한가? 그렇다면 우리는 도대체 얼마나 더 기다려야 하는가? 현실에서는 이미 다양한 조치들이 실행되고 있다. 수많은 콘텐츠가 유통되는 동시에, 다수의 콘텐츠가 금지되거나 축소되고 있다. 진정한 문제는 다음과 같은 근본적 질문들에 있다. 누가 그 유통 여부를 결정하는가? 어떤 기준에 따라 판단이 내려지며, 그 기준은 어떻게 사회적으로 정당화되는가? 가장 바람직한 제도나 가치 체계를 설정하는 일은 쉽지 않다. 그러나 칼라일(Carlyle)[32]은 '가장 나쁜 상태가 무엇이냐고 묻는다면, 내가 답하는 것은 바로 지금 우리가 처한 이 상태, 즉 혼란이 심판자 노릇을 하는 이 상태다. 이것이야말로 최악이다.'라고 지적하였다. 이러한 진단이 타당한 이유는, 우리가 여전히 서로 상충하는 주장 사이에서 결정적인 선택을 내리지 못하고 있기 때문이다. '출판의 자유', '책임 있는 사회', '수요가 있는 것은 제공되어야 한다', '가치의 왜곡과 혼란'—이처럼 서로 충돌하는 주장들이 병존하는 가운데, 우리는 방향을 잃은 채 표류하고 있다. 우리가 이 문제에 대해 분명한 태도를 확립하고, 모든 영역에 일관되게 적용할 수 있는 원칙과 절차를 마련하지 않는 한, 이러한 혼란은 지속될 것이며, 그로 인한 사회적 피해 또한 계속될 것이다.

4. 기여자들

어떤 문화에서든 진정으로 중요한 사람들은 적극적으로 창작하고 표현하는 기여자들이다. 그런데 왜 우리는 항상 대중, 청중, 문화 체계만 이야기하는가? 좋은 문화를 얻는 유일한 길은 훌륭한 예술가와 공연자를 갖는 것 아닌가? 그리고 우리가 그들을 만들어내기 위해 할 수 있는 일이 실제로 있을까? 아마 우리가 할 수 있는 최선은 예술가들이 살아갈 만하다고 느낄 수 있는 사회를 만들기 위해 노력하는 것일지 모른다.

기여자들이 가장 중요하다는 점은 분명하지만, 그들이 모두 같은 부류이며 동일한 일반적 욕구를 지닌 존재들이라고 단정할 수 있을까? 또 서로 다른 대중이나 문화 체계가 실제로 어떤 종류의 기여자들이 등장하게 되는지에 영향을 주지 않는다고 말할 수 있을까?

우리는 네 가지 주요한 기여자 유형을 구분할 수 있다. 창작 예술가, 공연자, 기자, 그리고 해설자 또는 평론가. 이들 모두는 자신의 작업에 대한 직접적인 책임을 진다. 이들이 각자의 작업을 다른 이들과 소통하고자 한다는 것은 사실이며, 그 소통이 가능한 효과적이기를 바라는 것도 당연하다. 그러나 작업을 수행하는 그 자체의 과정에는 특별한 책임이 따르며, 이를 이해하려면 소통이 실제로 무엇을 수반하는지를 더 깊이 살펴보아야 한다.

기자는 특정한 사실을 취재하여 전달한다. 해설자나 평론가는 실제 사건이나 작품에 대해 자신의 견해를 제시한다. 공연자는 자신 혹은 타인이 창작한 작품을 자신의 매체를 통해 표현한다. 창작 예술가는 자신의 경험이나 비전을 하나의 작품 속에 구현하고자 한다. 이들은 각기 다른 방식으로 자신의 작업을 인식하지만, 몇 가지 공통된 요소들이 존재한다. 이들 모두-예술가조차도- 자신의 작업을 타인에게 전달할 수 있는 형식으로 구성하고자 한다. 그러나 진정으로 만족스러운 소통은, 자신이 실제로 말하거나 보여줄 필요가 있다고 느낄 때 비로소 가능하다. '이 부분을 조금만 바꾸면 사람들이 더 쉽게 이해할 수 있을 텐데'라고 생각할 수도 있다. 그렇게 하면 더 많은 사람들과 접촉하는 데에는 성공할 수 있을지 모르지만, 그 접촉은 더 이상 자신이 진정으로 전하고자 했던 바에 기반한 것이 아닐 수 있다.

이러한 현실은 문화적 기여의 자유가 무엇인지를 정의한다. 기자, 해설자와 평론가, 공연자, 그리고 예술가는 각자의 방식으로, 자신의 작업에 대한 이해를 바탕으로 전달해야 할 것을 자유롭게 표현하는 권리가 있다. 이는 개인의 자유에 대한 정의처럼 들리며, 실제로 그러하다. 그러나 이 자유는 단지 개인을 위한 것에 그치지 않는다. 좋은 사회는 사실과 의견에 자유로운 접근 가능성을 기반으로 하며, 인간이 실제로 보고, 알고, 느낀 바를 표현하는 비전과 의식의 성장 위에서 성립된다. 따라서 개인의 기여에 대한 자유를 제한하는 것은 곧 사회 전체가 가질 수 있는 자원의 폭을 제한하는 일이 된다.

그렇다면 커뮤니케이션은 실제로 어떻게 이루어지는가? 이는 기본적으로 공통 언어 또는 공유된 표현 관습, 혹은 최소한 그 시작점에 의존한다. 공통 언어나 관습이 존재할 경우, 기여자는 이를 최대한 잘 활용하려 할 것이다. 그러나 특히 독창적인 예술가나 사상가에게 문제는, 오히려 새로운 언어를 창조하거나, 새로운 표현 규칙을 형성하거나, 또는 기존 언어와 표현 방식을 자신의 의미를 감당할 수 있도록 발전시키는 것에 있다. 문학, 음악, 시각 예술, 과학, 사회사상, 철학 등 거의 모든 영역에서 이러한 발전은 반복적으로 나타난다. 이러한 표현이 사회 속에서 널리 통용되기까지는 시간이 오래 걸릴 수 있으며, 많은 이들에게는 끝까지 어려운 일로 남을 수도 있다. 그러나 이것이 불가능하다고 생각할 필요는 없다. 창조적 에너지는 우리가 생각하는 것보다 훨씬 강력하다. 누군가가 새로운 것을 새로운 방식으로 표현하려는 노력에 몰두하고 있을 때, 그는 대개 청중보다 작업 자체에 더욱 집중하게 된다. 많은 예술가와 과학자들은 자기 작업이 어떻게 받아들여질지를 크게 의식하지 않는다는 점에서 공통점을 보인다. 물론 그것이 이해되고 인정된다면 기쁠 것이고, 외면당한다면 상처받을 수도 있겠지만, 작업이 진행되는 동안에는 그런 고려가 개입될 여지가 없다. 그 작업은 반드시 그 사람이 보는 바로 그 방식으로 표현되어야 하기 때문이다.

이러한 의미에서, 그러한 사람들이 살아갈 수 있는 조건을 조성하는 것이 사회의 책무라는 말은 분명히 옳다. 개별 기여의 가치가 어떠하든, 전체적인 작업의 축적은 모든 사람에게 엄청난 가치를 지닌다. 그러나 현실에서는 모든 것이 형식적으로 분리되어 있지 않다. 한편에 사회가 있고 다른 한편에 이러한 개인들이 따로 존재하는 것은 아니다. 일상생활 속에서, 그리고 자신의 작업을 수행하는 과정에서, 기여자는 자신이 속한 사회의 삶을 공유하며, 이는 때로는 사소한 방식으로, 때로는 너무도 깊숙이 영향을 주어 그 자신조차 이를 인식하지 못할 정도이기도 하다. 그의 작업을 대중에게 전달할 수 있는 능력은 실제로 존재하는 소통 체계에 달려 있다. 언어 자체, 특정한 시각적·음악적·과학적 관습들, 그리고 그 소통을 매개하는 제도들이 그것이다. 이러한 요소들이 그의 실제 작업에 미치는 영향은 다양하다.

왜냐하면 그것은 단지 외부에 존재하는 소통 체계만이 아니기 때문이다. 그것은, 아무리 그가 독창적일지라도, 실질적으로 그의 일부가 되어 있는 소통 체계이기도 하다. 기여자들은 이와 같은 내면화된 소통 체계를 적극적으로 활용한다. 어떤 의미에서, 그들은 먼저 자신에게 자신의 구상을 보여주고, 음악을 연주하며, 하나의 논증을 제시한다. 단지 그것들을 명확히 하기 위한 수단일 뿐만 아니라 활동적 창작이 수반하는 끝없는 검증의 과정에서 경험을 소통이 가능한 형태로 정리하는 방식이기도 하다. 하나의 정신이 그것을 파악했다면, 설령 그것을 만든 정신이 그 유일한 수용자일지라도, 그것은 다른 정신에도 열릴 수 있다.

이 깊은 의미에서, 사회는 이미 창작 행위 안에 존재하고 있다. 이는 이해하기 매우 어려운 개념이다. 그러나 우리가 어떤 시대를 되돌아보게 되었을 때, 한 가지 사실을 인식할 수 있다. 바로, 당시의 예술가들이 어떤 공통점을 공유하고 있다는 점이다. 그들이 속한 사회와의 관련성 또한 마찬가지다. 이 지점에서 역사가들은 자주 놀라움을 느낀다. 당시의 기여자들이 현실적으로는 소통에 성공하고 있었음에도, 정작 그 순간에는 고립되었고 외면받았다고 느꼈기 때문이다. 오늘날도 상황은 다르지 않다. 가장 깊은 영향력을 지닌 이들조차 자신을 외롭고 거부당한 존재로 느낀다. 사회와의 소통은 분명 존재한다. 그러나 그것을 인식하고 확신하기란 쉽지 않다.

우리가 제도에 주목할 때, 반드시 소통의 이 깊은 사회적 현실을 기억해야 한다. 그렇지 않으면, 우리는 두 가지 흔한 오류 중 하나에 쉽게 빠질 수 있다. 첫째, 우리는 기여자들이 너무나 중요하다는 이유로 '그들을 내버려두자'고 말할 수 있다. 이는 사실 방임으로 변질된 찬사이며, 이미 한계에 다다른 사람들을 무심한 세상의 바람 앞에 방치하는 것이다. 기여자들은 자신이 속한 사회에 깊이 뿌리내리고 있다. 또한 인간으로서의 일상적 필요 속에 존재한다. 따라서 그들이 '몽상가' 혹은 '접근할 수 없는 영혼'으로 고립될 경우, 대개 고통을 겪게 된다. 둘째, 우리는 많은 이들이 지금 실제로 말하듯이, 커뮤니케이션 제도가 먼저 정의되어야 기여자들이 그 틀에 맞춰져야 한다고 주장할 수 있다. 우리는 이러한 상황이 얼마나 자주 발생해왔는지를 이미 목격하였다. 그래서 때로는 그것이 유일한 위험처럼 여겨질 정도이다. 실제로 그것은 지속적이며 심각한 위험이다. 권력은 기자에게 말할 수 있다. '이 신문이 어떤 종류인지 기억하시오. 여기서 일하고 싶다면, 그 방식을 익히시오.' 논평자나 비평가에게는 이렇게 말한다. '이 사회는 이런 신념을 기반으로 하고 있다. 당신의 의견을 표현하는 건 좋지만, 그 신념의 범위 안에서 해야겠지요.' 공연자에게는 다음과 같이 말할 수 있다. '우리가 보고 싶은 것은 이런 것입니다. 당신은 재능 있는 사람이고, 이런 건 충분히 배울 수 있겠지요.' 그리고 예술가에게는 이렇게 말할 것이다. '물론 창조적인 사람들은 감정적이고 자기 세계에 빠지긴 하죠. 하지만 이것 좀 생각해 보세요. 이걸 한다면 얼마나 좋은 일을 할 수 있겠습니까? 얼마나 많은 사람들에게 다가갈 수 있겠습니까?' 물론 많은 기여자들은 지시받은 대로 따를 것이다. 그러나 일부는 심연으로부터 절규할 것이다. '날 좀 버려두시오. 내 작업을 하게 해주시오.' 그다음에는 모순되는 한마디를 외친다. '왜 진정한 창작자들은 언제나 무시당하고 외면받는가?'

그렇다면 이 상반된 오류들 사이에 어떤 길이 존재하는가? 하나 분명한 차이가 있다. 어떤 기여자들은 영화·텔레비전 제작사, 극장, 오케스트라, 신문, 잡지 등과 같은 제도에 전적으로 의존해야 한다. 반면 작가, 작곡가, 화가, 조각가처럼 즉각적인 의존성이 덜한 이들도 있다. 물론 이들 또한 궁극적으로는 제도적 영향을 받는다. 그리고 이러한 부류 안에서도 많은 이들이 일찍부터 타협에 나선다. 제도가 요구하는 바를 정확히 만들어내거나, 시장을 만족시키는 법을 익히는 것이다. 대안적 정책이 부재한 상황에서, 이러한 현상은 예외라기보다는 오히려 일반적인 현실로 보인다. 자신의 작업에 대한 입장을 끝까지 지키려는 이들 가운데에는, 제도에 즉각적으로 의존하지 않는 경우가 오히려 더 유리한 위치에 놓이는 경우가 있다. 그래서 이들의 시각은 제도 없이는 작업이 불가능한 이들로부터 조급하거나 냉소적인 반응을 불러일으키기도 한다. 하지만, 이들은 하나의 보편적 중요성을 지닌 원칙을 지켜왔다. 그것은 특정한 상황에서 오만하게 들릴 수 있고, 특히 개인이 자신의 작업을 위해 이를 주장할 때 거슬릴 수도 있지만, 여전히 진실이다. 즉, 기여자가 자신의 조건 속에서 작업할 수 있는 자유는 사회 전체의 이익이 된다는 사실이다. 문화 조직에서 실질적으로 유용한 제도란, 바로 이 자유를 보장하는 데에 목적을 둔 제도뿐이다. 이러한 제도의 형식은 작업의 유형에 따라 달라질 것이며, 제도에 직접적으로 의존하지 않는 기여자의 경우, 제도가 오히려 비공식적일수록 더 바람직할 수 있다. 그러나 가장 독립적인 기여자들에게도 제도는 필연적으로 존재하게 마련이다. 보도자와 예술가의 자유를 아무리 외쳐도, 실제 현실에서는 공적·상업적 조직이 더욱 강력해지고 전면화되면서 자유는 빠르게 위축되었다. 이제 단순히 자유를 외치는 것으로는 충분하지 않다. 중요한 것은 그 자유를 실현할 수 있는 실질적 방안을 마련하는 일이다. 이를 위해서는 기여자들이 대중의 지지가 필요하다. 이론적으로는 이 지지를 쉽게 얻을 수 있을 듯하다—돈이 들지 않는 일이기 때문이다. 그러나 실제로 그것을 실현하기 위해서는, 기여자의 자유 주장이 넓고 튼튼한 기반 위에 서 있어야 한다. 단지 '날 내버려두라'는 식의 주장은 방치하는 결과를 초래할 수 있다. 순응하지 않는 사람들은 고립되고, 순응하는 사람들이 문화 전체를 장악하게 된다. 그러나 우리가 커뮤니케이션의 실제 과정을 올바로 이해한다면, 기여자의 자유와 그가 자기 자원을 통제할 권리는 사회 전체의 자유로 나아가는 정당한 수단이 될 수 있으며, 기여자가 사회에 봉사할 수 있는 최선의 방식이기도 하다. 기여자의 자유가 올바로 이해된다면, 바로 그 지점에서 출발하여, 그가 의존하고 있는 사회와의 진정한 관계 또한 형성될 수 있을 것이다.

우리는 이와 관련해 블레이크(Blake)[33]의 말을 떠올릴 만하다. 그는 생애 대부분을 무시와 시장의 변덕 속에서 견뎌야 했으며, 심오하게 독창적인 시인이자 예술가였다. 그는 유행하는 허위의식을 꿰뚫고, 직관적이면서도 통찰력 있는 결론을 제시했다.

어떤 사람들, 그리고 적지 않은 예술가들이 주장하길, 이 그림의 화가는 제대로 된 격려만 있었더라면 더 훌륭한 작업을 했을 것이라고 한다. 그러나 그렇게 말하는 이들은 생각해야 한다. 가난한 국가들의 상태와 예술에 대한 무능력을 말이다. 예술은 물론 그 둘을 초월하지만, 논리적으로는 빈곤보다는 풍요가 예술에 더 나은 조건이다. 그는 더 위대한 예술가가 되지는 않았을지라도, 그가 가진 여건에 비례하여 더 위대한 예술 작품을 남겼을 것임은 틀림없다.

5. 제도

아마 문제는 이렇게 정리 할 수 있을 것이다. 커뮤니케이션 체제는 통제받거나 자유롭다. 민주주의에서는 이 부분에 관해 논란이 있을 수가 없다. 체제는 자유로워야 하며 그렇지 않으면 민주주의는 존재하지 않는다. 자유로운 체제에서는 생산된 결과물 중 다수가 조잡하거나 역겨울 수 있고, 일부 사람들이 보기에 조잡하거나 역겨울 수도 있다. 그러나 이에 대한 유일한 대안은 통제된 체제이거나 독점인데, 여기서는 일부 사람들이 타인에게 자신의 취향을 강요하게 된다. 독립방송기구(Independent Television Authority)의 위원장 로버트 프레이저(Robert Fraser) 경은 상업 텔레비전 도입을 옹호하면서 '사실 영국에서 과거의 독점 체제는 민주적인 사고와 감정의 물결에 밀려났다'라고 말했다.

로버트 프레이저 경과의 토론에서 그를 제압하는 일은 그리 어렵지 않을 것이다. 예를 들어, '민주적인 사고와 감정의 물결'이라는 표현이, 실제로는 압력집단이 로비를 벌이는 과정—그중에서도 상업 텔레비전 도입을 위해 재정적 이해관계가 얽힌 이들이 주도한 로비—과 어떤 같은 것이 아닌지 질문해 볼 필요가 있다. 그러나 이는 주된 이슈가 아니다. 오늘날 논란의 모든 세부 상황 배후에는 우리가 대면하고 파악해야 할 원칙 간의 갈등이 있다.

한편으로 이는 기본적으로 통제와 자유 사이의 선택처럼 보이지만, 실제로는 어느 정도의 통제와 어느 정도의 자유 사이에서 균형을 모색하는 문제가 될 가능성이 더 크다. 그리고 주장의 핵심은 결국 이 양자를 어떻게 조화롭게 결합할 수 있을 것인가에 있다. 더욱이 '통제'와 '자유'라는 단어 자체는, 지금까지 존재하거나 알려진, 혹은 우리가 바라는 커뮤니케이션 체제를 충분히 설명하기에는 개념적으로 다소 불완전해 보인다. 우리는 네 가지 주된 유형을 구분할 수 있으며, 이들 유형을 기술하고 비교하면 통제와 자유에 관한 우리의 사고방식이 좀 더 현실적으로 될 수 있을 것이라 믿는다. 이 네 유형은 권위주의, 가부장주의, 상업주의, 민주주의 체제이다.

1) 권위주의 체제

이 체제는 커뮤니케이션을, 소수가 사회를 통치하기 위한 수단으로 기능하는 총체적 기구의 일부로 간주한다. 여기서 커뮤니케이션의 일차적 목적은 지배 집단의 지침, 이념, 태도를 사회 전반에 전달하는 데 있다. 따라서 정책 논의의 수준에서도 대안적인 지침, 이념, 태도는 원천적으로 배제된다. 커뮤니케이션 수단에 대한 독점은 권위주의 정치 체제에서 핵심적인 기능을 수행한다. 특정한 일부 인쇄업자, 출판사, 신문사, 극장, 방송국만이 활동이 허용되며, 때로는 이러한 매체들마저 지배 집단의 직접적인 통제 아래 전달되는 내용이 직접적으로 결정된다. 또한 권력층에 비우호적인 정보 출처를 겨냥해 검열 체계를 가동하거나, 정치적·행정적 조치를 하는 간접적 통제가 이루어지기도 한다. 이러한 체제는 그 사회가 속한 유형과 이해관계에 따라 작동 방식과 통제의 강도가 달라질 수 있다. 이는 현대의 전체주의 국가들뿐 아니라, 과거의 영국 사례에서도 확인된다. 권위주의 체제의 본질적 특징은, 커뮤니케이션이 소수 권력의 기반 위에서 형성된 사회 질서를 보호하고 유지하며 나아가 그것을 강화하는 데 그 목적을 둔다는 점이다.

2) 가부장주의 체제

가부장주의는 양식을 갖춘 권위주의 체제이다. 말하자면 자신의 권력 유지를 넘어 가치와 목적을 추구하는 체제이다. 권위주의자들은 다양한 근거로 지배의 권리를 주장한다. 가부장주의 체제는 보호와 지도의 의무를 주장한다. 여기서 통제는 단지 억압의 수단만은 아니다. 그것은 소수의 판단에 따라 다수의 발전을 도모하는 방식으로 정당화된다. 커뮤니케이션 수단의 독점은 파괴적이거나 사악한 집단이 이를 악용하지 못하도록 하기 위한 예방책으로 제시된다. 이러한 체제에서는 직접적인 검열뿐 아니라 간접적인 검열도 광범위하게 활용된다. 그 근거는 특정 집단이나 개인이 해로운 기술이나 이념으로부터 보호받아야 한다는 주장이다. 그 보호는 이들의 이익을 위한 것이기도 하고, 공익을 위한 것이기도 하다. 권위주의 체제는 명령을 내리고, 그 명령을 수용하도록 이념과 태도를 전파한다. 반면, 가부장주의 체제는 다르다. 지배적 소수는 자신의 조치를 정당화할 뿐 아니라, 그것이 국민 전체에게도 바람직하다고 믿는다. 이들은 자신들이 보급하는 가치, 관습, 취향이 사회 전체에 유익하다고 본다. 이러한 가치나 관습, 취향에 대한 비판은 대개 무지하거나 미숙한 것으로 여겨진다. 심할 경우, 그것은 검증된 삶의 방식에 대한 도덕적 반란으로 간주된다. 가부장주의 체제의 통제자는 자신을 보호자라 생각한다. 이들은 인내심을 보이지만, 핵심 가치의 수호에 있어서는 단호하다. 동시에 자신들의 역할 수행에서 고도의 책임감과 진지함을 요구받는다. 추구하는 사회 질서의 유형이 다를 때는 양상이 달라진다. 가부장주의 체제는 자신의 역할을 명확히 선포하기도 하고, 때로는 설명을 생략한다. 실제 통제 방식도 매우 다양하다. 일부는 모든 과정을 은폐하며, 또 다른 일부는 제한적인 저항이나 관용을 허용하기도 한다. 그것을 일종의 안전장치로 본다. 그러나 방식이 어떠하든, 이 체제의 전반적인 목적과 분위기에는 착오의 여지가 없다.

3) 상업주의 체제

커뮤니케이션에 대한 상업주의 태도는 권위주의와 가부장주의를 강하게 반대한다. 커뮤니케이션을 통치나 지도용으로 삼는 대신에, 인간은 어떤 부류의 저작물이든 판매용으로 내놓을 권리가 있으며 제시된 어떤 상품이든 구매할 권리도 있다고 주장한다. 커뮤니케이션의 자유는 이런 식으로 확보된다고 주장한다. 출판하든 글을 읽든 어떤 사람의 허가도 구할 필요가 없다. 사람들이 실제로 선택할 것이니 저작물을 공개적으로 내놓고 공개적으로 구매하도록 하기만 하면 된다. 상업주의 체제는 초기 단계에서, 그리고 이후의 일부 단계에서도 이전의 두 체제에 비해 분명 자유의 수단 구실을 했다. 그러나 이 자유는 시장에 의존하는 것이기에 난관에 봉착할 수도 있다. 사람들이 실제로 구매할지 확실하지 않은데도 판매용으로 나올 저작물이 있을까? 생산비가 저렴하다면 위험을 감수할 만하지만, 제작비가 비싸다면 그렇지 않을 수도 있다. 현대의 커뮤니케이션 체제에서는 수많은 부류의 생산물이 비쌀 수밖에 없다. 그렇다면 원래의 원칙은 어떻게 되는가? 첫째, 판매가 불확실하거나 비용에 비해 판매량이 적을 가능성이 있는 저작물은 아예 제공되지 않을 수도 있다. 둘째, 판매 속도도 중요한 요인이 된다. 만일 판매와 구매가 가장 중요한 고려 사항이라면 아주 대규모 투자가 회수되기를 수년 동안 기다리기는 쉽지 않다. 다른 데 투자하면 회수가 훨씬 빠를지 모른다. 셋째, 만약 어떤 저작물의 재원 조달에 필요한 자본 규모가 크다면, 원래 원칙에 나오는 것처럼 자유롭게 판매용을 생산할 수가 없다. 예술가 개개인은 여기에 필요한 자본을 보유하고 있지 못할 수 있다. 그렇다면 이들은 자본을 보유한 개인이나 집단에서 재원을 조달해야 하는데, 재원 제공 여부를 결정하는 데는 판매 정도나 속도, 투자금 회수나 이윤에 대한 고려가 결정적일 가능성이 있다. 하지만 그렇게 될 경우, 광범위한 영역에 걸치거나 특히 고비용이 드는 커뮤니케이션 수단에 대한 실질적 통제권은 특정 개인이나 집단에게 넘어갈 수 있다. 그들이 유일한 주체는 아닐지라도, 통제권을 행사할 수 있는 주된 자격은 결국 필요한 자본을 보유하거나 조달할 수 있다는 사실에 근거하게 된다. 그러나 이러한 자격을 갖추었다는 사실만으로, 그 집단이 사회 전체를 대표한다고 보기는 어렵다. 오히려 그들은 사회의 일부에 불과하거나, 특정한 이해관계만을 반영하는 존재일 수도 있다. 이 집단들은 사실 사회 내에서 소수파에 불과할 것이다. 따라서 권위주의자가 권력 문제로, 가부장주의자가 원칙 문제로 권리를 주장한 통제권은 흔히 상업주의 체제에서는 운영의 실천 문제로 달성된다. 발언할 경제적 여유만 되고 그러한 발언으로 이윤만 남길 수 있다면 어떤 발언도 허용된다.

4) 민주주의 체제

우리는 다른 세 가지 체제를 경험하였지만, 민주주의 체제는 논의와 상상만 할 수 있을 뿐이다. 이 체제는 초기의 상업체제와 커뮤니케이션에 대한 정의를 공유하는데, 바로 이 정의는 모든 사람이 무엇이든 원하는 내용을 제공할 권리가 있고 원하는 내용을 수용할 권리도 있다고 주장한다. 이 체제는 발언이 허용되는 내용을 통제하는 권위주의도, 바람직한 발언만 나오도록 통제하는 가부장주의도 단호히 반대한다. 그러나 이윤을 남기는 발언만 나오도록 하는 상업주의 통제도 반대하는데, 이 역시 독재가 될 수 있다고 보기 때문이다. 새로운 체제의 필요성을 내세우는 모든 주장은 추상적으로 보이며 때로는 설득력도 없어 보인다. 오직 이 제안이 실제로 실행에 옮겨질 때만 현실성이 있다고 느껴지기 때문이다. 어떤 민주주의 체제든 구현하려면 분명 시간이 오래 걸리고 어렵겠지만 민주주의와 양립할 수 있는 문화 체제의 일반적 속성을 규정하는 일이야말로 무엇보다 중요하다. 우리 중 대다수가 이것이야말로 우리가 원하는 부류의 것이라고 합의할 수 있을 때만 그러한 체제 구축이 성공할 가능성이 조금이라도 있기 때문이다.

여기에는 서로 관련된 두 가지 고려 사항이 있다. 바로 전송할 권리와 수용할 권리다. 어떤 민주적 문화이든 다음 사항을 토대로 삼아야 한다. 첫째는 이 권리가 기본권이라는 점이고, 둘째는 어떤 소수파이든 이 권리에 간섭하지 않아야 한다는 것이다. 셋째는 만약 이 권리가 사회의 어떤 다수결에 의해 제한된다면, 이 결정은 오로지 공개적이고 적절한 공적 토론을 거친 후에 이루어져야 한다. 이 토론에는 모든 사람이 자유롭게 참여하고 토론은 공개적인 반박과 검토 대상이 되어야 한다. 전송할 권리에 관해서 이야기하자면, 민주주의의 기본 원칙은 모든 사람이 완전한 사회 구성원이기에 자신이 원하거나 아는 대로 발언할 권리가 있다는 것이다. 민주주의는 모든 구성원의 적극적인 참여와 자유로운 기여에 의존하기 때문에, 이는 개인 권리일 뿐 아니라 사회 욕구이기도 하다. 수용할 권리는 이와 보완 관계에 있는데, 참여와 공통적 논의의 수단이라는 것이다.

이러한 자유를 보장하는 데 필요한 제도는 분명 공공서비스 부류의 것이어야 한다. 그러나 공공서비스 개념이 가부장주의나 심지어 권위주의 체제의 위장막으로 악용되지 않도록 하는 일은 대단히 중요하다. 공공서비스 개념은 공공 독점 개념으로부터 분리되면서 진정한 의미에서 공공서비스로 남아 있어야 한다. 이를 달성하는 유일한 방안은 새로운 종류의 제도를 창설하는 것이다. 적극적 기여자들이 자신의 표현 수단을 통제하는 것이 원칙이 되어야 한다. 제도에 직접 의존하지 않는 기여자의 경우, 이들이 원한다면 삶과 노동 수단이 될 특정한 설비를 보장해야 한다. 제도를 통해서만 작업을 수행할 수 있으면, 다양한 노동자 집단이 스스로 회사를 설립한 후 필요한 설비를 보장받을 기회를 마련해 주어야 한다. 스스로 정부 기관에 의존하지 않거나 직접 의존하지 않는 다양한 중간 조직들도 이러한 보장을 일부 제공받을 수 있다. 그러나 아마 필요한 자원의 더 큰 부분은 공적 자금에서 직접 조달되어야 할 것이다. 공중과 기업의 대표자를 포함하는 매개 기구를 설립해서 사회 전체와 다양한 기업의 욕구를 위해 이 공적 자원을 신탁하도록 할 필요가 있다.

정부가 기여자를 직접 통제하지 않아야 한다. 매개 기구를 설치하고 개인과 기업이 원하는 작업을 위해 특정 자원을 보장받는 계약 체제를 설립하면, 사회의 전반적인 삶이 민주적으로 유지되는 한, 정부 통제가 사실상 불가능하다. 어떤 체제이든 전반적 민주주의가 사라지면 문화 민주주의 역시 사라질 것이다. 그러나 전반적인 민주주의가 존재하는 한 (이 민주주의를 수호하는 데는 적극적인 문화 민주주의가 지속해서 필요하다) 가장 중요한 부분은 다음과 같은 원칙을 분명하게 수용해야 한다는 것이다. 즉 자원은 어디까지나 기여자 자신이 하고 싶어 하는 작업에 활용하는 것을 원칙으로 하고, 자원의 실제 할당에 관한 모든 결정은 공개적 논쟁을 거쳐야 하고 반박과 검토 대상이 된다는 원칙이다. 이 원칙에는 분명히 실행에서 부닥치게 될 두 가지 난점이 있다. 기여자가 통제해야 한다는 주장은, 기여자에게 자유와 작업에 필요한 자원을 제공하는 조치는 사회에 가장 큰 이익이 될 수 있다는 사실에 근거한다. 아무런 기능도 하지 못하는 재무 집단이나 정치적 행정적 분파가 통제를 행사한다면 분명 폐해를 끼치고 말 것이다. 그러나 실제로 통제가 완전히 사라지거나 그렇게 될 가능성이라도 있기나 할까? 즉 자원을 다른 작업이 아니라 특정한 작업에 배당하거나 일반적으로 공익 보호에 필요하다고 생각하는 조치에 의한 통제는 가능하지 않을까?

민주적 문화에서는 첫 번째 위험을 최소화하기 위해서라도 상당한 자원을 배당할 필요가 있을 것이다. 저작물을 자신의 채널에만 제한해서 공개하려는 경향이 발생할 수도 있는데, 이는 아무리 타당해 보인다고 해도 거부할 필요가 있다. 심지어 가장 계몽된 체제에서는 개인이나 집단이 지원받지 못한다고 할지라도 아무런 제재 없이 작업을 해서 가능한 한도 내에서 저작물을 제공할 수 있어야 한다는 사실은 분명하다. 이러한 상황은 언제나 발생할 수 있다. 건전한 문화는 본래 성장에 의존한다. 그러나 일정 시점이 되면, 새로운 부류의 저작물이 더 이상 큰 흥미를 끌지 못할 수도 있다. 그럴 경우, 이들에 대한 지원을 중단하거나 축소해야 한다는 공적 압력이 발생할 수 있다. 이는 조금 더 어려운 문제이다. 이 문제를 어떻게 민주적 방식으로 극복할 수 있을까? 여기에 단순한 해답은 없지만 유일하게 가능한 해답은 다음과 같다. 즉 만일 성장의 채널을 투명하게 유지하는 것이 민주적 문화의 속성이라면 새로운 종류의 저작물을 제공하는 개인이나 집단이 적어도 공정한 기회를 얻도록 할 공적 책무가 존재한다는 것이다. 문제는 객관적 중재자 역할과 같은 것으로 새로운 작업이 자신을 증명하는 데 필요한 시간(흔히 오랜 시간이 될 것이다)을 주는 것이다. 조직이 더 다양해지고 독립적인 기업이 더 많이 존재할수록 이 기회가 더 많이 주어질 가능성이 크다.

두 번째 난점은 심각한 것이다. 지금까지의 증거를 보면 어떤 경우에는 특정한 저작이 사람들에게 해악을 끼칠 가능성이 있기에 제공되어서는 안 된다는 확고한 믿음이 작용하는 것을 이미 목격했다. 그러한 제약이라면 가해야 할 것인가? 이 사례들을 공적 논쟁에 부치고 공적으로 결정하고 계속해서 검토 대상으로 삼는다고 하더라도, 이는 여전히 제약이 아닌가? 결국에는 어떤 형태이든 가부장주의가 필요한 것이 아닌가? 물론 다수결에 의한 결정이라면 사실 가부장주의는 아니다. 그러나 당사자에게는 여전히 그렇게 느껴질 것이다. 여기에도 단순한 해답은 없다. 일반적 이슈이든 그 어떤 특수한 사례이든 지속적인 토론이 필요하다. 이윤의 압력을 제거하고 나면 이처럼 까다로운 부류의 작품은 줄어들 것이라 믿는다. 하지만 그런 작품은 늘 일부는 존재할 것이고, 진지한 작업에 부정적인 다수결의 판정도 발생할 것이다. 이를 방지하는 유일한 방안은 기여자 자신의 추론이나 기여자를 대신해 옹호하는 추론을 포함해, 완전히 공개적인 토론을 활성화하는 것이다. 이렇게 할 때 사람들이 대개 잘못된 선택을 하지 않는다. 하나의 사례가 실패하면 다음에는 성공할 수도 있다. 주장을 주고받는 가운데 이해의 폭도 실제로 성장하기 때문이다.

내가 보기에 기여는 자유롭게 이루어지도록 하고 기여자는 그에 대한 책임을 지도록 하는 방안이 최선이다. 현재 상업 문화에서 흥미로운 상황은 기여자가 자유롭지도, 책임을 지지도 않는다는 점이다. 즉 독립적인 상태였다면 했을 만한 일을 하지도 않고 실제로 한 일에 대한 공적인 비판에 응답하려 하지도 않는다. 민주주의에 내재하는 균형이 달성되려면 수많은 개인 간의 적극적인 과정으로서 행동할 자유와 대답할 자유라는 두 가지 새로운 여건의 조성이 필요하다.

5) 요약

앞서 기술한 네 가지 체제(권위주의, 가부장주의, 상업주의, 민주주의)는 모두 실제로든 현대 영국에서 어느 정도는 작동하고 있다. 어떤 부류의 검열에서는 권위주의의 흔적이 존재한다. 부분적이나마 최초의 민주주의 실험도 이루어지고 있다. 그러나 지난 세대에 전개된 대대적인 투쟁은 가부장주의와 상업주의 체제 사이에서 벌어졌는데, 상업주의 체제가 승리를 거둔 것으로 보인다. 이러한 상황에서는 논쟁을 통제된 체제와 자유로운 체제라는 한정된 대비에 국한하지 말고, 전 범위를 개관한 후 세부적인 비교와 가능성을 탐색하는 것이 중요하다.

제 5 장

정책 제안 *

(proposals)

무엇을 할 수 있을까? 과연 무언가를 해야만 할까? 이 질문에 우리가 스스로 대답해야 한다. 그러나 일부가 아무것도 하지 않는다 하더라도, 상황이 그대로 유지되지는 않는다. 오늘날 영국 사회에서 커뮤니케이션의 확장은 그 어떤 사회적 변화 과정보다도 더 역동적으로 이루어지고 있다. 변화는 어떤 방식으로든 계속될 것이며, 때로는 매우 빠르고 광범위할 수도 있다. 모든 것이 너무 복잡하거나 거대해서 감히 손댈 수 없다고 느껴질지도 모른다. 또는 전반적으로 제법 잘 작동하고 있으므로, 몇 가지 결함이 있더라도 그것들이 너무 깊이 뿌리박혀 있어, 이를 고치려는 시도가 오히려 해악이 될 수 있다고 여겨질 수도 있다. 어떤 경우든 가능한 모든 실천은 서로 다른 동기를 지닌다. 이 영역에서의 그 어떤 행동도 사회 전체의 움직임과 분리되어 있지 않으며, 그 사회 안에는 깊고도 중대한 의견 차이가 존재한다. 만약 우리가 실천에 나서거나 실천을 시도하려 한다면, 우리는 그 이유와 동기를 분명히 밝혀야 한다.

나의 입장은 이미 〈기나긴 혁명〉에서 밝힌 바 있다. 나는 문화 혁명을 산업 혁명이나 민주주의를 위한 투쟁에 비견될 만큼 중요한 인간 해방의 일부로 본다. 나는 이 과정이 지속되기를 바라며, 과거의 어떤 단계로 돌아가고자 하는 욕망은 전혀 없다. 또한 이 거대한 변화의 과정을 어느 한 부분만 분리하거나, 그것 자체를 목적으로 보아서는 안 된다고 믿는다. 그렇게 할 경우 우리는 심각한 모순에 빠지게 된다. 예를 들어 문화적 어려움을 민주주의와 대립시키거나, 문화적·민주적 가치를 산업 혁명과 대립시키는 식이다. 이 전체 과정을 관통하는 핵심 가치는 같다. 그것은 인간이 자신의 삶을 이끌어갈 수 있는 능력과 힘을 키우는 일이다. 민주적 제도를 만들고, 인간 노동에 새로운 에너지원을 도입하며, 이해의 기반이 되는 경험의 표현과 교류를 확장하는 것이다.

각 사회는 이러한 목표를 서로 다른 방식으로 추구할 것이다. 영국에서 우리는 이미 최선의 형태로 이러한 진보에 굳게 결합한 전통에서 출발한다. 여러 세대에 걸쳐 많은 사람의 마음에 자리 잡아 온 목표는, 교육받은 참여 민주주의를 이루는 것이다. 우리는 이를 오직 고도로 발달한 산업사회라는 맥락에서만 실현할 수 있다. 그리고 우리가 건설하는 공동체는 전적으로 새로운 유형의 공동체여야 한다. 여기서 새로운 형태의 커뮤니케이션—텔레비전, 방송, 값싼 책뿐 아니라 더 큰 이동성, 더 많은 여행 기회—은 단순히 고려되어야 할 것이 아니라, 적극적으로 수용되어야 한다. 대규모 조직과 커뮤니케이션의 성장은 인간 문명의 주요한 성취 중 하나이다. 이로 말미암아 실제적인 어려움과 혼란이 발생했지만, 그것을 능가하는 유익함을 가져다주었다. 이 확장은 이제 세계 공동체를 향해 더욱 멀리 나아가야 할 과제가 되었다. 그러므로 우리가 선택하는 모든 실천은 이러한 목표들과 부합해야 한다. 그리고 이 과정을 깊이 이해하기 위해서는, 그것이 장기간에 걸친, 거의 보편적인 역사적 운동의 일부라는 사실을 인식해야 한다. 비록 영국처럼 고도로 발전된 사회라 할지라도, 우리는 여전히 그 운동의 초기 단계에 머물러 있는 것이다.

변화의 압력 속에서 혼란은 극심하다. 이 혼란을 극복하려면 개인의 책임을 더욱 강조해야 한다는 주장이 자주 제기된다. 이는 일정 부분 사실이다. 다만 우리는 책임이라는 개념 자체가 실제로는 끊임없이 변화하고 있다는 점을 인식해야 한다. 실제로 책임의 의미 중 하나는 새로운 상황을 인식하고, 이에 응답하는 능력이다. 그러나 개인적 책임을 강조할 때 종종 암시되는 바는, 공적인 변화를 크게 시도해서는 안 된다는 것이다. 왜냐하면 그러한 변화는 비교적 피상적인 것에 불과하다. 어떤 이들은, 부모가 단지 '스위치를 조절할 자유'를 행사할 수 있기만 한다면, 즉 책임만 진다면, 진정한 힘이 생길 것이라고 주장한다. 그러나 이것이 진지하게 주장된다면, 그것은 현실에 대한 비극적인 과소평가이며, 일상적으로 제기되면 단순한 책임 회피일 뿐이다. 개인의 선택은 실제적이며 필요하다. 우리는 타인을 대신하여 선택할 수 없다. 부모조차도, 그리고 내 생각에 부모는 그런 절대적인 방식으로 자녀를 대신하여 선택해서는 안 된다. 현명한 선택의 무게는 모두가 함께 나눌 수 있는 책임을 확장해야 한다. 문화의 확장이 제공하는 새로운 현실적 기회를 최선으로 활용하고, 실제로 벌어지는 실수를 피하거나 바로잡고자 한다면, 개인적 책임은 공적 책임으로 성장해야 한다. 그리고 이 공적 책임은 전혀 다른, 그리고 본질적으로 급진적인 것이다.

그렇다면 이러한 공적 책임은 어떤 형태를 취할 수 있는가? 첫째, 교육 분야에서는 개인적이고 자율적인 반응과 선택의 능력을 기르는 새로운 방식을 모색할 수 있다. 둘째, 제도 개혁과 입법을 통해, 우리의 문화 조직이 그것이 속한 사회에 실제적인 방식으로 책임을 지도록 만들 수 있다. 셋째, 새로운 사회적 구성 속에서, 제도를 근본적으로 변화시키기 위한 급진적인 개혁안을 제안하고 이에 대한 합의를 하고자 한다. 그렇게 함으로써 제도들이 성장하는 사회의 요구에 부응할 수 있도록 해야 한다.

나는 이 세 분야 각각에서 몇 가지 제안을 제시하고자 한다. 이 모든 제안은 더 많은 논의가 필요하며, 논의를 위한 것으로 제안되는 것이다.

1. 교육 분야 과제

우리는 이미 일정한 방식으로 커뮤니케이션을 가르치고 있으며, 예술에 대한 실습과 감상도 교육하고 있다. 이 가운데 일부는 훌륭한 시도이지만, 일부는 구시대적인 문화와 사회에서 물려받은 가정들에 의해 제약받고 있고, 또 일부는 오히려 해로운 결과를 낳고 있다.

1) 말하기 교육

문화적 사고의 뿌리에는 실제 말하기 경험이 자리하고 있다. 영국에서는 바람직한 말하기 방식에 대한 문제가 혼란스러우며, 이는 여러 분열의 주요 원천이기도 하다. 현대 사회에서 지역별 말하기 양식들이 서로 가까워지고, 극단적인 형태들이 사라지는 것은 피할 수 없는 흐름이다. 문제는, 현대 영어에는 이미 하나의 '올바른' 말하기 방식이 존재한다고 간주하고, 이를 기준으로 모든 방식을 판단하는 태도이다. 소위 '공립학교 영어(public school English)'는 일부에서 고정화하려는 형태로 국가 전체의 공통 말하기 형태가 될 수 없다. 그것은 그러한 말하기가 지닌 사회적 계급의식 때문이기도 하고, 미국식 말하기의 강력한 영향력 때문이기도 하다. 그러나 실제로는 조정된 지역적 말하기 방식 가운데 훌륭한 예들이 등장하고 있으며, 점차 확산하였다. 이러한 방식들은 사람들의 자연스러운 말하기에서 크게 벗어나지 않으면서 방언이 불러일으키는 장벽을 줄이고 있다. 이것이야말로 말하기가 성장하는 자연스러운 길이다. 아직도 많은 학교의 말하기 교육은 여전히 국가 전체에 걸쳐 하나의 '올바른' 말하기 방식이 존재한다는 전제에 기반을 두고 있다. 학생들이 자신의 자연스러운 말하기를 '처음부터 잘못된 것'으로 간주하게 되는 교육을 받고 있다. 매우 깊은 심리적 긴장과 수치심, 반감이 생겨나며, 그 결과 우리는 영국에서 문화를 논의할 때마다 반드시 이 말하기 문제에서 비롯된 감정적 긴장과 편견을 마주하게 된다. 만약 말하기 교육이 사회적 열등감의 표현으로 경험된다면, 문화 내부에 본질적인 분열이 생기고, 그것은 자존감, 가족에 대한 애정, 지역적 소속감 같은 강력한 정서와 얽히게 된다. 이렇다고 해서 말하기 교육을 중단해야 한다는 뜻은 아니다. 그러나 우리가 영국 사회에서 공통된 문화를 만들어가고자 한다면, 말하기 교육은 특정한 '정답'을 모방하는 것이 아니라, 열린 태도로 듣고, 서로의 방식에 귀를 기울이는 사회적 과정이 되어야 한다. 그렇지 않고 사람들과 동떨어진 특정 사회 계층의 말하기를 흉내 내는 방식에 의존한다면, 우리는 결국 '두 개의 언어' 문제에 갇히고 말 것이다. 일반적인 탁월성과 소수 계층의 말하기 습관 사이에 존재하는 자의적인 연관성을 없애는 일이야말로 시급한 과제이다. 이는 단지 다른 곳에도 훌륭한 말하기 방식이 많기 때문만이 아니다. 특정 계층의 말하기 습관을 질적 우수성과 동일시할 경우, 점점 더 많은 사람들이 자의적인 사회적 기준을 바탕으로 열등감을 느끼는 것을 거부하며, 결국 계층 개념과 질적 우수성 개념 모두가 거부될 위험이 있다.

2) 글쓰기 교육

여기서도 우리는 필요한 훈련의 한 형태가 낡은 사고방식에 의해 제약받는 문제에 직면하게 된다. 단지 사람들이 구식의 문체로 글쓰기를 배우고 있다는 데 그치지 않는다. 우리가 교육받는 글쓰기 형식들이 실제로 우리가 연습해야 할 글쓰기와 관련이 없는 경우가 많다는 점이 더 큰 문제이다. 말하기 교육에서도 우리는 흔히 형식적인 토론이나 즉흥적인 3분 스피치 정도에만 제한된다. 하지만 이는 실제 사회생활에서 그렇게 큰 역할을 하지는 않는다. 우리가 실제로 익혀야 할 것은 위원회 토의, 구두보고, 연설에 대한 세부적인 질문과 같은 말하기 방식들이다. 마찬가지로 글쓰기에서도 우리는 단지 에세이만이 아니라, 서면 보고서, 메모, 회의록과 같은 다양한 형식의 글쓰기를 익혀야 한다. 현재 우리가 사용하는 실용적 글쓰기 형태 중 하나는 비즈니스 서신인데, 과거보다는 나아졌다고 하나 여전히 수준이 낮은 경우가 많다. 우리는 다양한 유형의 서신 작성 실습을 정기적으로 수행할 필요가 있다. 예를 들어 지역 신문에 항의 서한을 보내는 일이나, 감사

서한 작성과 같은 실습이 포함될 수 있다. 또한 공식 문서 작성 실습도 필요하다. 이는 단순히 문서들이 불필요하게 어렵기 때문만이 아니라, 일반적인 공공 문서의 사회적 어조가 지나치게 권위적이며, 상업 서신의 경우 지나치게 애매하고 의례적이기 때문이다. 공식적 또는 비즈니스적 상황에서 상호 존중을 기반으로 한 민주적 방식의 글쓰기를 배울 수 있다면 의미 있는 변화가 될 것이다.

3) 창의적 표현 교육

말하기와 글쓰기에서 가장 훌륭한 실천의 많은 부분은 본질적으로 창의적이며, 또 그래야만 한다. 특히 초등학교 교육에서는 시, 이야기, 연극, 조형물, 그림, 모형, 음악, 춤을 직접 만들어보는 경험의 가치를 우리는 익히 배워왔다. 이 가운데 일부는 어떤 기준에서 보더라도 매우 뛰어나며, 대부분은 흥미롭고 의미 있다. 그러나 오늘날 이러한 교육 방식의 가장 큰 한계는 단지 '놀이'의 일환으로 취급된다는 것이다. 그 결과, 일정한 나이가 지나면 이러한 활동은 다른 유치한 것들과 함께 당연히 그만두어도 되는 것으로 여겨진다.

이러한 활동은 우리가 그것을 즐긴다는 점에서 실제로 놀이이기도 하다. 그러나 동시에 이 창의적 활동은 노동이기도 하다. 많은 성인에게 이 활동은 일생을 바치는 작업이 된다. 이러한 활동의 가치를 해롭지 않은 놀이 혹은 치료 정도로 여기는 것은 산업사회의 편견일 뿐이다. 사회의 많은 부분이 이 활동으로부터 시작되며, 교육 전반에서 이 활동들은 그에 합당한 존중을 받아야 한다. 사춘기에 이르러 변화가 시작될 때, 이 활동들의 실천은 계속되어야 하며, '더 현실적' 혹은 '더 실용적인' 일이라는 이름 아래 위계가 매겨져서는 안 된다. 그렇지 않으면 불필요한 퇴색이 일어나고, 모든 주요 예술은 '여가'의 영역으로 밀려나게 된다. 이는 예술과 사회의 분리를 불가피하게 만들며, 그 간극은 현재보다 훨씬 더 깊어질 수 있다. 예술은 주변적이고 전문적인 것으로 인식되며, 사회는 경제와 행정으로만 제한되는 결과를 초래한다. 이러한 교육적 편견을 극복하는 것이야말로 창조적 활동을 실질적인 사회적 경험으로 확장하는 길이며, 예술과 사회의 통합을 위한 필수적 과제이다.

4) 동시대 예술 가르치기

창의적 실천의 올바른 확장은, 동시대 예술의 가장 탁월한 성취물을 직접 경험하고 그것들을 토론하는 데 있다. 여기서 부딪히는 주요한 어려움은, 교육이 몇몇 고전 작가를 소개하는 것으로 제 역할을 다했다고 여기는 태도에 있다. 물론 우리가 물려받은 문화유산에 대해 폭넓게 아는 것은 중요하다. 그러나 그것을 '고전'이라는 하나의 고정된 집합으로 받아들이게 되면, 예술이 다른 영역과 분리된 별개의 것으로 인식될 수 있다. 특히 그것이 시간 속에서 분리된 것—과거에 고정된 것—이라는 인식을 낳을 수 있다. 문화에 대한 논의에서 '박물관'이라는 개념이 자주 등장하며, 때때로 그에 대한 강한 반감이 표출된다는 점은 주목할 만하다. 이는 예술과 문화가 과거의 유물로 고정되는 방식에 대한 직관적 불편함을 반영한다.

문학에서 동시대 작품을 포함하는 것은 고전을 해체하고, 그것을 다시 소설, 시, 희곡으로 재구성하는 유익한 효과를 가져올 수 있다. 특히 살아있는 작가들이 교육 과정에 (지역예술협회(Regional Arts Associations)의 계획을 통해 가능하다) 초대되어 자신의 작품을 읽고 이야기할 수 있을 때 그러하다. 비록 그들의 목소리로 자신의 작품을 낭독한 기록만이라도 얻을 수 있다면, 분위기는 전혀 다르게 변한다. 마찬가지로, 회화를 경험하는 방식이 학교나 대학의 벽에 걸린 정형화된 복제물에 한정될 필요는 없다. 예술가들이 초대를 기꺼이 받아들일 것이다. 지역에서 열리는 회화나 조각 전시회, 혹은 실제로 우리가 사는 도시에서 설계되고 논의되며 세워진 건물 등은 학습을 시작하기에 언제나 적합한 장소다. 이미 음악 분야에서는 작곡가들이 자신의 작품을 연주하고 토론하기 위해 이동하는 데 매우 적극적이라는 것이 입증되었다. 창작 예술가 및 공연가와의 이러한 접촉은, 무엇보다 그들이 전달하는 정신 때문에 중요하다.

또한 이러한 초대에 있어서 지나치게 안전하게 가려는 태도는 지양해야 한다. 우리는 다양한 유형의 창작자와 공연가들을 초대해야 한다. 오늘날 가장 깊은 위험은 (미디어가 조장하고, 교육이 승인하는) 외부적인 분리이다. 이는 예술을 심각하고 학문적이며 오래된 것으로 여기는 부류와 생동감 있고 개인적이며 새로운 것으로 경험되는 부류로 나누는 것이다. 이러한 분리를 고착시키는 것은 전통적 작품을 해치고, 새로운 예술에서 진정한 기준을 세우는 기회를 놓치게 만든다. 이 점에서 재즈나 영화와 같은 새로운 형태는 특히 중요하다. 그러나 학교에서는 훌륭한 동시대 영화 한 편을 상영하고 토론하는 일보다 '고전'의 영화화 작품들을 수백 번이나 더 자주 관람하는 일이 벌어진다. 디킨스나 셰익스피어를 각색한 영화들은 '고전'이라는 사실 때문에 존중받지만, 실제 영화적 완성도는 새로운 작품들보다 떨어진다. 재즈와 같은 훌륭한 새로운 작품들은 교육 당국이 열등하고, 하찮으며, 심지어 위험하다고 간주하여 배제하는 저급한 작품들과 우리의 인식 속에서 뒤섞여 버린다. 이로 인한 분노와 혼란은 결코 충분히 인식되지 못했다. 어떤 진정한 움직임과 이해를 위한 유일한 방법은 자신의 작품을 통해 실제 기준을 지니고 있으며, 그 품질과 흥분을 전달할 수 있는 사람들을 교육 현장에 초대하는 것이다.

5) 제도들을 가르치기

오늘날 커뮤니케이션 제도들은 너무나 중요한 위치를 차지하고 있기 때문에 단순히 예술 교육만으로는 더 이상 충분하지 않다. 이제 우리의 교육은 반드시 이러한 제도들의 구체적인 형식들과 그것들의 기본적인 작동 방식에 대한 일정한 형태의 입문을 포함해야 한다. 이러한 교육은 단순히 미적 판단 능력을 기르는 데 그쳐서는 안 되며, 사람들이 실제로 경험하는 커뮤니케이션의 방식들—신문과 잡지, 영화와 텔레비전, 라디오와 방송—에 대한 실질적인 이해로 이어져야 한다. 이 제도들은 단순히 예술의 매개 수단이 아니며, 많은 사람에게는 거의 일상 경험의 일부로서 작용한다. 이 제도들의 실제 작동 방식, 그리고 그것들이 종종 하나의 완성된 생산물처럼 보이게 되는 방식을 이해하는 것이 필수적이다. 나 자신도 텔레비전과 라디오 제작, 그리고 출판의 과정 일부를 직접 경험해 본 이후로 그 결과물에 대해 전혀 다른 시각을 갖게 되었다. 그것은 일종의 순진함의 상실이었지만, 동시에 여러 측면에서 존중의 증대이기도 했다. 나는 더 비판적으로, 더 이성적으로 바라보게 되었고, 그만큼 더 많이 알게 되었기 때문이다. 만약 우리가 커뮤니케이션 체계가 우리 사회 전체에 속한 것임을 인정할 수 있다면—그것이 단지 '그들'이 우리를 위해 설정한 것이 아니라는 점을 받아들일 수 있다면—우리는 그것의 작동 방식에 대한 이해를 길러야 한다.

신문, 잡지, 서적, 라디오 토론 프로그램, 텔레비전 연극, 영화, 무용, 오페라 등의 실제 제작 과정을 따라가는 것은 흥미롭고, 교육적인 경험이 된다. 현대의 다양한 자원을 잘 활용하면 학습 기회를 확대할 수 있다. 여기서 유일하게 피해야 할 위험은 이 모든 활동이 지나치게 미화된 '홍보(public relations)' 방식으로 전달되는 것이다. 오늘날 이러한 방식이 너무도 자주 사용되고 있다. 만약 이 교육이 가치 있는 것이 되려면, 홍보가 아닌 교육의 방법론에 기반해야 하며, 특히 오늘날 문화적 기관들이 이러한 과도한 홍보의 영향으로 인해 내부적으로도 심각한 긴장을 겪고 있다는 사실을 고려해야 한다. (부록 A 참고)

6) 토론 교육

교육은 모든 문화적 작업에 대해 비판적이어야 한다는 것은 흔히 제기되는 첫 번째 주장이다. 경계심은 분명 필수적이지만, 우리가 그것을 너무

협소하게 해석하여 실제적 피해가 발생하기도 했다. 교육이 '비판'과 연관되고, 비교육적 세계는 실천과 연관되는 식의 구분은 전적으로 잘못된 것이다. 개인의 실천, 예술에 대한 직접적 경험, 제도들의 이해는 반드시 우선되어야 한다. 그리고 이러한 교육의 모든 형태에 있어서, 그 비판은 반드시 한 부분으로서 함께 발전되어야 한다. 비판은 언제나 제한될 수밖에 없으며 해로울 수도 있기 때문이다—만약 그것이 실천으로부터 진정으로 분리되어 있다면 말이다. 우리는 보통 충분히 반응적이지 못하다. 우리는 지루하고 무기력한 '감상(appreciation)'을 대체물로 삼고는, 그것을 오래도록 믿을 수 있는 것으로 여긴다. 그러나 다른 모든 작업에 대해 가르치거나 논평할 때는, 우리는 너무 자신만만하고 너무 공격적이어서, 우리가 모두 같은 사람들이라는 사실을 믿기 어려워진다. '극장과 텔레비전에 나오는 온갖 잡동사니'라는 말은 흔히 〈엘리아 수필집(Essays of Elia)〉의 매력에 대한 상투적인 논평과 함께 제시되지만, 누구에게도 아무런 도움이 되지 않는다.

우리의 진정한 목적은 모든 문화적 작업을 하나의 담론 세계 안으로 끌어들이는 것이다. 즉, 〈엘리아 수필집(Essays of Elia)〉과 텔레비전에서 만들어진 연예인 사이의 연결을 인식하고, 〈로드 짐(Lord Jim)〉과 〈캡틴 콘도르(Captain Condor)〉 사이의 가치 차이를 식별할 수 있는 능력을 기르는 것이다.[34] 우리는 자신의 판단에 자신을 갖는 법을 배워야 하며, 이는 개방성과 유연성이라는 어떤 태도에 달려 있다. 이러한 태도는 처음부터 갖추어져야 하며, 흔히 '비판'이라고 불리는 방식은 이에 별로 도움이 되지 않는다. 진정한 교육은 판단이 어떻게 형성되는지를, 그것을 공유하고 재검토할 수 있는 사람들 사이에서 나누는 데 있다. 우리는 어떤 판단에 동의하지 않을 수도 있다는 사실을 당연하게 받아들일 수 있어야 한다. 그러나 그런 논쟁이 지속될 때, 우리는 비로소 진정한 문화적 논의가 무엇인지 배워나가게 된다.

우리 대부분은 우리가 접하는 문화 작업의 양에 압도되어 판단을 내리는 데 도움이 필요하다. 교육은 좋은 작품만을 다루는 것이 아니라 나쁜 작품도 함께 다룰 준비가 되어 있어야 한다. 과거의 원칙은 이러했다—좋은 것을 알면 나쁜 것도 구별할 수 있다. 이 원칙은 오늘날에도 여전히 유효하다. 우리가 좋은 것을 얼마나 잘 알고, 그것이 왜 좋은지를 깊이 이해하며, 반응하는지가, 나쁜 것을 정확히 식별할 수 있는가와 직결되기 때문이다.

나는 우리가 교육 이후의 삶에서 모두 속하게 되는 일상적 커뮤니케이션의 세계를 등한시하고 있다고 확신한다. 그러나 이 세계는, 교육이 우리를 준비시키려는 전체 사회적 과정과 깊이 연결되어 있다. 일상적 세계를 포함하는 방법은 아주 많다.

① 전국 일간지들의 범위를 정기적으로 비교해 읽기. 주요 기사 제목들을 살펴보고, 특정 기사에 대해 자세히 비교 분석한다.
② 만화의 범위 토론. 특정 유형의 이야기와 그림을 자세히 살펴보고, 책 속의 관련 이야기나 학생들이 쓴 유사 주제의 이야기 또는 수필과 비교한다. 예를 들어, 학교에 관한 만화 이야기를 전통적인 학교 이야기 중 하나 또는 두 개, 또는 짐 스타링 Jim Starling과 같은 동시대 이야기, 혹은 방과 후 학교 이야기를 담은 학생 작품과 비교할 수 있다. 이를 안내하는 자료로 조지 오웰의 <소년 주간지에 대하여 Boys' Weeklies> 같은 수필이 읽히고 토론될 수 있다. 또는 만화에서 흔히 등장하는 '반항아' 이야기들을 <허클베리 핀>과 연관시켜 논의할 수도 있다.
③ 특정 상품에 대한 광고 논의. 같은 상품에 대한 <위치(Which?)>의 소비자 보고서와 함께 다루며, 해당 상품을 실제로 사용해 본 뒤 학생들이 자신만의 보고서를 작성할 수 있도록 한다.
④ 여성 및 십대 잡지에 실린 특정 이야기들을 논의. 이후에는 이러한 이야기들을 내포된 가치 측면에서, 그리고 동일 잡지에 실린 독자 상담 답변과 비교하여 분석한다.
⑤ 특정 직업 유형에 대한 '사회적 이미지'에 관한 비교 연구. 예컨대, 만화나 공상과학 소설, 다큐멘터리에서 등장하는 '과학자'나 '교수'의 이미지와 실제 과학자들이 등장하는 텔레비전 프로그램의 이미지를 비교한다. 이와 관련된 자료를 제공하는 다른 직업으로

는 경찰과 탐정(만화 및 범죄영화, 다큐멘터리 전반), 의사와 간호사, 교사, 예술가 등이 있다. 범죄자의 다양한 이미지도 여러 커뮤니케이션 자료(영화, TV 프로그램, 인터뷰, 신문 기사 등)에서 비교할 수 있다. 노동조합 활동가의 사회적 이미지 역시, 영화, TV, 인터뷰, 신문 보도 등을 통해 특정 파업이나 분쟁을 중심으로 비교 분석할 수 있다.

⑥ 현대 건축 및 도시 설계 유형에 대한 시각적 비교 연구. 계획된 지역과 무계획적으로 재개발된 지역의 '재개발 전후' 외양을 비교한다.

⑦ 유사한 텔레비전 프로그램에 대한 정기적인 토론.

⑧ 현재 상영 중인 영화에 대한 비평문을 작성하고, 이를 출판된 영화평, 홍보 자료, 방송된 영화 리뷰 녹음 등과 비교 분석한다.

나는 이러한 방향에 따라, 성인 및 청년 노동자 그룹과 함께 작업을 수행해 보았다. 특히 젊은 노동자들의 경우 작업이 시작된 이후 새로운 학습 형태에 대한 요구가 많다는 점이 인상적이었다. 이러한 유형의 교육 프로그램은 새로운 주제를 계속해서 다룰 수 있도록 유연해야 한다.

두 가지 점은 특별히 강조되어야 한다. 첫째, 이러한 어려운 작업을 교사에게 요구하면서, 동시에 이에 대한 훈련을 제공하지 않는 것은 부당하다. 커뮤니케이션 교육은 이제 대학 교육의 정규 부분이 되어야 할 만큼 충분히 중요해졌다. 흩어져 있는 좋은 자료와 실험들은 활용 가치가 높지만 이들을 교육 훈련과 연계하여 조직화할 필요가 있다. 이와 관련하여 두 유형의 조직이 시급히 요구된다. 하나는 기존 자료의 목록을 제공하고, 새로운 자료를 수집하고 준비할 수 있는 직원을 갖춘 커뮤니케이션 센터이다. 특히 비용이 많이 드는 시청각 자료 분야에서 중요하다. 또 하나는 대학 수준의 커뮤니케이션 연구소로 장기적 연구와 분석을 담당할 수 있는 기관이다(버밍엄 대학의 현대문화연구센터는 이러한 연구소의 선구적 사례다). 이러한 기관들이 생겨나면 교사와 대학 간의 연계는 쉽게 이루어질 수 있다. 한편, 이러한 작업을 기꺼이 수행하려는 교사들에게 훈련과 초기 단계에서 필요한 지원을 제공하는 일은 교육 당국의 책임이다. 그리고 일부 당국이 이 역할을 맡을 의지를 보인 점은 고무적이다.

둘째, 이러한 작업을 기존 교육 과정에 포함하는 일이 시간상의 부담을 초래할 수 있다는 점은 분명하다. 그러나 우리는 다음과 같은 질문을 스스로에게 던져야 한다. 오늘날 커뮤니케이션이 사회에서 차지하는 중요성과, 그것이 교육과 맺고 있는—비록 때로는 간접적인 방식일지라도—관계를 고려할 때, 우리가 던져야 할 진정한 질문은 그것을 포함할 여유가 있는가가 아니라, 그것을 포함하지 않을 여유가 우리에게 있는가이다. 이러한 작업은 모든 교육 단계에서 이루어질 수 있지만, 아마도 특히 중요한 시기는 청소년기, 특히 학교를 떠나는 시점일 것이다. 바로 이 시기에 학교의 가치와 성인 세계의 가치가 가장 뚜렷하게 충돌하기 때문이다. 그러나 이 작업이 학교에만 국한되어야 할 필요는 없다. 이는 기술학교의 교양 교육 과정이나 견습 교육의 핵심 일부가 되어야 하며, 청소년 복지 서비스가 제공하는 비공식 교육에서도 중요한 역할을 해야 한다. 이 작업은 정규 교육 과정의 일부가 되어야 하며(실제로 성인 교육에서는 그 중요성이 점점 커지고 있다), 더 나아가 그 일부는 대중 커뮤니케이션 서비스 자체를 통해 이루어질 수도 있다는 점을 잊지 말아야 한다. 즉, 일반 프로그램과 현재 확대되고 있는 교육 프로그램으로 실현될 수 있다는 뜻이다. 이것이 특히 중요한 이유는, 텔레비전이나 라디오 같은 매체에서는 이러한 작업이 효과적으로 수행될 수 있을 뿐 아니라(물론 일부는 소규모 수업 형태를 필요로 하지만), 우리가 흔히 커뮤니케이션 체계와 교육을 서로 대립하는 것으로 잘못 인식하기 쉽기 때문이다. 물론 비판할 부분도 많지만, 동시에 분명히 인정하고 격려해야 할 요소들도 존재한다. 실제로 많은 제작자들은 이런 종류의 작업을 교육의 일부로 수행하기를 열망하고 있다. 왜냐하면 그들은 자신들의 의미 있는 제작 활동이, 정보에 기반하고 편견 없이 비판적으로 사고하는 대중의 존재에 얼마나 의존하는지를 잘 알고 있기 때문이다. 이처럼 커뮤니케이션의 확장이 중요한 국면을 맞이한 오늘, 책임 있는 커뮤니케이션 종사자들이 교육 서비스와 가능한 한 긴밀히 협력하는 것은 매우 중요하다. 그리고 교사와 교육 행정가들—그들 중 다수는 새로운 커뮤니케이션 형태에 대해 일정한 편견을 갖고 있기도 하지만—역시 이러한 협력에 진지하고 성실하게 응답할 필요가 있다.

2. 제도의 개선

우리는 모든 것을 교육이나 책임 있는 제작자들에게만 맡겨둘 수 없다. 비록 우리가 커뮤니케이션 제도의 근본적 개혁을 단행할 준비가 되어 있지 않지만, 기존의 사회적 조건 속에서도 개선 방안들은 존재한다. 사람들은 우리가 자유로우면서도 동시에 책임 있는 제도를 원한다는 데 대체로 동의할 것이다. 자유와 책임 사이의 균형은 달성하기 어려운 과제이지만, 사회생활의 여러 영역, 그리고 커뮤니케이션의 영역에서도, 이 균형을 보장하는 조치에 대해 일정한 합의를 하였다. 지금 제안되는 방안들 또한 이러한 전통을 계승한다.

자유와 책임 사이의 균형을 보장하는 하나의 명백한 방법은 가능한 한 많은 사람들이 응답하고 비판할 수 있는 자유를 갖도록 하는 것이다. 이때 책임은 단지 타인에게 요구되는 조건이 아니라, 우리가 스스로 수행하는 행위가 된다. 즉, 반론할 권리, 비판하고 비교할 권리, 그리고 대안을 유통할 권리를 행사함으로써 우리는 책임을 실천하게 되는 것이다. 이러한 권리들은 원칙적으로 우리 사회에 존재한다. 그러나 커뮤니케이션 제도의 많은 부분은 그 규모와 영향력이 지나치게 크기 때문에, 마치 하나의 독립된 제국처럼 작동할 수 있다. 개인이나 단체가 이를 비판할 자유는 있지만, 이러한 비판은 종종 고립되거나 대표성이 없거나, 혹은 무책임하다는 이유로 무시되기 쉽다(실제로 정보 부족으로 인해 그것이 부정확한 비판일 경우도 있다).

핵심적인 질문은, 자유롭고 책임 있는 논평과 비판을 어떻게 보장할 수 있을지, 그리고 다양한 작업물들이 폭넓게 유통될 수 있도록 어떻게 할 수 있을지에 있다.

1) 신문

신문 산업의 지속적인 경제 위기는 단기적 변화나 즉각적인 개선을 위한 정책적 대응을 불가피하게 만들었다. 1974년 6월에 왕립 언론위원회가 설립되어 현재까지 활동을 이어오고 있으나, 정책 수준에서는 여전히 미흡한 실정이다. 다양한 제안들이 쏟아졌지만, 정치권은 오히려 극도의 무관심으로 일관하였다. 그러나 상황이 너무도 시급하여 정치권도 이 문제를 외면할 수 없을 것이다. 위기의 원인에 대한 일반적인 설명은 다음과 같다. 신문사는 인력이 과잉 상태이며, 노조는 필수적인 기술 변화에 저항하고 있다. 이러한 문제들만 해결된다면, 신문 산업은 인력을 감축하고 수익성 있는 구조로 전환할 수 있다는 주장이 제기된다. 이는 해고와 실업을 수반하면서, 소수의 표준화된 콘텐츠만을 제공하는 자본주의적 '합리화' 논리이다. 그러나 이러한 방향은 언론의 다양성과 서비스의 폭을 축소하기 때문에 강력히 저항해야 한다. 기술 변화는 피할 수 없는 흐름이며, 또한 경쟁이 격화된 상황에서 노조들이 방어적이고 보수적인 태도를 지닌 것도 사실이다. 언젠가는 새로운 고용 조건과 노동 방식이 등장할 것이다. 그러나 언론은 단순한 산업이 아니다. 산업처럼 단순히 '합리화'의 대상이 될 수 없으며, 그 정치적 역할은 이미 지나치게 축소되어 있다. 이러한 배경에서 지금까지 다양한 방식의 개입이 제안되었다. 예컨대, 신문 용지 가격 통제, 다양한 신문의 존속을 위한 용지세 도입, 광고 수익에 대한 선택적 과세, 광고와 편집 콘텐츠 간 비율 규제, 소규모 신문에 대한 보조금 지원, 스웨덴식 정치적 다양성을 위한 지원금 제도와 국립 인쇄공사 설립 등이다. 이러한 제안들은 신중하게 검토되어야 하며, 적어도 하나 이상의 방안은 이 긴급한 상황에서 즉각적으로 실현되어야 한다. 왕립 언론위원회의 분석 결과가 나올 무렵이면, 상황은 이미 심각해져 있을 수 있다. 그 분석 결과는 오히려 구조 조정을 권고하는 방향으로 나타날 가능성도 있다. 따라서 지금 필요한 것은 언론 현장에서 실제로 일하고 있는 기자와 제작 노동자, 그리고 그들의 조직을 중심으로 구성되는 개입 기구이다. 비상 대응 조직이 필요할 수 있다. 이러한 개입은 정부의 언론 통제를 정당화하려는 선전 논리에 맞서기 위한 핵심적인 대응이며, 단순한 개입이 아니라 사회적으로 필수적인 서비스를 보호하기 위한 공적 조치로 이해되어야 한다. 언론은 소유주가 포기하더라도, 그것을 실제로 만들어내는 사람들이 유지하고 재편할 수 있어야 한다. 긴급한 상황에서는 즉각적인 보조금 지급도 가능하겠지만, 그것은 단지 첫 걸음에 불과하다. 공공의 조직된 지지 없이 이러한 대응은 지속될 수 없다.

2) 언론 평의회

1947-1949년 왕립 언론위원회(Royal Commission on the Press) 보고서는 언론이 나아가는 방향을 고려하고, 언론의 진실성과 공공에 대한 책임감을 촉진하기 위해 언론 평의회(Press Council)의 창설을 권고하였다. 보고서는 위원 수를 최소 25명으로 하고, 그중 5명(전임 의장 포함)은 언론계 외부 인사, 8명은 소유주 대표, 4명은 편집자 대표, 그리고 8명은 기타 언론인 대표로 구성할 것을 제안하였다. 그러나 위원 15명 중 2명은 언론 평의회에 언론계 외부 인사가 포함되어서는 안 된다는 소수 의견을 제시하였다. 실제 설립된 언론 평의회는 이러한 소수 의견을 반영하여 총 25명의 위원 중 15명은 편집 관련 인사(8명은 편집자 단체에서 선출, 7명은 기자 단체에서 선출), 10명은 경영진 대표(소유주 단체에서 선출)로 구성되었다. 이후 1963년, 추가적인 왕립 위원회의 조사 결과, 평의회는 개편되어 위원의 20%를 언론계 외부 인사로 포함하고, 독립적인 의장을 두도록 변경되었다. 평의회는 분기별로 비공개 회의를 개최하지만, 일반업무위원회(General Purposes Committee)는 최소 월

1회 회의를 연다. 또한, 평의회는 특별 성명과 연례 보고서를 발행한다. 누구든 신문에 대한 불만을 평의회에 제기할 수 있으나, 평의회는 직접적으로 관련이 없는 제삼자가 제기한 불만을 반드시 검토할 의무는 없다. 그러나 실제로는 평의회가 그러한 불만도 검토한 사례가 있다. 접수된 불만은 해당 편집자에게 전달되며, 이 단계에서 해결되기도 한다. 그렇지 않을 경우, 평의회는 이를 일반업무위원회를 통해 검토한다. 평의회는 참고인을 초청할 수 있으나 출석을 강제할 수는 없으며, 보고서와 권고안을 발표하지만, 이를 강제할 권한은 없다. 일부 편집자는 권고를 따랐으나, 그렇지 않은 경우도 존재한다.

언론 평의회는 현재의 역할 내에서 많은 성과를 거두었다. 평의회는 철저한 조사와 보고서를 통해 언론에 대한 모든 불만이 반드시 정당하거나 정확한 것은 아님을 상기시켰다. 그러나 여러 측면에서 평의회는 권한도, 영향력도 제한적이다. (특히 신문과 잡지의 폐간 문제는 언론 자유에 대한 심각한 위협 중 하나임에도 불구하고), 평의회는 아무런 권한도 가지지 못하고 있다. 또한, 개별 불만 사항을 다루는 과정에서도 그 권위는 의심받을 수 있다. 예를 들어, 제5차 보고서에서 언급된 머거리지 사건[35](Muggeridge case, 5th report, pp. 27-28)의 경우, 피신고 편집자가 평의회 심의 위원으로 참여한 사례가 있었다. 그러나 이 경우 어떠한 절차가 적용되는지는 명확히 규정되지 않았다.

1961년, 필자는 세 가지 개혁안을 긴급히 고려할 필요가 있다고 주장하였다.

① 언론 평의회 구성에 대해 다수 의견이 제안한 바와 같이 언론계 외부 인사를 포함하고, 독립적인 의장을 두는 방식으로 개편해야 한다. 왕립 위원회는 이러한 조치가 평의회의 권위를 높이고, 공공의 신뢰를 증진할 것이라고 주장하였으며, 이는 여전히 반박할 수 없는 논리적 주장이다. 언론계의 직접적인 대표성이 여전히 유지되기 때문에, 언론이 외부 기관에 의해 통제될 위험은 존재하지 않는다. 오히려, 사회 전체의 정당한 이해관계가 독립적으로 반영될

수 있다는 점에서 의미가 있다.

② 현재의 체계에서는 평의회가 특정 기사의 오류를 확인하더라도, 해당 언론사가 이를 정정할 의무가 없다. 이러한 상황은 매우 불만족스럽다. 이미 공개적으로 입증된 사실의 오류를 바로잡도록 요구하는 최소한의 의무조차 언론의 자유를 침해한다고 주장하는 것은 설득력이 떨어진다. 따라서 평의회는 모든 언론사 소유주와 편집자에게 이러한 정정 의무를 이행할 것을 공개적으로 요청하고, 이에 대한 동의 여부를 공표하는 방식으로 문제를 해결할 필요가 있다.

③ 언론 자유에 대한 심각한 위협 중 하나는 신문과 잡지가 사전 예고 없이, 심지어 하룻밤 사이에 폐간될 수 있다는 점이다. 모든 폐간 결정은 사전에 언론 평의회에 통보되어야 하며, 평의회는 관련 사실을 조사하고, 이해관계자(특히 생계에 영향을 받는 직원 포함)의 증언을 청취하며, 결과를 공표하는 역할을 맡아야 한다. 물론 현실적인 어려움이 존재하지만, 언론 자유를 중시한다고 주장하면서도 신속한 공적 조사를 회피하는 것은 비논리적이다.

1961년 이후, 위의 개혁안 중 일부는 실시되었다. 새롭게 개편된 언론 평의회는 권위 있는 기구로 자리 잡았다. 또한, 평의회는 대중에게 더 잘 알려지게 되었으며, 불만 제기 창구로서의 역할이 강화되었다. 따라서, 두 번째 개혁안(편집자의 정정 의무 부과)은 점진적으로 실현되고 있는 것으로 보이나, 여전히 지속적인 감시와 개혁이 필요하다. 반면, 언론사의 소유권 변화 및 독점 문제는 여전히 해결되지 않은 상태이다. 1962년 왕립 위원회는 언론 합병 법원(Press Amalgamation Court)을 제안했으나, 1965년 독점 및 합병법(Monopolies and Mergers Act)은 신문 소유권 문제를 법원이 아닌 독점위원회 산하의 특별 패널이 조사하도록 규정하였다. 새롭게 개편된 언론 평의회는 소유권 및 경영권 변화에 대한 공개 보고서를 발행할 계획이다. 정부의 광고비 지출이 언론 수익에 상당한 영향을 미치는 문제에 대한 논의가 필요하다. 특정 정부 광고(군 모집 광고 등)는 논란의 여지가 있으며, 일부 언론은 정부 광고에서 배제된 것에 대한 불만을 제기하였다. 이에 정부 광고비 지출 구조에 대한 공적 조사를 통해 자금이 언론 독점을 완화하는 방향으로 활용될 가능성을 논의해야 한다. 궁극적으로, 언론 평의회의 개혁과 언론 자유 보장을 위한 논의는 공개적이고 심층적인 형태로 지속될 필요가 있다.

3) 정부 광고

이제 한 가지 중요한 문제를 짚을 필요가 있다. 바로 정부 정책이 이미 언론에 직접적으로 영향을 미치고 있는 영역, 정부 광고다. 각 부처와 공공기관들이 광고에 지출하는 예산은 이미 언론 수익의 중요한 부분이 되었으며 지속적으로 증가하고 있다. 이 가운데 일부 광고는 본질적으로 문제가 있다. 예컨대 군대 모집 광고는 충격적인 전쟁 이미지로 가득하고, 에너지 및 연료 관련 광고는 상업적 논리만 따르며 사회적, 경제적 의미는 없다. 물론 우체국, 도로 안전과 같은 공익 캠페인 같은 유익한 광고도 있다. 현재 이 광고 예산은 세금으로 지출되지만, 배분 방식은 일반적인 상업 광고와 다르지 않다. 예컨대 〈모닝 스타(Morning Star)〉 같은 신문은 광고 배정에서 소외되며 이에 정당하게 항의하고 있다.

신문	정부 신문 광고 지출 (1965-1966, 파운드)	신문	정부 신문 광고 지출 (1965-1966, 파운드)
익스프레스	314,892	타임스	54,993
메일	135,002	뉴스 오브 더 월드	142,007
미러	391,495	옵저버	104,798
스케치	309,933	피플	182,331
텔레그래프	209,347	일요 시티즌	3,599
파이낸셜 타임즈	95,511	일요 익스프레스	199,332
가디언	96,505	일요 미러	86,715
모닝 스타	—	일요 타임스	198,589
선	43,973		

18세기와 19세기 초에는 정부 광고가 정치적 목적에 따라 선별적으로 배포되었다. 오늘날에도 여전히 그런 경향이 남아 있으며, 지금은 상업 논리가 지배적이다. 그러나 현재의 사회 구조를 고려할 때, 정부 광고는 단순한 상업 논리를 넘어서야 한다. 나는 지금이야말로 정부와 공공 기관 광고 전체에 대한 공적 조사가 이루어져야 할 때라고 본다. 이 조사를 통해 정부 자금이 언론 구조에 어떤 영향을 미치는지—특히 이 자금이 집중화된 언론 소유를 어떻게 강화하는지— 논의해야 한다. 개혁을 지향하는 정부라면, 이 공적 자금의 흐름을 재검토해야 할 것이다. 사회 정책 차원에서, 이 자금은 현재 언론 소유 집중화와 통제 심화에 맞서는 방식으로 재조정되어야 마땅하다. 이 사안은 논쟁의 여지가 많지만, 이제는 공적 공간에서 공개적으로 논의되어야 한다.

4) 도서와 잡지

전쟁 이후 처음으로, 영국 사회는 다양한 종류의 값싸고 질 좋은 책들을 접할 수 있게 되었다. 이는 문화사에서 가장 중요한 사건 중 하나라고 할 수 있다. 예전 같았으면 극소수 사람들만 접할 수 있었던 책들이, 이제는 쉽고 저렴하게 그리고 광범위하게 배포되고 있다. 실제로 이 변화는 훨씬 더 많은 대중에게 책을 다가갈 수 있게 했다. 기존에는 '소수의 독자층만 존재한다'는 전제를 깔고 있었지만, 지금은 그 전제가 무너졌다.

페이퍼 백과 저렴한 교육용 서적을 포함한 다양한 형태의 책들이 확산하면서, 새로운 문제들이 생겨났다. 새로운 유형의 자본가가 출판업에 진입하고 있으며, 이는 높은 이윤 가능성에 이끌린 결과다. 여기에 투입되는 자본의 규모는 점점 커지고 있고, 그에 따라 출판사 간의 통합이 빈번하게 일어나며, 독립 출판사들이 사라지고 있다. 표면적으로는 독립 출판사처럼 보이는 이름들도 실제로는 대형 출판 그룹 산하의 여러 부서를 가리키는 상표일 뿐이다. 이러한 소유권 집중 현상으로 인해 글쓰기의 자유와 다양성을 위협하고 있다. 출판되어야 할 내용을 결정하는 사람들의 수가 줄어들고 있다. 더욱이 갈수록 치열해지는 경쟁 시장에서 성공하기 위해서는, 빠르고 확실한 수익을 기대할 수 있는 책에 집중해야 한다는 새로운 압박이 생겨났다. 가장 양질의 출판사조차도 저급한 출판물과 경쟁해야 하는 처지에 놓였고, 공적 지원은 거의 받지 못하고 있다.

우리는 독립 출판사의 다양한 생태계를 반드시 유지해야 하며, 지금이 바로 그 전환점이다. 첫걸음으로, 출판사, 서점주, 저자를 대표하는 도서위원회(Books Council)를 구성할 필요가 있다. 이 위원회는 기존의 사실을 수집하고 공표하며, 모든 주요 변화에 대해 보고할 것이다. 또한 유통 시스템 전반을 검토할 것인데, 이는 핵심적인 문제다.

영국의 대부분 도시에는 적절한 독립 서점이 존재하지 않는다. 책과 잡지의 유통은 소수의 중심지를 제외하고는 대형 체인점에 의해 좌우된다. 이들 체인점은 단순히 '판매량'만을 기준으로 책을 취급한다. 일정 판매량 이하로 예상되는 책은 관심이 없고 진열조차 하지 않는다. 도덕적 이유를 내세워 특정 출판물을 아예 취급하지 않기도 한다. (이런 기준은 일반 소비자들이 계산대 앞에 섰을 때는 드러나지 않는다.) 성공할 가능성이 있는 책이나 잡지가 존재하더라도 만약 공정한 조건에서 유통되지 않는다면 소비자에게는 도달하지 못하는 경우가 많다. 페이퍼백 시장에서 다양한 책이 유통되고 있음에도 불구하고, 여전히 '빨리 팔릴 책'에 대한 압박은 크다. 즉시 판매 가능한 책이 우선시되고, 재고 부담을 줄이기 위해 다양한 책은 배제된다. 이러한 경향이 지속된다면, 저렴한 책의 등장이 가진 진정한 기회는 무산될 것이다.

문학과 여론 분야에서 새로운 글쓰기의 많은 부분은 독립적인 평론지나 '소형 잡지'에서 처음 등장한다. 우리는 다양한 유형의 좋은 잡지들을 다수 보유하고 있지만, 대형 체인점 유통망과의 연결성은 극히 낮다. 실제로 이런 잡지들이 대중에게 도달할 수 있는지를 시험하기 전까지는 알 수 없다. 또한 그런 시도도 체인점 소유자들이 결정권을 쥐고 있다.

나는 단순히 사실을 검토하는 것을 넘어서, 도서 위원회가 더 큰 권한과 자본 보조금을 갖고 실질적으로 작동해야 한다고 생각한다. 체인점이 서비스를 제공하고 있는 수많은 지역에 독립 서점을 설립할 수 있어야 하며, 책과 잡지를 다루는 이들이라면 누구나 알듯이, 진짜 서점과 일반 체인 서점 간의 차이는 분명하다. 어떤 지역에 적절한 서점이 없다면, 위원회는 자체적으로 서점을 설립하거나, 공공 도서관이 독서 보조 기구로서 서점을 설립할 수 있도록 도울 수도 있다. 이는 대중 독서 운동의 확대와 맞물리며 점점 더 타당성을 갖는 조치다. 물론 체인점은 이러한 움직임에 반발할 것이며, 심지어 정책을 일부 수정할 가능성도 있다. 하지만 우리가 책과 잡지에 대한 자유로운 접근을 소중하게 여긴다면, 그러한 반발을 두려워해서는 안 된다. 현재의 경제적 압박 속에서 제시되는 대안은 점점 더 기계화되고 비인간적인 시스템뿐이다. 이 체계는 대형 출판사가 빠르게 팔릴 특정 아이템만을 선별하여 대형 유통업체에 공급하는 방식이다.

소수의 작업이 소규모 독립 채널에만 제한되는 상황이다. 이런 현실에서 책을 단순한 소비재 그 이상으로 여기는 사람이라면, 이러한 발전 양상 앞에서 침묵하거나 무관심할 수는 없을 것이다. 그러나 이것은 단지 저항의 필요성만을 의미하지 않는다. 우리는 다르게 작동하는 대안 조직, 즉 수많은 출판인, 서점주, 작가들을 결속시키는 긍정적인 성격의 조직이 필요하다. 이들은 이미 현재의 위험을 인식하고 있으며, 지금의 확장 기회가 남용되지 않고 제대로 실현되어야 한다고 보는 사람들이다.

우리는 또한 이러한 변화와 책 출판의 전반적 확장이 작가에게 끼치는 역설적인 영향을 주목해야 한다. 지금의 글쓰기 경제는 너무도 기형적으로 발전해, 부차적 활동—예를 들어, 강의, 교육, 편집, 방송 등—이 대부분의 책 집필보다 훨씬 더 나은 보상을 받는다. 그래서 냉소적인 사람들은 오히려 사람들이 책을 쓰는 이유가 다른 분야로 나아가기 위한 수단이라고 생각할지도 모른다. 가끔 매체를 통해 대서특필된 몇몇 재정적 성공 사례가 이런 현실을 가린다. 하지만 대부분의 작가에게 글쓰기는 착취적인 노동(sweated labour)에 가깝다. 이로 인해 하나의 불쾌한 냉소가 생겨났다. 즉,

작가들은 허영심이 강하고, 너도나도 작가가 되길 원하니 착취는 문제가 되지 않는다는 생각이다. 물론 이런 주장에도 일부분 진실은 있다. 글을 쓰고자 하는 열망은 널리 퍼져 있고, 그러한 욕망 자체는 보편적이다. 그러나 현실에서는 너무도 많은 이들이 다른 사람의 글을 소비하며, 그들의 노동을 조롱하거나 가볍게 여기면서, 실제로는 자신이 쓴 글도 없이 그런 태도를 유지하고 있다. 이러한 상황에 대응할 수 있는 몇 가지 조치가 있다. 첫째, 저작권법 개정이 필요하다. 현재 글쓰기는 교육 현장에서 광범위하게 활용되고 있다. 학교와 대학에서 무단으로 복사되는 일이 매우 흔하다. 그 수량은 방대하지만, 창작자에게는 아무런 대가도 돌아가지 않는다. 나는 안정적인 연금이 보장된 직장에서 근무하는 어떤 젊은 대학 강사가 별다른 혜택도 없이 자기 글을 복사당하는 한 젊은 시인에게 사용료를 지급하자는 제안에 노골적으로 분노하는 장면을 본 적이 있다. 이처럼, 교육기관에서의 저작물 복제에 대해 정당한 보상을 전제로 한 라이선스 제도가 논의되고 있으며, 이는 신속히 도입되어야 한다. 많은 사람들은 작가들이 자신의 작품이 논의되는 것만으로 만족할 것이기 때문에, 복제에 대한 보상은 필요 없다고 여긴다. 그러나 이는 정작 작가들에게 아무도 그 의견을 묻지 않는다는 점에서 유지되는 착각일 뿐이다.

둘째, 공공대출권(Public Lending Right)에 대한 캠페인은 정당한 관심을 받아야 한다. 아이러니하게도, 영국의 공공 도서관 시스템은 세계적으로 뛰어난 독서율을 유지하고 있지만, 정작 책 구매율은 유사한 국가들에 비해 낮은 수준이다. 이에 작가행동그룹(Writers' Action Group)[36]은 법 개정을 요구하였다. 그들의 제안은 국가가 중앙예산으로 작가에게 대출료를 지급하도록 하는 방식이었다. 또 다른 대안은, 도서관이 책을 구입할 때 작가에게 지불하는 방식인데, 이 방식은 작가들 사이에서 반대가 많다. 그 이유는 이 방식이 이미 출간된 모든 책을 도서관 목록에서 제외하는 결과를 낳기 때문이다. 이는 이미 대부분의 작업을 마친 작가들에게 매우 불공정하다. 작가에게 지급되는 금액을 책 가격의 일정 비율로 설정하자는 주장도 있으나, 책 가격과 집필에 들어간 노력 및 시간이 일치하지 않기 때문에 역시 공정하지 않다. 대출료 방식은 현대적 데이터 샘플링 기술을 바탕으로 실현 가능성이 입증되었고, 이미 몇몇 국가에서는 시행 중이다. 1974년 국왕 연설에서는 대출권 관련 법안이 공식적으로 언급되었으며, 주요 정당 모두가 이 입법을 지지하고 있다. 글쓰기에 대한 권리는 여전히 실현되기를 기다리고 있으며, 이 전체 문제는 회피와 이중 언설(double-talk)의 과정으로 둘러싸여 있다. 이 권리가 언젠가 실질적으로 기록되기를 바라며, 이 권리의 지속적이고 관대한 시행은 확실히 시급하게 필요하다.

셋째로, 출판 조직과 기술의 변화와 관련하여 한 가지 중요한 경향을 논의할 필요가 있다. 이는 책이 만들어지는 방식의 근본적인 변화를 의미하며, 요약하자면 다음과 같다. 많은 이들은 여전히 작가가 아이디어를 떠올리고, 책을 집필한 뒤, 그것을 출판사에 제안하는 전통적인 모델을 상상한다. 이러한 오래된 방식이 여전히 유효하지만, 점점 많은 책이 이미 출판사의 내부 기획—어떤 시리즈 속의 하나의 '슬롯'이거나, '쓰여야 할 책', 혹은 '팔릴 책'—에서 출발하고 있다. 작가들은 이러한 기획에 따라 선임되어 집필을 맡는다. 이 방식은 일정한 수준에서는 충분히 만족스러운 절차일 수 있다. 그러나 그것이 지배적인 방식이 될 경우, 몇 가지 분명한 위험이 뒤따르게 된다. 이처럼 기획된 책들은, 팔기 쉽다는 이유로 우선시되며, 출판사들은 이미 어떤 책이 필요한지(혹은 필요하다고 믿는지) 알고 있다고 전제한다. 이러한 시스템 속에서 책이 생산되고 유통되는 구조는, 점점 더 작가와 독자 사이에서 '누군가가 진정으로 쓰고 싶어 했던 책', 다시 말해 '정상적인 책'이 설 자리를 잃게 만든다. 특히 작가들의 경제적 처지가 어려운 오늘날, 아무런 제안 없이 책을 쓰는 일은 현실적으로 매우 어려운 일이 되었다. 작가의 내면으로부터 우러나오는, 진정으로 쓰고자 하는 책은 거의 요청되지 않으며, 출판사 쪽에서 제안이 먼저 이루어지는 것이 일반적이다. 그러나 이러한 구조 바깥에도 여러 회색 지대가 존재한다. 어떤 책은 수요가 있다는 전제하에 미리 계약금을 받고 쓰일 수 있고, 또 어떤 책은 어떤 제안도 없이 누군가에게는 반드시 쓰고 싶은 책일 수도 있다. 그러나 이러한 책들은 결국 책상 서랍 속에만 머무르게 될 수도 있다. 이 모든 경우에서 중요한 점은, 사람들이 출판 이후에 자신의 선택을 정당화한다는 사실이다. 집필이 아예 무산되었든 출간이 무기한 연기되었든, 핵심은 책의 기획과 본질이 점차 출판 시스템에 종속되고 있다는 사실이다. 이러한 위기가 공론장에서 충분히 논의되지 않는 상황에서, 나는 오늘날 책의 생산 양식과 질적 성격에 중대한 지각변동이 일어났다고 확신한다. 이 변화는 가변적인 출판 구조의 흐름에 기인하는 동시에, 시장 조사와 대량 생산의 속도전, 수치적 타산, 그리고 자본주의적 이윤 논리에 의해 더욱 고착화되고 있다.. 작가와 독자 모두에게 공통된 이해의 지점이 여기에 있으며, 그것은 반드시 정의되고, 옹호되며, 발전되어야 할 과제이다.

5) 광고

최근 몇 년간 광고의 남용에 대한 우려가 광범위하게 제기되어 왔다. 과거에도 특히 특정 주요 질병에 대한 '치료법' 광고와 관련하여 몇몇 안전장치들이 제도적으로 마련된 바 있다. 하지만, 대중 사이에는 여전히 상당한 수준의 불안이 존재하며, 광고 실무자와 비판자들 간에는 관련 사실과 가치에 대한 지속적이지만 산발적인 논쟁이 계속되고 있다.

1961년, 나는 기존의 광고 자율 규제 기관인 광고안전위원회(Advertising Safeguards Authority)를 대체할 새로운 기구로서 광고평의회(Advertising Council)의 설치를 제안하였다. 이 위원회는 기존 기관들처럼 내부 규칙을 자체적으로 설정하고 집행하는 방식이 아닌, 보다 공적이고 책임 있는 방식으로 광고를 규율하는 독립적 공공기구가 될 것이었다. 이러한 제안은 여전히 유효할 수 있지만, 최근의 상품 설명에 관한 입법 조치들과 공정거래청(Office of Fair Trading)의 적극적인 정책은 이 문제에 접근하는 또 다른 대안적 방식으로 간주된다. 일반적으로 '소비자 보호'라 불리는 이 영역은 실질적으로 매우 긴급한 과제이며, 비록 일정한 형식적 안전장치들이 마련되었다 하더라도 여전히 핵심 문제로 남아 있다.

여러 제반 문제와 관련하여, 나는 이제 광고를 단지 별개의 쟁점으로 다룰 수 없다고 생각한다. 물론 '소비자 보호'는 중요한 정책 영역이지만, 이는 근본적인 해결책이 아닌 미봉책에 머무를 뿐이다. 진정한 핵심은, 조직적인 광고 시스템이 오늘날의 커뮤니케이션 체계를 사실상 지배하고 있다는 사실이다. 그 영향력은 이미 PR과 정치 영역까지 광범위하게 확산하고, 특히 시장 조사와 여론조사가 교차하는 지점은 주목할 만하다. 이로 인해 강력한 소비자 보호 정책의 실현을 넘어서, 단기적으로는 몇 가지 제한적인 조치만이 실질적으로 가능하다. 오늘날 사회 전체의 경제 체제는, 국지적인 방어 조치를 넘어서는 근본적인 대안이 제시되면 즉각적인 도전에 직면하게 된다. 현실적으로 단기적인 변화를 기대할 수 있는 거의 유일한 영역은 조세 정책이다. 그러나 조세가 일반 소비세의 형태로 도입될 경우, 이는 단순히 가격 인상으로 전가되어 시장에서 흡수될 가능성이 크다. 따라서 일반세보다는 선택적이고 유동적인 수준의 과세가 요구되며, 이는 수요 전반에 대한 경제 관리 정책과 긴밀히 연계되어야 한다. 가장 공세적인 형태의 광고는 대체로 실질적 수요나 필요가 가장 낮은 분야, 혹은 생산적 투자의 우선순위와 단기적 수익성이 상충하는 지점에서 나타나는 경향이 있다. 과거의 풍요로웠던 시기에는 이러한 모순이 어느 정도 용인되었으나, 도래할 자원 결핍의 시대에는 그러한 여유가 현저히 줄어들 것이다. 만약 광고가 규제 없이 방치된다면, 이는 생산과 투자에 관한 국가적 정책의 우선순위와는 정반대의 방향으로 사회를 견인하게 될 것이다. 이러한 맥락에서, 국가 생산 정책의 진정성을 가늠하는 중요한 시금석은, 사회 외부의 이익세력이 상당 부분 통제하고 있는 이 무책임한 사회적 힘—즉, 광고—에 대해 선택적 과세나 기타 유사한 조치를 통해 국가가 얼마나 단호히 개입하는가에 달려 있다.

6) 방송과 텔레비전

1962년에 발간된 필킹턴 보고서는 방송 및 텔레비전 정책과 관련된 문제들에 대한 공적 담론과 사회적 인식의 진전에 결정적인 전환점을 마련한 문서였다. 이 보고서는 당시 대부분의 언론으로부터 강한 비판을 받았고, 주요 권고 사항에 대해 정치권 역시 분명한 불안과 우려를 표명하였다. 하지만, 이 보고서는 오늘날까지도 방송 개혁 논의에 있어 핵심적인 기준점으로 남아 있다. 특히 주목할 만한 제안은 광고와 프로그램 제작의 분리 원칙을 철저하게 구현하고자 했다는 점이다. 방송국이나 프로그램 제작사가 광고를 직접 다루는 것이 아니라, 독립적인 광고 계약 기관인 ITA가 광고를 전담하도록 하자는 제안은, 공공 책임의 기준을 강화하는 데 있어 하나의 현명한 출발점이다. 이 기구가 설정한 정책 기준은 여전히 광고와 공적 책임의 관계를 판단하는 데 유효한 잣대로 기능하고 있다. 이 보고서 발표 이후 두 가지 중요한 변화가 있었다. 첫째는, 상업 텔레비전의 존재가 BBC의 자기 인식 및 기능에 중대한 영향을 미쳤다는 점이다. 이미 예상된 바와 같이, 중심적 위치에 상업적 메커니즘이 자리하면 방송 시스템 전반에 구조적 영향을 미치게 된다. BBC가 여전히 공적 역할을 하고자 한다면, 두 가지 경로 중 하나를 선택해야만 했다. 하나는 점점 더 주변부로 후퇴하는 것이고, 다른 하나는 상업 채널이 설정한 기준에 따라 시청률 경쟁에 참여하는 것이다. 현재 BBC는 점점 더 후자의 경로를 택하고 있음이 자명하다. 하지만, 이윤 논리에 기반하지 않는 주요 텔레비전 서비스는 여전히 대안적 구조로서 존속되어야 한다. IBA의 기존 기능에 대한 책임 있는 감독, 혹은 프로그램 제작사들이 자발적으로 강조점을 조정하는 일부 변화는 긍정적으로 평가될 수 있다. 실제로 이와 같은 변화들은 필킹턴 보고서의 맥락 속에서, 그리고 재계약 과정을 둘러싼 공공의 관심 증대와 맞물려 등장한 것으로 해석될 수 있다. 그러나 이제 한 가지 점은 분명해졌다. 우리는 현행 상업 텔레비전 구조, 특히 상업 자본과 밀접히 연계된 구조를 재고해야 할 시점에 이르렀다. 진정으로 독립적인 프로그램 제작사를 육성하기 위한 방향은, 이들에게 공공 기관이 방송 설비 및 송출 인프라를 임대하는 형태가 되어야 한다. BBC가 제2채널을 확보하게 된 것은 부분적으로 긍정적인 진전이지만, 통제권의 집중은 여전히 우려를 자아낸다. 만일 통제권이 기존의 상업적 이해관계자들 혹은 유사한 세력에게 '균형'이라는 명분으로 이전된다면, 우리는 공공 방송 체제를 실현할 수 있는 소중한 한 세대를 상실하게 될 것이다. 그러나 그 대안이 BBC의 무제한 확장이 되어서는 안 된다. 기술적으로 새로운 서비스가 가능해질 때마다 새로운 형태의 조직 구조가 창출되어야 한다. 기존의 발상 틀 안에서도, 두세 개의 독립적 공영 법인—가능하다면 지역적으로 분산된 형태로—을 설립하여 현재의 ITV 상업 구조와 BBC의 중앙집중화를 동시에 해체해 나갈 수 있을 것이다. 이를 대신하여, 제작 및 송출 설비를 신탁 형태로 보유하는 복수의 공공 법인들—단, 기술적 조정을 위한 필수적 최소 장치만을 갖춘—이 설립되고, 이들이 프로그램 제작사를 임대하는 광범위한 체계를 구축함으로써, 새로운 제작 정책 구조가 형성될 수 있을 것이다. 이와 같은 일반적 방향의 제안은 현재 애넌 위원회(Annan committee)에 제출된 바 있으며, 향후 방송 체제의 공적 재구성을 위한 실질적 논의의 기초가 될 수 있다.

두 번째로 주목해야 할 사실은 필킹턴 보고서 발표 이후 수년간 여러 압력 단체들이 성장하였고, 이들이 방송 정책과 프로그램 내용에 영향을 미치고자 하는 열망을 강하게 표출해 왔다는 점이다. 청취자와 시청자의 이익을 대변하려는 전체 영역은 그 중요성에도 불구하고 여전히 극도로 어려운 과제로 남아 있다. 몇 해 전 아동복지위원회(Council for Children's Welfare)는 〈가족 시청(Family Viewing)〉이라는 보고서를 통해, '시청자 위원회'의 필요성을 제기하였다. 이 기구는 방송 당국과 방송사들로부터 완전히 독립된 법정 기구로 설립되어야 하며, 이는 1949년 윌리엄 베버리지 경(Sir William Beveridge)이 〈방송에 관한 보고서〉에서 제안한 위원회와 유사한 형태가 될 것이다. 이와 유사한 제안은 라디오 방송 협회(Sound Broadcasting

Society)에서도 제시되었으며, 이들은 위원회의 범위를 확장하여 '청취자 및 시청자 위원회(Listeners' and Viewers' Council)'로 구성해야 한다고 주장하였다. 이러한 위원회는 현재 라디오 및 텔레비전 안전 위원회와 연계된 방식으로 논의되고 있다. 안전 위원회는 방송 분야에 종사하는 열여섯 개의 노조와 전문 직능 단체—배우, 기술자 등을 포함—의 연합체로 구성되어 있다. 이러한 제안들은 모두 의미 있는 시도이지만, 핵심은 그러한 기구들이 갖는 법적 위상과 실질적 권한에 달려 있다. 이미 다양한 자문기구들이 존재하지만, 실제로 이들이 중대한 사안에 대해 자문을 요청받는 일은 드물다는 비판이 제기되고 있다. 결국 문제는, 법적 책임을 지닌 완전히 독립된 기구를 설치하는 것이 바람직한지, 혹은 언론 및 광고 분야에서 제안된 바와 같이 방송 및 텔레비전 위원회에 포함하여 운영하는 것이 더 현실적인지에 대한 선택이다. 후자의 경우, 방송 당국뿐만 아니라 독립적인 인사들이 대표로 참여하고, 정기적인 대중 보고가 이루어진다는 전제하에 명백한 장점이 있다. BBC와 ITA가 과거 오코너 위원회(O'Conor Committee)가 아동 프로그램과 관련하여 제시한 권고를 거부했던 일은 특히 유감스러운 사례였다. 이 위원회는 다름 아닌 해당 당국이 직접 설치한 기구였기 때문이다. 별도의 모니터링 조직 역시 유용할 수 있으나, 모든 사안이 공적으로 논의되고 보고되는 위원회야말로 실질적인 공적 책임 체계에 부합한다. 우리 사회가 직면한 구조적 결함 중 하나는 항상 '당국' 대 '비판자'라는 이분법적 구도 속에서 사고한다는 점이다. 한편에는 정책 결정자들이, 다른 한편에는 이를 비판하는 세력이 존재하며, 이들은 각자의 역할을 한다. 그러나 실제로는 비판자들이 단지 형식적으로 참여하거나, 최종 책임이 당국에 있다는 이유로 배제되기 쉽다. 정책이 공개적이고 평등하며 정기적인 토론을 통해 정당화되어야만 진정한 책임 있는 제도들이 가능하다. 그러한 구조를 실현할 수 있는 한 방식으로서 방송 및 텔레비전 위원회가 논의될 수 있으며, '청취자 및 시청자 위원회'는 그 자체로도 유익하지만, 더 넓은 공공 책임 체계로 나아가는 발판으로 이해되어야 한다. 이러한 제도적 해법을 찾는 데 우리가 지속적으로 어려움을 겪는다는 사실은, 바로 앞서 언급한 다양한 압력 단체들의 등장 원인이 되기도 한다. 나는 이들 중 일부의 견해에 동의하지 않지만, 공적 비판과 토론을 위한 제도적 장치의 필요성은 의심의 여지가 없다고 생각한다. 물론 우리는 언제든지 이러한 압력 단체들이 실제로 누구를 대표하는가를 질문할 수 있다. 그들이 과연 '선량한 국민'을 대변하는 것인지, 아니면 단지 그렇게 주장하는 것인지. 그러나 우리가 이 질문을 진지하게 제기할 수 있으려면, 공공의 질문과 비평이 보장된 공식적 장치가 존재한다는 전제를 갖추어야 한다. 이처럼 경쟁하는 압력 단체들의 현실을 고려할 때, 나는 우리가 다시 '방송 및 텔레비전 위원회(Broadcasting and Television Council)'라는 구상으로 되돌아가야 할 가능성이 크다고 본다. 이 위원회는 언론 자유를 다루는 개혁된 언론평의회와 유사한 범위와 방식으로 구성되어야 하며, 자유와 책임의 균형을 확립하고, 권력 기관이나 선동 세력에 의한 검열의 확산을 막기 위한 필수적 장치가 되어야 한다. 방송과 관련된 조직 구조 및 공공 대표성 문제에 대한 여러 해법을 결합하는 방식으로, 우리는 '방송 평의회(Broadcasting Council)'를 설립할 수 있을 것이다. 이 위원회는 새롭게 구성될 공영 법인들을 감독하고 대표하며, 이들 법인과 프로그램 제작사 간의 관계를 조율하는 원칙을 관리할 수 있다. 아울러 이 위원회는 정책과 프로그램에 대한 논의가 이루어지는 공적 토론의 장으로 기능할 수도 있다. 이와 같은 위원회 설립에 관한 제안은 애넌 위원회(Annan Committee)에 제출되었으며, 매우 유익한 또 하나의 제안이 있다. 그것은 바로, 적절한 재정이 확보된 '공공 커뮤니케이션 연구소(Public Institute of Communications)'의 설립이다. 이 연구소는 기존 방송기관 내부에 설치된 수용자 조사 기능을 대체하고, 커뮤니케이션 정책과 그 효과에 대한 독립적이고 지속적인 연구 프로그램을 수행할 것이다.

7) 일반적 논의

어떠한 공공 기관이라도 내부적으로 고립되거나 심지어 부패할 가능성을 완전히 배제할 수는 없다. 아무리 합리적으로 설계된 조직일지라도, 그것이 단지 존재한다는 이유만으로 공적 책임이 자동으로 이행되는 것은 아니다. 그러므로 조직 외부에서 이루어지는 개방적이고 공적인 논의와 비판의 필요성은 절대적이라 할 수 있다. 이러한 논의를 가능하게 하는 조건들은 여러 방면에서 이미 존재하지만, 여전히 몇 가지 중요한 불확실성이 남아 있다. 우리는 종종 법의 테두리 안에서 표현의 자유를 누리고 있다고 말하지만, 현실 속에서는 그러한 자유가 제한되어 있다고 느끼는 경우가 적지 않다. 예컨대, 책이나 연극, 정치인에 대해서는 거의 모든 것을 자유롭게 논평할 수 있는 것처럼 보이지만, 비누나 난로, 만년필과 같은 제품들에 대해 같은 방식으로 평가하는 것은 위험하거나 부적절한 일로 여겨지는 경향이 있다. 일부 편집자들은 책이나 연극에 대한 비평의 자유가 사실상 비평을 위해 제공된 서적이나 초대권에 의존하는 구조임을 지적한다. 다만, 이것이 실제로 법적으로 그런지를 단정할 수 없으며, 이에 대한 권위 있는 반론 또한 존재한다. 하지만, 실질적으로 이러한 제약 효과가 존재한다는 사실은 부인하기 어렵다. 그리고 어떤 상업 조직도 자사의 제품에 대해 공공 매체에서 이루어지는 비평을, 저자나 연출가, 배우, 작곡가, 화가, 운동선수, 정치인, 학자들이 정기적으로 감수하는 비판과 같은 방식으로 받아들여야 한다고 주장하는 사람은 거의 없다.

소비자 자문기구들이 〈Which?〉와 같은 매체를 통해 수행하는 탁월한 평가 작업은 현재 특정 협회의 회원들에게만 한정되어 있으며, 이러한 제한이 해제되면 법률 적용의 대상이 될 수 있음을 암시하는 견해들이 다수 존재한다. 이러한 법적 위협은 모호하여 오히려 더욱 위협적으로 느껴진다. 실제로 그러한 법적 제약이 존재하는지와 상관없이 많은 사람들은 이와 같은 논평을 시도할 때 자연스럽게 자기검열을 내면화하게 된다. 물론 우리는 모두 명예 훼손으로부터 보호받을 권리를 갖고 있다. 그러나 문제는 오늘날의 공익 개념이 심각하게 불균형적으로 정의되고 있다는 점이다. 왜 제품이나 서비스에 대한 구체적이고 실질적인 비평이 책이나 연극에 대한 비평처럼 신문, 라디오, 텔레비전 등에서 일상적인 행위로 수행되지 못하는가? 나는 1961년에 〈Which?〉를 텔레비전 프로그램으로 방영하는 것이 공적 서비스의 실현이라는 점에서 매우 가치 있는 일이며, 이는 BBC가 ITV의 광고 중심 방송에 대응하는 적절한 방식이 될 수 있다고 쓴 바 있다. 이 제안은 부분적으로 실현되어 현재 〈Choice〉 프로그램을 통해 구현되고 있으나, 이 프로그램은 보다 두드러진 방식으로 강조될 필요가 있으며, 더 많은 대중이 시청할 수 있는 시간대에 편성되어야 한다.[37] 일부 제조업자들은 공공적 비평에 노출되는 것이 부당하며, 그것이 사실을 왜곡할 가능성이 있다고 주장한다. 그러나 그러한 주장을 펴는 이들이 설명해야 할 점은 왜 그들이 예외적으로 보호받아야 하는 지를 해명해야 한다. 반론의 권리가 언제나 보장되는 한, 공적 비평의 개방성은 건강한 사회의 필수 요소이며, 이제는 특정 영역에 부여된 과도한 보호막을 제거하고, 이러한 원칙을 모든 분야에 일관되게 적용할 시점에 이르렀다. 이와 관련된 법률이 공개적으로 검토되고, 그 적용 원칙이 명확히 정리된다면, 우리는 자신의 법적 위치를 명확히 인식할 수 있을 뿐 아니라, 필요한 변화 또한 합리적으로 추진할 수 있을 것이다.

3. 제도의 변화

우리가 커뮤니케이션 교육을 확대하고 기존 제도를 개정하거나 발전시키는 방식으로 다양한 긍정적 변화를 촉진할 수 있다. 이러한 과제는 시급하며, 우리가 반드시 착수해야 할 중요한 실천 영역이다. 그러나 나는 이러한 직접적·제도적 차원의 노력을 넘어서, 몇 가지 추가적인 조치들 또한 필수적이라고 생각한다. 내가 '기여자(contributors)'라고 부르는 사람들은 실제로는 사회 전체나 그들이 봉사해야 할 문화적 목적에 아무런 책임도 지지 않는 집단들에 의해 고용되고 있다. 이 집단의 가장 뚜렷한 특징은, 서비스가 작동할 수 있도록 자본을 제공하는 동시에, 무엇을 제공할지에 대한 실질적인 결정권도 자신들이 쥐고 있다는 점이다. 생산자들은 이들이 선택한 내용을 경쟁적으로 공급하도록 유도할 뿐이다. 자유로운 사회라 자처하는 곳에서 이러한 구조는 결코 용납될 수 없는 일이다. 하지만 현실은, '자유'에 대한 대안을 상상하는 일 자체가 이미 심각한 혼란에 빠져 있다는 데 있다. 이러한 혼란은 한편으로는, 기존 집단들의 이념적 선전에서 비롯된다. 그들은 '자유는 곧 모두를 위한 자유'라고 주장하면서, 공적 문화 시스템의 필요성 자체를 부정한다. 다른 한편으로는, 실제로 공공 문화 시스템을 운영하는 데 따르는 현실적인 어려움 역시 이러한 혼란을 가중시키는 요인이 된다. 우리는 투기적 자본가와 관료 조직이라는 두 모델 사이에서, 어느 쪽이 더 나쁜지를 고민하다가, 마치 이 두 가지 외에는 다른 선택지가 존재하지 않는 것처럼 인식하게 되었다. 그러나 진정한 장벽은 어쩌면 이 두 대안 외에는 우리가 다른 가능성을 상상하지 못한다는 사실 자체에 있을지도 모른다.

국가 통제의 위험은 분명히 존재하며, 특히 중앙집중적인 현대 커뮤니케이션 구조에서는 그 위험이 더욱 두드러진다. 더구나 우리의 상업적 문화는 과거 국가 통제에 맞서 싸운 경험 속에서 형성된 것으로, 이러한 통제의 위험에 대한 강한 기억을 내면화하고 있다. 이러한 점에서, 오늘날 우리가 통제하고 있는 커뮤니케이션 구조물들에 대해 사회주의자조차 불신을 갖게 된 것은 놀라운 일이 아니다. 그러나 이러한 위험들로부터 자유로운, 설득력 있는 대안을 제시하지 않는 한, 우리는 진정한 개혁으로 나아갈 수 없다.

나는 이러한 대안이 하나의 원칙으로 정식화될 수 있으며, 그 실천 방식 역시 학습 가능하다고 믿는다. 그 원칙은 다음과 같다. 커뮤니케이션 수단이 개인 소유가 가능한 경우, 사회는 그 소유권을 보장하고, 동시에 그러한 수단의 유통이 원래의 자유와 공존할 수 있는 조건에서 충분히 보장되도록 해야 한다. 반대로, 커뮤니케이션 수단이 비용이나 규모의 이유로 개인 소유가 어려우면 사회가 그것을 실제 기여자들을 위한 신탁의 형태로 보유해야 하며, 그러한 수단을 실질적으로 통제할 주체는 바로 이 기여자들이어야 한다.

개별 예술가들의 작업은 개인 소유가 가능하다. 나는 예술가들이 원하고 필요로 하는 장소에서 더 많은 시설을 제공받아야 한다고 생각한다. 지역 자치 당국은 화가들을 위한 작업실을 마련할 수 있으며, 젊은 작가나 음악가들이 창작을 지속할 수 있도록 장학금(bursaries)을 지급할 수도 있다. 이는 공식 교육이나 기존 장학 제도에서 이루어지는 지원과 유사한 방식이다. 현대 예술을 가르치거나 상영·전시하는 일—연극이나 공연은 물론 시각 예술 전시까지 포함하여—역시 지역 교육 당국이 예술가들에게 제공할 수 있는 지원 방식 중 하나다. 예술가들은 종종 자신의 작업을 단순히 보여주는 방식으로 가르치며, 이러한 방식은 때로 설명보다 더 효과적일 수 있다. 예술가들을 교육기관의 일원으로 등록시켜 그들이 상주하도록 하는 실험적 시도들도 이미 존재하며, 이는 훨씬 더 광범위하게 확대될 수 있다. 유통 측면에서도, 지역 단위의 전시와 공연이 보다 적극적으로 공공의 지원을 받을 수 있을 것이다. 물론 어떤 예술가는 이러한 시설을 원하지 않을 수도 있으며, 지금과 마찬가지로 그러한 선택을 거부할 자유는 보장되어야 한다. 그러나 우리는 예술가들이 아무런 지원도 없이 방치되는 것을 선호할 것이라는 가정을 섣불리 해서는 안 된다. 이는 예술가들이 시장의 조건을 통해서만 자신의 작업을 표현할 수 있다는 전제를 수용하는 것이며, 그 자체로 많은 의미를 내포한다. 특히 전제가 '그가 진정한 직업 혹은 사회적으로 유용한 일을 선택했다면 아무 문제가 없었을 것'이라는 암묵적 가치 판단을 동반한다면, 이는 더욱 부당하다. 나는 이러한 지원이 제공된다면, 예술가들로부터 적극적이고 긍정적인 반응이 있을 것이라고 확신한다. 예술가들은 자신의 작품을 선보일 기회를 기꺼이 반길 것이며, 그 작업에 관심을 보일 가능성이 있는 관객이 존재한다는 사실만으로도 의미 있는 자극을 받을 것이다. 만약 이러한 지원을 위한 추가 재원이 필요하다면, 현재의 공공 예산(최대 6펜스 세율까지 부과 가능)을 넘어, 과거 예술가들의 창작 활동으로부터 발생한 수익 구조 전반에 대한 재검토가 이루어져야 할 것이다. 예를 들어, 저작권 보호 기간을 10년 연장하여 새로운 신탁 기금을 조성하고, 이를 통해 젊은 작가와 작곡가를 지원하는 방안을 고려할 수 있다. 또한 현재 회화 시장에서 투기꾼이나 거래상들이 상당한 이익을 취하고 있다는 점을 고려하면, 이들로부터 일정 비율의 기금을 의무적으로 징수하여 유사한 신탁 기금으로 활용하는 방안도 가능하다. 이러한 조치들은 예술의 본질적 역할을 재인식하는 데 기여할 것이다. 개별 세대에서 예술가들은 종종 외부의 지원이 필요하며, 이러한 지원은 때때로 보조금이나 자선으로 간주된다. 그러나 한 사회의 역사 전체를 놓고 볼 때, 예술가들은 단순한 정신적 유산을 넘어 물질적 자산까지 창출한다. 만약 이러한 자산의 부가가치가 더 이상 예술가 본인이나 그 직계 가족에게 귀속될 수 없다면, 그 수익을 후속 세대의 예술가들을 돕는 데 사용하는 것이 가장 바람직한 방안일 것이다. 이 문제를 바로 이러한 방식으로 제기하는 것이 매우 중요하다. 많은 이들이 '예술을 위한 재원을 누가 부담할 것인가?'라는 질문을 던지지만, 보다 근본적으로 강조되어야 할 것은 예술이 스스로 유지하고 사회에 공헌한다는 사실이다. 우리가 해결해야 할 유일한 실질적 문제는 행정적 측면이다. 즉, 필요한 신용(credit)을 어떻게 조달할 것인가, 그리고 확립된 예술이 사적 이윤이나 국가적 전시 효과가 아니라, 예술 자체를 위해 활용되도록 어떻게 보장할 것인가에 대한 체계적인 해결책을 마련하는 것이다.

저작권 보호 기간의 연장에 관한 제안은 1965년 백서 〈예술을 위한 정책(A Policy for the Arts)〉에서 공식적으로 검토 대상이 되었다. 나는 이 제안이 반드시 실행되기를 강력히 희망한다. 내가 접한 유일한 반대 논거는, 특정 목적을 위한 수입의 할당이 재무부의 관례에 어긋난다는 점이다. 이는 본질적인 문제라기보다는 행정적 기술의 문제에 불과하며, 다양한 행정 장치를 통해 충분히 해결할 수 있다. 예컨대, 새로운 저작권 수익을 관리할 독립적인 신탁 기관을 설립하는 방식으로도 대응이 가능하다. 청년 출판인 협회(Society of Young Publishers)는 〈작가를 위한 정책(A Policy for the Writer)〉을 통해 이 개념을 지지하며, 연장 기간을 10년이 아니라 25년으로 확대할 것을 제안하였다. 협회는 현재 50년인 저작권 보호 기간이 종료된 이후에는 저작권이 영구적으로 국가에 귀속되도록 하여, 그 수익을 작가 지원을 위한 공공 재원으로 활용할 것을 제안하였다. 이는 바람직한 발전 방향이며, 협회가 제시한 다른 제안과 함께 충분히 검토할 가치가 있다. 아울러 협회는, 고전 문학 재출간과 비상업적 신간을 출판하는 독립적 공공 기관인 국가 출판사(State Publishing House)의 설립 필요성도 제기하였다. 이 두 가지 개념—저작권 보호 기간의 연장과 국가 출판사의 설립—은 장기적으로 통합될 가능성도 있으나, 당장은 각자의 타당성을 근거로 개별적으로 추진되어야 할 것이다.

결국 우리는, 가장 어렵지만 동시에 가장 시급하고 필수적인 개혁 과제인 방대한 문화 조직과 직면하게 된다. 텔레비전, 영화관, 극장, 언론 등은 막대한 자본 투자가 수반되는 구조로, 개별 기여자들이 이를 소유하기란 사실상 불가능하다. 이러한 현실 속에서 공공의 이익을 주장하는 시도는 태생적으로 불리한 조건에서 출발할 수밖에 없다. 나는 이러한 영역에서 공공 소유 외에는 현실적 대안이 없다고 본다. 관련된 자금의 규모를 고려할 때 이를 감당할 수 있는 유일한 주체는 공공 부문이기 때문이다. 그러나 이 변화가 단순히 기여자들에게 또 하나의 외부 통제를 가하는 방식으로 이루어진다면, 그 본래의 의미는 상실될 것이다. 따라서 우리는 공공 자금의 합리적인 제공과 기여자의 직접적인 자유를 균형 있게 조화시키는 방안을 모색해야 한다. 이러한 조화 속에서만이 진정한 의미의 예술적 자율성과 공공적 책임이 함께 실현될 수 있을 것이다.

다행히 우리는 이미 유사한 사례를 보유하고 있다. 에릭 애쉬비 경(Sir Eric Ashby)은 이를 다음과 같이 설명한 바 있다.

> 공공 자금이 과학 및 학문 연구에 지출되는 방식을 감독하기 위해, 통제받는 집단 출신 인사들을 감독자로 임명하는 것은 가장 기발한 영국식 사회적 발명 중 하나다. 과학자들은 과학 연구 보조금을, 의사들은 의학 연구 보조금을, 학자들은 대학 지원금을 관리한다. 이 체계는 정치인이나 행정관보다 이들 전문가가 통제 기준을 더 잘 설정할 수 있다는 가정을 전제로 하며, 이는 충분히 입증되었다.

과학과 학문이 일반 커뮤니케이션과 동일한 영역은 아니지만, 그 중요성 면에서 더 크다고 할 수는 없다. 우리의 문화적 수단이 소수의 무책임한 집단에 의해 단순한 상품으로 전락하는 것을 방치하기보다는, 공공 시스템을 구축하는 것이 유일한 대안이다. 물론 어떠한 공공 시스템에서도 긴장은 필연적이지만, 대학은 중요한 선례를 제공한다. 대학은 공공 자금 없이는 존속할 수 없음에도 불구하고, 그러한 자금을 수용하면서도 학문의 자유를 유지하였다. 이론적으로는 국가가 재정 지원을 무기로 대학에 개입할 수 있는 여지를 갖고 있지만, 실제로는 그러한 간섭이 이루어지지 않았으며, 오히려 논쟁과 긴장이 공존하는 질서가 형성되어 왔다. 학문의 자유가 문화적 기여의 자유만큼이나 취약하지만, 공공 시스템이 이를 억압하기보다는 오히려 보호할 수 있다는 것을 확인할 수 있다. 중요한 요소는 대학이 교수와 연구자들로 구성된 조직체이며, 이들에게 자유는 본질적 요소일 뿐 아니라, 그것을 집단으로 방어할 수 있는 구조를 갖추고 있다는 점이다.

어떠한 공공 소유 체제에서도 독립적인 전문 조직의 창설은 필수이다. 우리는 이미 이러한 조직의 초기 형태를 갖추고 있으며, 가장 우수한 작업은 대개 독립적인 정책을 지속적으로 추진하고, 고유한 스타일과 전통을 형성한 조직들로부터 나오고 있다.

현재 기자, 배우, 영화감독, 제작자들은 대부분 자본을 통제하는 이들의 고용을 통해 활동하고 있으며, 이는 실질적인 창작의 자유를 제약하는 주요 요인으로 작용한다. 새로운 체제에서는 공공이 커뮤니케이션 수단을 소유하되, 이를 독립적인 신탁 기관이 관리하고, 해당 분야의 전문가들이 운영을 책임지는 구조가 되어야 한다. 미디어 사용 권한은 장기 계약을 통해 독립된 전문 조직에 배분되며, 이들은 콘텐츠와 정책을 자율적으로 통제할 수 있어야 한다.

예를 들어, 연극 분야에서는 더 많은 극장이 국유화되거나 지방자치단체의 소유가 될 수 있다. 현실적인 제작 수요에 대응하기 위해, 극장을 한두 개씩 단위로 하여 배우·제작자·극작가로 구성된 제작사에 임대하는 방식을 채택할 수 있을 것이다. 이때 공공 신탁의 주요 임무는, 해당 제작사가 일반 대중을 위한 프로그램을 충분히 조직할 수 있도록 감독하고, 다양한 경향과 전통이 반영된 공연 레퍼토리를 갖추도록 지원하는 것이다. 주목할 만한 사실은, 최근 몇 년 사이 일부 지방 당국 사이에서 이러한 공공 지원 모델에 대한 인식이 변화하고 있다는 점이다. 극장과 예술센터를 기획하고 건립하는 데 있어 가장 선도적인 당국들은 이미 향후 한 세대를 위한 모델을 제시하고 있다.

영화 분야에서도 영화 제작 시설은 전문 영화 제작자들로 구성된 제작사에 제공될 수 있을 것이다. 영화 배급망은 두세 개의 네트워크로 구성된 공공 소유 형태로 운영될 수 있으며, 제작 지원금은 이 중 하나의 네트워크에서 배급권을 보장하는 방식으로 제공될 수 있다. 현재 배급 시설의 과도한 집중은 심각한 경직성을 초래하고 있다. 이를 해결하기 위해서는, 하나의 공공 유통망(public circuit)을 마련하고 일부 제작 시설을 독립적인 공공 제작사로 전환하는 즉각적인 조치가 요구된다.

현재의 구조 아래에서 영화 제작자들은, 영화가 제작되기도 전에 그것이 제작할 가치가 있는지를 금융 자본이 결정하는 상황에 놓여 있다. 카렐 라이츠 Karel Reisz가 표현했듯이, 영화 제작자들은 '시스템이 받아들일 수 있는 주제'를 선택해야 하며, '최선의 주제는 만들 수 없고, 시스템이 받아들일 수 있는 최선'만을 선택할 수밖에 없다. 공공 체계에서는 이러한 결정이 더 이상 금융 당국의 손에 좌우되지 않도록 해야 하며, 영화를 단편적으로 제작하는 방식이 아니라, 수년에 걸쳐 작업을 지속적으로 발전시킬 수 있는 전문 제작사를 중심으로 구조를 재편해야 한다.

텔레비전 분야 역시 유사한 시스템을 도입할 수 있다. 제작 및 송출 수단은 공공이 소유하되, 운영은 여러 독립적인 신탁 기구에 분산 위탁할 수 있을 것이다. 이러한 신탁 기구에는 실제 프로그램을 제작·제공하는 이들의 대표가 포함되어야 한다. 해당 시설들은 일정 기간 전문 제작사나 제작사들의 연합체에 임대될 수 있으며, 이들은 자율적으로 자신들의 제작 방식을 결정할 수 있어야 한다. 전문 텔레비전 제작사들과 영화·연극 제작사들, 오케스트라와 밴드, 그리고 기존의 직능 조합들이 상호 연계하는 방식도 고려될 수 있다.

BBC는 '공공서비스 방송(public service broadcasting)'에 대해 훌륭한 정의를 제시하고 있으나, 동시에 지나치게 거대한 조직이 갖는 위험을 보여주는 사례이기도 하다. 여기서 제작자들은 행정가의 통제 아래 놓이게 된다. 지역 및 지방 방송의 발전은 이러한 공공서비스 방송의 통제권을 프로그램을 제작하는 제작자들에게 이전하는 수단이 될 수 있다. 이들은 이미 지역 기반의 독립적 제작사를 중심으로 핵심을 이루고 있다. 다른 모든 제안된 제작사들과 마찬가지로, 여기서도 중요한 것은 기존의 행정 조직이 통제하던 제작 구조의 틀을 깨뜨리는 것이다. 이러한 제작사들이 일반 행정가들에 의해 운영되어야 할 이유는 전혀 없다. 구성원 모두가 정책 논의에 평등하게 참여하고, 행정가들은 다른 구성원들과 마찬가지로 선출된 정책에 따라 활동해야 한다.

언론 분야의 권력 집중은 오랜 시간에 걸쳐 형성된 것이며, 이를 해결하는 데도 긴 시간이 필요할 것이다. 그 첫걸음은, 원격 통제를 행사하는 거대 금융 기업들로부터 지역 신문을 분리하는 것이다. '지역 신문 신탁(Local Newspapers Trust)'은 편집자와 기자들이 다수 의결권을 갖는 구조로 공공 자금의 지원을 받아 소유권을 회복할 수 있을 것이다. 또한 '지역 신탁'을 조직하여 편집자의 독립성을 보장하고, 이들이 공공 지원을 받는 새로운 형태의 언론 기구로서, 개혁된 언론평의회에서 활동하도록 할 수 있다. 목적은 다른 분야와 마찬가지로, 생산 수단을 신탁 방식 또는 필요시 공적 소유를 통해 확보하고, 이를 기자들의 제작사에 배분하는 것이다. 이 제작사들은 자신들만의 정책을 자율적으로 결정하게 된다. 현재 대부분의 신문을 지배하고 있는 금융 소유 집단들은 점진적으로 퇴출해야 하며, 언론의 자유는 그것을 실질적으로 보장할 수 있는 유일한 주체, 곧 '일하는 언론인들(work journalists)'에게 되돌려져야 한다. 그동안 뉴스 인쇄 시설은 신문 소유권과 분리된 독립적 단위로 전환되어야 한다. 인쇄 시설은 특정 신문 소유주나 기업 집단에 예속되어서는 안 되며, 그것을 사용하고자 하는 누구에게나 공정하고 공개적인 가격으로 제공되어야 한다.

광고에서는 공공의 안전을 위한 특별한 조치가 지속적으로 요청되고 있다. 이는 이미 특허 의약품에 적용된 선례가 있으며, 현재 허용된 광고 지출의 일부를 세금으로 전환하거나, 선택적으로 직접 과세하는 방안도 정당하게 제기되고 있다. 그러나 보다 근본적이고 긍정적인 해답이 시급히 요구된다. 우리는 다양한 상품에 대한 새로운 정보와 조언이 필요하다. 광고는 이 정보를 전달하는 매우 원시적인 방식에 불과하다. 우리가 필요로 하고 선호하는 것에 대한 방대한 정보는 현재 광고 회사 내부에 축적되어 있지만, 그들은 이 정보를 자사 상품을 판매하는 수단으로만 활용하고 있다. 이러한 정보는, 필요하다면 독립적인 공공 연구를 통해 수집되어야 하며, 일반 대중의 이익을 위해 사용되고, 나아가 사회경제 정책 수립을 위한 지침으로도 활용되어야 한다. 정확한 정보와 조언을 제공하는 가장 적절한 방식은, 소비자 자문기구가 개척한 접근 방식에서 찾을 수 있다. 이 기구들은 현재의 법적 제약 속에서도 공공 자금의 지원을 받아, 인쇄 매체의 배포 범위를 넘어 활동 영역을 확장할 수 있다. 지금은 소수에게만 국한된 이러한 활동을 보다 넓은 대중에게로 확대하는 것이 가능하다. 실제로 상점가나 시장 등 소비자들이 물리적으로 접근할 수 있는 공간에서, 이동 전시나 디자인 및 품질 비교 전시를 통해 정보를 제공하는 방식도 가능하다. 광고나 판매에서 사용된 가장 정교한 기술들 가운데 상당수는, 공익을 위한 명확한 방식으로 전환되어 사용될 수 있다. 약 15년 전 처음 제안된 '정보 센터' 개념은 최근 들어 비로소 실제로 도입되기 시작했으며, 그 규모는 점차 확대되고 있다. 이 센터들은 특히 가격 비교 및 감시 기능과 연계되어 있으며, 이는 중요한 진전이다. 그러나 이 센터들의 유일한, 혹은 주된 장점은 여기에 있지 않다. 본질적인 가치는 이들이 특정한 이해관계에 속하지 않고 상품과 서비스에 관한 신뢰할 수 있는 정보를 제공하는 독립적인 공공 정보 기관으로 기능해야 한다는 점에 있다.

진실한 정보의 전달과 품질에 대한 지속적인 평가는 자유와 책임이 올바르게 결합된 방식으로 우리의 전체 경제생활에 근본적인 변화를 일으킬 수 있다. 풍요를 품질과 대립시키는 것은 잘못된 일이다. 우리 사회의 중심 과제는 이 둘을 결합하여 공익을 위해 활용하는 데 있다. 풍요에 부정적 이미지를 안겨준 허위 광고나 과장된 호소는, 실제 사용 경험, 우수한 디자인, 그리고 균형 있는 감각이라는 관점에서 비판적 검토를 받아야 한다. 우리 사회의 미래는 이러한 현실적 가치의 성장에 달려 있으며, 이 성장은 일상생활 속에서 우리 스스로 그것에 참여함으로써 실현될 수 있다.

4. 결론

여기에서 제안된 조치들은 급진적인 성격을 띠며, 보다 명확한 정의를 요구한다. 그러나 이론적 수준에서만 보더라도, 우리는 이미 우리 사회를 제약해 온 교착 상태를 일정 부분 넘어섰다고 말할 수 있다. 이제 우리는 관료주의와 투기적 이해관계로부터 자유로운, 진정한 자유와 다양한 문화 조직을 상상할 수 있게 되었다. 실천의 과제는 결국 그것을 수행할 사람들의 손에 맡겨질 것이며, 사회 전체가 그 유지를 위한 책임을 공유하게 될 것이다. 이는 개인 기여의 자유가 곧 일반적인 이익이라는 점에서 공동의 책임이기도 하다. 동시에 우리는 지금까지 예술과 학문이 소수의 관심사이며, 일반적인 커뮤니케이션 수단의 일상적 사용은 사람들의 필요와 무지에서 이익을 얻기 위한 수단이라는 사회적 조건에서 벗어날 수 있게 될 것이다. 우리는 커뮤니케이션 수단을 가장 일반적이고 인간적인 목적을 위해 사용하게 될 것이다.

물론 이러한 발전 경로에는 필연적으로 반대가 따르기 마련이다. 커뮤니케이션과 광고의 긴밀한 연관성은 반복적으로 관찰되고 분석되었으며, 이는 단순히 우연적이거나 주변적인 현상으로 보기 어렵다. 오히려 그것은 상업적 이해관계가 삶의 모든 영역에 우선권을 주장하는 자본주의 사회의 구조적 반영이다. 우리는 이러한 경향과 그 실천적 귀결을 오랫동안 경험해 왔으며, 그 결과 많은 이들이 이를 일종의 자연 질서로 받아들이게 되었다. 오늘날 커뮤니케이션의 유효한 다른 방식은 정치권력의 획득 또는 유지와 관련된 형태 외에는 거의 찾아보기 어렵다. 이러한 기존 체계에 대한 도전은 구조적으로나 문화적으로 어려움을 동반할 수밖에 없다. 이는 각 세대의 재능과 에너지가 이 체계 속으로 흡수되기 쉬운 환경 때문이다. 변화는 복잡하며, 다양한 차원의 진정한 어려움 속에서 우리는 종종 낙담하게 된다. 늘 다양한 목소리들이 포기하라고 속삭일 것이다. 그러나 가장 어려운 순간에도, 그리고 앞으로도, 우리가 해야 할 일은 상황을 명확하고 정직하게 인식하고, 다시금 용기를 되찾는 것이라고 믿는다. 기존 체제는 서로에 대한 불신과 진정한 대안의 부재 속에서 지속적인 이득을 취해 왔다. 그러나 나는 지금 많은 이들의 마음속에, 압박 속에서도 새로운 결단이 태동하고 있다고 느낀다. 진정한 변화는 일관된 훈련과 자율적 참여를 요구하며, 책임 의식과 더불어 가능한 한 많은 이들의 협력이 수반되어야 한다. 나는 그러한 변화가 실현 가능하다고 믿는다. 하지만 그것은 어디까지나 하나의 기회일 뿐이며, 그 실현을 위해서는 우리의 모든 역량이 요청된다. 적어도 지금, 우리가 마주한 과제는 더욱 분명해졌다.

제 6 장

회고와 전망, 1975 *

이 책은 1960년에 구상되었으며, 돌이켜보면 그 출발점은 현재와는 다른 시대적 배경 위에 있었다. 이번에 다시 작업하면서 가장 먼저 떠오른 생각은, 커뮤니케이션의 위기가 본질적으로 지속되었다는 것이다. 신문의 상황, 방송과 출판의 경향 등 일반적인 커뮤니케이션 과정이 점점 더 강력해지는 광고 및 홍보 체계에 종속되어 가는 추세는 당시에도 이미 감지되고 있었다. 이러한 분석이 처음 제시된 이후, 전국 단위의 일간지 일곱 곳이 폐간되었으며, 이 글을 쓰고 있는 현재에도 다수 매체의 존립 가능성이 불투명한 상황이다. 상업적 이해관계는 이미 텔레비전 영역에 깊숙이 침투하였고, 라디오에서도 일정한 입지를 확보하였으며, 새로운 매체인 케이블TV마저도 상업적 활용의 압박을 받고 있다. 출판 산업은 점점 더 대량 생산 체계에 편입되어 가고 있으며, 작가들의 노동 조건도 매우 어려워졌다. 이러한 변화는 특정 매체에 국한된 현상이 아니라, 커뮤니케이션 환경 전반에 걸친 구조적 경향이자 시대적 특성이다. 최근의 경제 위기는 이 구조적 특성을 보다 분명히 드러내는 계기가 되었을 뿐이며, 경제적 위기 그 자체가 커뮤니케이션 위기의 근본 원인이라고 보기는 어렵다. 오히려 1960년에 처음 인식된 이 체계는 본질적으로 구조적인 것이었다. 전반적인 경기 침체가 그 구조를 명확하게 드러낼 뿐이며, 위기는 시스템 외부에 있는 것이 아니라 일부이다.

우리는 이 체계를 구축하고 운영해 온 사람들, 그리고 여전히 그 일부분을 통제하고 있는 이들에 대해 성찰할 필요가 있다. 이들은 대체로 자신들이 처한 고유한 어려움이나 복잡한 상황의 본질을 충분히 인식하기보다는, 단기적 설명에 머무르는 경향을 보인다. 이러한 문제는 단순히 개인적 특성에 기인한 것으로 보기 어렵다. 이들은 일종의 '전문적인 회피 능력'을 갖춘 집단으로 구조적 문제에 대한 지속적 회피를 실행해 온 주체들이기도 하다. 1950년대 후반부터 1970년대 초반에 이르는 영국 사회를 되돌아보면, 구조적 문제 전반에 대한 회피가 당시를 지배했던 정서였음을 확인할 수 있다. 그러나 이는 무관심의 산물보다는 오히려 의도적이고 조직적인 회피의 결과물이었다. 그리고 커뮤니케이션 체계는 그 회피를 수행하는 중심적인 실행 기구 중 하나로 기능했다. 대략 1958년경부터 1973~74년 겨울에 발생한 경제적, 사회·문화적 위기에 이르기까지, 매체가 주도했든 그렇지 않았든 간에, 사회의 장기적 구조에 관한 관심은 체계적으로 외면되었다. 그 대신, 단기적인 개념과 이익을 중심으로 한 일련의 흥미로운 흐름이 형성되었다. '풍요로운 사회'에 대한 찬사와 소비를 통한 행복에 대한 약속은, 오늘날과 같이 경제 위기가 깊어지고 실업자가 150만 명을 넘는 현실 속에서 되돌아볼 때, 공허하게 느껴질 수밖에 없다. 그러나 당시에도 이미 이 담론은 본질적으로 취약했으며, 그 생동감 있는 외양 이면에는 실질적인 효과가 거의 없었다. 1960년, 내가 상업 광고를 '마법 체계(the magic system)'로 묘사했을 때—즉, 이성과 필요로부터의 조직적 일탈, 그리고 만족과 욕망에 대한 허위 이미지를 체계적으로 확산시키는 구조로 보았을 때—나는 이미 그 문제의 징후를 감지하고 있었다. 다만, 내가 미처 예상하지 못했던 것은, 이 체계가 이후에도 지속될 뿐만 아니라, 변화된 상황 속에서도 여전히 위기의 해법을 자임할 것이라는 점이었다. 사람들의 환상이 하나둘 무너지고, 우리가 그 잔해 속에서 눈을 뜨기 시작했을 때조차, 이 체계는 여전히 건재했다. 그것은 다만 표면적인 양식을 다소 바꾸었을 뿐이며, 자신이야말로 위기를 해결할 수 있다고 주장했다. 마치 이 위기를 타인이 초래한 것인 양, 그들 자신은 해법의 주체가 될 수 있다는 듯한 태도를 유지한 것이다. 내가 이 책을 처음 집필했을 당시, 나는 중간 수준의 개혁이라도 실현할 수 있는 노동당 정부의 등장을 기대했다. 1966년에 노동당이 집권하자 나는 그들의 몇몇 제안을 환영했고, 그것이 일정 정도 건설적인 방향성을 유지하고 있다고 판단했다. 그러나 지금 우리가 직시해야 할 현실은 당시 제안되었던 진지한 개혁안의 대부분이 경멸과 냉소 속에서 밀려났다는 사실이다. 이 개혁안들은 야당 시절에 검토되고 발전되었지만, 1970년대 초반 다시금 무시되었고, 정권 교체와 함께 또다시 폐기되었다. 그리고 오늘날 우리는 심각한 위기의 국면에 직면해 있다. 그런데도 광고 및 홍보 산업은 에너지 부족과 인플레이션 위기를 다루는 정부의 대행 기구로 기능하고 있다. 이는 사태의 심각성을 여실히 드러낸다. 중간 수준의 개혁을 위한 가장 현실적인 가능성조차도, 지금 이 시기에는 그 본래 목적에서 이탈하였다. 정부 차원에서도 명백히 드러나듯, 이 체계가 반대한다고 주장한 그 시스템의 적극적인 일부로 작동하고 있다. 이러한 맥락에서 볼 때, 이 책이 다루고 있는 시기는 하나의 연속적인 흐름을 구성한다. 그것은 경고의 시점에서 시작되어, 희망의 시점을 거쳐, 다시 절망의 시점으로 이행하는 과정이다.

하지만 최초의 분석은 모순에 대한 분석이었으며, 그 분석은 여전히 유효하다고 판단된다. 이 책을 다시 살펴보며, 내가 지적하고 경고했던 상황이 실제로 어려워졌음을 확인했을 뿐만 아니라, 다른 형태의 운동들 또한 서로 다른 방향에서 압력을 가하고 있다는 점도 발견하게 되었다. 실제로 몇 가지 주변적 개혁은 이루어졌다. 1961년 내가 강하게 요구했던 언론평의회(Press Council)의 재구성이 실행되었고, 내가 지속적으로 비판하였던 체임벌린 경의 연극 검열 제도도 폐지되었다. 물론 이후의 검열 체계는 한층 더 복잡한 양상으로 진화하였다. 또한 소비자 조언 센터가 광고에 대한 대응으로 설립되었고, 이 책의 초판에서 제안했던 비판적 방송 프로그램들도 현재는 실제로 시행되고 있다. 저작권 확대에 대한 제안—당시에는 문학 작가들을 위한 기금 조성을 목적으로 했던—도 다시 진지하게 논의되고 있다. 물론 이러한 조치들은 전반적인 손실에 비하면 미미하지만, 주목할 만한 변화이다. 중요한 것은, 최근 들어 학교, 평생교육 기관, 기술전문학교, 일부 대학 등에서 커뮤니케이션 연구의 성장이 두드러지고 있다는 점이다. 이는 1960년대와 비교할 때 분명 고무적인 진전이다. 당시 웰스, 러셀, 헉슬리 등이 제안하고, 스크루니티(Scrutiny) 그룹이 본격적으로 전개한 비판적 작업은 신좌파(New Left)의 제도 분석과 결합하였고, 대중문화를 공유하고 해석하는 새로운 실천으로 이어졌다.[38] 동시에, 영국뿐만 아니라 여러 국가에서 커뮤니케이션 연구와 문화연구는 뚜렷한 이론적·실천적 진보를 이루어 냈다. 아이러니하게도, 이러한 연구들은 사회 전반의 상황이 급속히 후퇴하던 시기에 이루어졌다. 그러나 이는 단순한 역설이라기보다, 역사의 필연적 운동을 상기시키는 의미 있는 역설이라 할 수 있다. 전체적으로 볼 때, 이 책은 앞으로 도래할 어려운 시기에 반드시 수행되어야 할 과제를 위한 견고한 기반을 제공하고 있다.

이 시기에는 다른 중요한 변화들도 나타났다. 1960년대는 이제 '팝 문화의 시대'이며, 이러한 현상을 분석하는 일은 하나의 도전적 과제로 제기되고 있다. 무엇보다도 이 시기의 문화적 현상 속에는 '문화적 대중'에 대한 인식이 근본적으로, 그리고 어쩌면 돌이킬 수 없을 정도로 변화하고 있다는 사실이 명확히 드러난다. 이는 내가 커뮤니케이션의 역사에 관한 장에서 논의한 중요한 단계의 연속으로 이해할 수 있다. 즉, 청중의 확장이라는 현상인데, 이는 일종의 '문화 혁명'적 효과를 수반하면서도, 소유와 통제의 구조가 소수에게 집중되는 방식으로 전개된다는 점에서 양면성을 지닌다. 이러한 구조는 변화를 부정할 수 없게 만들지만, 그 흐름을 왜곡하고 희석하는 방향으로도 작용한다. 오늘날 훨씬 더 많은 사람들이 민주적 문화 형성을 하나의 핵심 과제로 인식하고 있으며, 이는 다양한 목소리와 폭넓은 참여를 가능하게 하는 방향으로 나아가고 있다. 과거 '고급' 문화를 옹호하던 전통적 태도는 소수 엘리트의 교육과 사회적 특권을 전제로 한 것이었지만, 이제는 그 기반이 사실상 사라졌음이 드러나고 있다. 우리가 직면한 진정한 어려움은, 1960년대 이후 대중문화가 점차 상업화된 획일적 관행 속으로 흡수되었으며, 이러한 흐름은 기존의 비판자들이 일찍이 경고했던 사안들에 정당성을 부여하고 있다는 점이다. 현재는 정치권 전반에서 공유되고 경제 위기 담론을 통해 정당화되는 새로운 위험이 나타나고 있다. 그것은 곧 교육의 축소를 향한 의식적인 움직임이다. 이 움직임은 '소수 문화'만이 가능한 사회로 회귀하려는 암묵적 위협을 내포하고 있으며, 문화 확장의 부정적 영향을 명분으로 진정한 목적을 감추고 있다. 그러나 이 교육 축소는 단순한 양적 감축을 넘어선다. 그것은 명백히, 그리고 의도적으로 예술과 사회과학을 중심으로 한 교육 과정—곧 소수 문화와 민주적 문화의 지지자들이 활동하는 중심 영역—을 축소하려는 기획이다. 그 결과, 인간 중심 교육의 근본 요소들을 약화하거나 파괴하려는 시도, 이를테면 관료제적이고 전문화된 노동력 양성에 초점을 맞춘 경직된 교육 모델이 점차 진행되고 있다. 하지만, 완전한 민주주의를 지향하는 교육적 입장은 여전히 살아 있으며, 시간이 흐를수록 그 방향은 더욱 뚜렷해질 것이다. 한편, 진정한 교육 확장이 낳은 성과들—더 많은 접근성과 자율성, 표현과 요구의 자신감, 저항과 비판의 새로운 감수성—은 결코 쉽게 사라지지 않을 것이다. 비록 그들이 여전히 새로운 사회적·정치적 실천을 찾아 방황하고 있지만 말이다.

1960년대에 상업 시스템은 수익성이 있는 거의 모든 운동과 흐름을 빠르게 흡수하기 시작했다. 특히 대중문화의 넓은 영역이 그 주요 대상이었다. 상업체제는 이를 하나의 새로운 세대, 나아가 새로운 계급이 만들어낸 독자적인 문화적 국면으로 바꾸는 데 성공했다. 이 시기 커뮤니케이션 연구에서 가장 의미 있는 발전은, 이러한 변화의 내부에 있으면서도 그 내부로부터 상황을 구분하고 해석할 수 있는 사람들이 등장했다는 점이다. 그들은 단순히 밖에서 지켜보는 관찰자가 아니라, 변화의 안쪽에 서서 그 의미를 성찰할 수 있는 주체들이었다. 이와 같은 인식의 변화는 1960년대 학생운동의 중요한 성과 중 하나였다. 그 성과는 겉으로 보이는 대중 시위보다도 한 세대 전체의 정체성과 소속 의식을 근본적으로 변화시켰다는 점에서 더 깊은 의미를 지닌다. 최근 몇 년 동안 교육의 후퇴와 보수적 반동이 있었던 것도 사실이지만, 전반적인 균형은 여전히 유지되고 있다. 앞으로 다가올 10년은 이러한 문화적 전환이 어떤 방향으로 지속되며, 어떤 영향을 미치게 될지를 가늠하는 중요한 시기가 될 것이다. 특히 정규 교육을 마친 이후의 초기 5년은 새로운 문화 의식이 기존의 제도적 현실과 맞부딪치며 시험받는 결정적인 시기다. 이 새로운 의식은 교육 확장을 통해 얻은 긍정적 성과들을 실현하는 데 쓰일 수도 있지만, 반대로 그것을 지닌 사람들과 그들의 다음 세대를 체제에 편입시키고, 이윤 논리에 따라 탈정치화하려는 세력들에 의해 오용될 수도 있다. 나는 어느 방향이 더 우세할 것인지 선불리 단정하고 싶지 않다. 실제로 이 두 경향은 종종 뒤섞여 나타나며 서로를 구분하기 어려울 정도로 얽혀 있을 가능성이 크기 때문이다. 새로운 문화적 스타일들은 때때로 체념과 순응을 감추고 등장하며 저항의 언어를 쓰는 듯하지만 실제로는 또 다른 형태의 순응일 수도 있다. 하지만, 하나는 분명히 말할 수 있다. 오늘날의 전반적인 체제 위기는 여러 지역적·부분적 위기를 포함하고 있으며, 이 위기들은 오히려 새로운 선택의 가능성을 열어준다—비록 동시에, 선택할 수 있는 능력 자체를 위축시키기도 하지만 말이다.

오늘날 널리 퍼진 진단 중 하나는, 사회가 더 이상 통치 가능하지 않다는 주장이다. 물론 이 주장이 완전히 입증된 것은 아니며, 실제로는 더 많은 규제를 정당화하는 선전 전략의 일환일 수도 있다. 그러나 전혀 근거 없는 말이라고는 할 수 없다. 적어도 커뮤니케이션 영역에서는 이 진단이 매우 분명하게 사실로 드러나고 있다. 우리는 오늘날, 새로운 형태의 자신감과 자율성, 그리고 사람들이 자신의 실제 노동과 이해관계에 보다 충실해지는 모습을 목격하고 있다. 이러한 태도는 통제되고 관리되는 체제와는 근본적으로 양립할 수 없는 것이다. 통제 체제는 오히려 내부의 압력에 의해 더 많은 것을 통제하고 관리하려는 방향으로 움직인다. 이와 같은 새로운 자신감과 자율성이 처음 뚜렷하게 나타난 시점은 1960년대였으며, 그 흐름은 당시 '대안 문화(alternative culture)'라 불렸다. 새로운 인쇄 기술과 저렴한 제작 방식은 대안적이고 반체제적인 신문과 정기간행물의 놀라운 발전을 가능하게 했다. 상업 연극이 위기에 빠졌을 때는 커뮤니티 극장, 실험 연극, 지하극장 등 다양한 지속적 실험들이 그것을 대신하기 시작했고, 영화나 텔레비전과 같이 고비용이 요구되는 영역에서도 유사한 분산적 시도들이 이어졌다. 상업 출판이 점점 더 대형 기업 중심으로 재편되는 가운데, 이에 맞선 소규모 독립 출판사들과 협동조합 방식의 대응 또한 성장했다. 대규모 조직들에 대응하면서, 각기 다른 방식으로 기여자들의 집단이 스스로 조직을 구성해 나갔다. 물론 이러한 흐름은 언제나 열악한 조건 속에서 이루어졌다. 이러한 흐름은 '자유 커뮤니케이션 그룹(Free Communications Group)[39]'의 역사에서도 잘 드러난다. 이들은 몇 가지 중요한 성과를 이루어냈다. 예를 들어, 노조 및 관련 협회의 재활성화, 작가행동조직(Writers' Action Group)과 같은 강력한 캠페인의 형성 등이 그것이다. 동시에, 제도 경제가 위기에 직면하는 가운데 생산직 노동자들 사이에서는 투쟁성이 높아졌고, 심각한 어려움 속에서도 책임을 지며 사업을 유지하려는 강한 의지가 나타났다. 특히 노동자 협동조합 방식으로 기업을 계속하려는 시도들이 이루어졌다. 이러한 모든 발전은 내가 오랫동안 강조해 온 '제도 변화의 기획'과 맞닿아 있으며, 나는 이를 환영한다. 물론 이들이 지속적으로 마주하는 현실적 문제들과, 대안 문화라는 개념 자체가 지닌 급진성과 구조적 한계 또한 분명히 존재한다. 대안 문화는 매우 쉽게 주변적 문화에 머물거나, 최악의 경우 단지 용인된 '놀이 공간'으로 전락할 수 있다. 이러한 흐름이 지배체제에 대한 실질적인 저항과 연결되지 않는다면, 그 자체로는 불충분하며 필연적으로 한계에 부딪히게 된다. 산업계나 전문 영역의 이익 집단에 의해 주도되는 각종 캠페인은—그 자체로 어느 정도 필요하며, 전환기에는 피할 수 없는 측면이 있더라도—체제 전환에 대한 진지한 기획과 연결되지 않는 한, 기존 체제를 일시적으로 흔들 수는 있어도 새로운 체제를 만들어낼 조건을 실제로 창출하지는 못할 것이다. 오늘날처럼 여유 폭이 점점 줄어들고 있는 상황에서, 이런 위험은 더욱 실질적이며 심각하다. 그러나 그렇다고 해서 아무것도 하지 않는 것보다 나을 수는 없다. 이러한 현실 속에서 우리가 주목해야 할 중요한 발전 중 하나는, 노동자·생산자·기여자들의 협동조합 조직 형태가 점점 더 많이 등장하고 있으며, 특히 자본 집중 지역에서는 개혁적인 정부의 적극적인 지원과 결합할 때 더 큰 성과를 낼 수 있다는 점이다. 이는 우리가 다시 한번 '갈등과 수요'라는 중심적 문제로 되돌아가야 함을 의미한다. 그리고 이러한 조직들이 실제로 성공을 거두기 위해서는, 무엇보다도 자율적이고 독립적인 자신감의 정신이 필요하다. 이 정신은 지금까지 분명히 존재하였고, 매우 고무적인 현상이었다. 그러나 동시에, 기획 능력, 조직력, 기술적 능력 또한 필수적이며, 현재 시스템의 성격상 이들은 쉽게 획득되지 않는다. 이러한 능력은 체제의 흐름을 거스르는 힘이기 때문에, 개발하고 유지하기가 매우 어렵다. 현실적으로 보면, 기존 조직의 틀 안에서 제한된 수준의 투쟁성은 앞으로도 나타날 가능성이 높다. 그러나 우리는 그것을 급진적 변화의 신호로 착각해서는 안 된다. 마찬가지로, 주변적 대안 문화의 한정된 저항을 진정한 급진성과 혼동해서도 안 된다. 지금 우리가 직면한 중대한 질문 중 하나는, 실제 경험과 진지한 사회계획 속에서 명확하고 근본적인 방향이 만들어질 수 있는가 하는 점이다. 우리는 더 이상 의심할 여지 없이, 지금 전체 사회 구조뿐 아니라 모든 커뮤니케이션 시스템이 위기 상태에 있다는 사실을 분명히 인식해야 한다. 이 위기는 여기저기서 붕괴와 균열의 형태로 드러나고 있으며, 앞으로 우리가 나아가야 할 방향은 이 위기의 진단에서부터 시작된다. 폐쇄, 강제 매각과 함께 새로운 형태의 제약과 소외가 등장하고 있으며, 이는 모든 기여자와 생산자에게 위협이 될 뿐 아니라, 확장되고 참여적인 민주적 문화의 발전—한때는 단지 시간문제로 여겨졌던 가능성—에도 심각한 위협을 가하고 있다. 이제 우리는 폐쇄, 강제 매각과 함께 새로운 형태의 제약과 소외의 가능성을 진지하게 받아들여야 할 시점에 이르렀다. 이는 모든 기여자와 생산자에게 위협이 될 뿐 아니라, 확장되고 참여적인 민주적 문화의 발전—한때는 단지 시간문제로 여겨졌던 가능성—에도 심각한 위협을 가하고 있다. 이제 우리는 이 가능성을 진지하게 받아들여야 할 시점에 이르렀다.

이러한 상황은 우리가 지금 심각한 경제 위기의 한가운데에 있고, 기존 노동 형태의 지속 가능성에 집착하고 있는 와중에도, 실상은 커뮤니케이션 기술의 근본적인 전환이 다가오고 있다는 사실을 인식할 때 더욱 중요한 의미를 지닌다. 일부 기술 변화는 실제로 더 간단하고 저렴한 장비의 보급, 채널의 다양화, 새로운 기회의 창출과 같은 긍정적 가능성을 포함하고 있다. 그러나 기술의 진보가 단순한 혁신에 그치지 않는다는 점은, 새로운 수단과 그것을 둘러싼 특허 및 소유 구조를 살펴볼 때 분명히 드러난다. 이는 기술 변화가 중립적인 사회 조건 속에서 단순히 이루어질 수 없는, 복합적이고 구조적인 문제라는 사실을 보여준다. 예컨대 텔레비전을 통한 뉴스와 정보 전달 시스템은 현재 활발히 시험하고 있으며, 화면 상단에 스캔 라인이 실제로 나타날 정도로 구체화되었다. 이러한 변화는 신문과 출판의 역할과 위상에 새로운 도전을 제기할 것이다. 케이블 텔레비전의 발전 역시 공동체 방송이나 독립 제작에 기회를 제공할 수 있지만, 동시에 상업적 착취의 또 다른 통로로 기능할 위험도 존재한다. 위성 방송 시스템은 아직은 주변적 기술로 인식되지만, 향후 민주적 통제를 벗어난 국제 미디어 체계로 발전할 가능성을 지니고 있다. 특히 가정용 위성 수신기의 확산과 광고 자본의 결합은, 초국적 미디어 기업이 주도하는 강력한 통제 구조를 형성할 수 있다. 실제로 일부 주요 지역에서는 이러한 경향의 초기 징후들이 이미 나타나고 있으며, 그와 관련된 핵심적인 갈등들도 진행 중이다. 나는 이와 같은 기술적 변화가 제기하는 문제들과 기회들에 대해 〈텔레비전: 기술과 문화 형식, 1974〉에서 자세히 논의한 바 있다. 이 책은 오늘날의 새로운 문화 상황을 이해하는 데 있어 중요한 보완 텍스트로 작용하며, 이 글에서 다루고 있는 커뮤니케이션의 역사적·사회학적 분석을 지지해 준다. 오늘날 커뮤니케이션은 분명히 하나의 전환점에 도달해 있으며, 여전히 활발하고 역동적인 변화의 중심에 있다. 다양한 새로운 관점들이 지속적으로 제기되고 있지만, 개별 시스템에 대한 분석만으로는 충분하지 않다. 각 시스템 간의 상호작용을 문화 전체의 발전이라는 관점에서 통합적으로 이해하려는 시도가 병행되어야 한다. 커뮤니케이션 시스템을 서로 고립된 채로 다루는 것으로는, 우리가 직면한 변화의 복합성과 방향성을 충분히 설명할 수 없다.

1975년 현재의 시점에서 돌아보면, 모든 문제를 하나의 논리 속에 엮으려 했던 시도가 비록 충분하지는 않았을지라도, 그 시도를 했다는 사실 자체는 다행스럽게 느껴진다. 그 이후 수년간 다양한 형태의 변화가 이어졌고, 그 변화들은 '커뮤니케이션이 현대 사회에서 핵심적인 사회적·문화적·정치적 문제'임을 분명히 입증해 주었다. 그리고 나는 1975년 이후를 내다볼 때, 이 판단이 앞으로 더욱 명확하게 증명될 것이라 믿는다. 이 책은 원래 1960년대 영국을 다룬 시리즈의 특별판으로 기획되었지만, 1970년대의 영국에서도 유효한 문제의식을 담고 있으며, 나아가 1970-80년대의 세계적 맥락 속에서도 주요한 과제와 기회를 계속해서 지시해 줄 수 있다고 생각한다. 아직 해야 할 일, 그리고 더 잘 해내야 할 일이 얼마나 많은지에 대해서는 누구보다도 잘 알고 있다. 이 책은 바로 그와 같은 공부, 논쟁, 그리고 실천을 시작하자는 취지에서 쓰인 것이다. 그리고 지금이야말로 그 모든 것이 그 어느 때보다도 절실히 요구되는 시점이라 할 수 있다.

부 록

부록 A

TV 교육에서의 방법론

최근 몇 년간 텔레비전의 활용 방식에서 두드러진 변화 중 하나는 교육 프로그램의 발전이었다. 1965년 11월의 표본 조사에 따르면, 두 개의 주요 방송 채널에서 다음과 같은 시간과 종류의 교육 프로그램이 방영되었다.

1965. 11	취미	언어	다른 일반 교육	학교와 기술대학
BBC 1	2.00	1.30	2.20	14.30
ITV(Angelia)	—	0.20	0.20	5.31

BBC는 성인과 일반 교양 교육 프로그램의 대부분을 담당하고 있었으며, 학교, 기술 전문대학, 기타 평생교육 기관을 위한 특별 교육 과정도 훨씬 더 폭넓게 제공하고 있었다. 특히 주목할 점은, 학교 교육 프로그램이 최소한 차례, 때로는 두세 차례 이상 반복 방송된다는 사실이다. 교육 프로그램의 중요성을 고려할 때, 그 방식과 질에 대한 독립적인 평가가 중요하다. 다음의 평가는 다양한 종류의 프로그램을 장기간 관찰한 결과에 근거한 것이다.

특정 분야에서는 새로운 교육 기법을 탐색하거나 기존 기법을 보완하는 수단으로 텔레비전을 활용한 시도가 아직 실험 단계에 있음에도 불구하고, 이러한 시도들은 충분히 정당화될 수 있었다. 특히 언어 교육 프로그램은 주목할 만하다. BBC는 언어실습실의 일부 방식을—예를 들어, 학습자의 사전 준비를 유도하고 단계적 참여를 이끌어내는 구조를—텔레비전 드라마 형식과 효과적으로 결합하는 데 성공했다. 이 드라마 형식은 이름이 있는 등장인물들이 반복적으로 등장하고, 해당 언어를 모국어로 사용하는 배우들이 짧은 장면들을 연기함으로써 교수 내용의 기초 자료로 활용된다. 이러한 교육 과정은 소책자와 음반 등 보조 자료를 통해 보완되며, 전반적으로 훌륭한 성과를 거두고 있다. 유일한 약점은 추가 학습이나 심화 과정과의 체계적인 연계가 부족하다는 점이다. 한편, ITV의 학교 대상 언어 교육 프로그램은 프랑스어에 한정되어 있으며, 일반 수업과 함께 사용되도록 설계된 것으로 보인다. 이 프로그램은 프랑스어로만 구성된 시각적 설명 위주의 강의로 이루어져 있으며, 텔레비전을 통한 직접적인 교수는 없지만 유용한 듣기 연습의 기회를 제공한다. 이들 프로그램 역시 창의적이고 우수한 방식으로 제작되었다.

BBC의 과학 및 관련 분야 프로그램은 학교와 일반 대중 대상 모두 대체로 잘 제작되었다. 일반 대중을 위한 프로그램의 경우, 전형적인 형식은 대학 소속 과학자들이 시각 자료를 중심으로 강의를 진행하는 방식이며, 세밀한 시각화와 자료 제시의 기회는 대체로 잘 활용되었다. 그러나 이 경우에도 추가 학습과의 연계 부족이라는 약점이 존재한다. 청중의 참여를 유도하려는 시도—예컨대, 청중이 사전에 준비된 듯한 질문을 던지도록 유도하는 방식—는 성공적이지 못했다. 이러한 한계는 교육 텔레비전이 전체적으로 계획된 체계를 갖추고, 기존 교육기관이나 특별히 고안된 교육 조직과 구체적으로 연결되면 비로소 극복할 수 있을 것이다. 지금까지의 실험들은 일정 수준 이상의 강의가 텔레비전으로도 충분히 가능하며, 흥미롭게 전달될 수 있다는 점을 보여준다. 이는 향후 발전 단계에서 활용이 가능한 방식이다. 학교 대상 프로그램에서는 이미 후속 학습과의 연계가 마련되어 있으며, 과학, 수학, 그리고 특히 지리 교육 프로그램에서 매우 뛰어난 성과가 나타났다.

지금까지 논의한 프로그램들—즉, 비인격적인 지식을 상상력 있게 전달하는 프로그램들—과는 명확히 구분되어야 할 또 다른 유형의 프로그램들이 있다. 그것은 판단, 논쟁, 개인적 선택이 즉각적으로 개입되는 프로그램의 범주로 훨씬 만족스럽지 못한 결과를 보여주었다. 물론 이러한 차이는 어느 정도 불가피한 것이지만, 실제로 관찰된 일부 차이는 매우 두드러졌고, 이 영역 자체가 워낙 중요하기 때문에 보다 세부적인 검토가 요구된다.

학교 대상 드라마 프로그램의 초기 사례에서는 선정된 희곡들의 범위가 탁월했고 일부 작품의 연출도 훌륭했다. 그러나 작품이 스스로 말하도록 하는 데에는 주저함이 있었고, 해설이 필요하다고 판단되어도 사실적인 소개나 비평적 해석을 제공하려는 시도는 거의 없었다. 그 대신, 종종 작품의 본래 의도를 오히려 훼손하는 형태의 도입부가 등장했다. 그 한 예가 〈세르게이 무스그레이브의 춤(Sergeant Musgrave's Dance)〉과 〈착한 병사 슈베이크(The Good Soldier Schweik)〉[40]를 단지 '전쟁에 대한 반응'이라는 피상적 수준에서 연계시킨 사례이다. 이는 비평적 해석의 틀을 전혀 제공하지 않은 채 이루어진 것으로, 전적으로 받아들이기 어려운 방식이다. 이 두 작품은 마치 다큐멘터리처럼 단순화된 서사로 소개되었고, 작품이 사용하는 고유한 형식적 기법들로부터 시청자의 관심을 멀어지게 했다. 시각적으로는 일정 수준의 세련됨을 보여주었지만, 본질적으로는 무지를 드러냈으며, 소위 '소개'가 끝나고 나서야 비로소 작품 자체를 온전히 감상할 수 있게 되었을 때 안도감을 느낄 정도였다.

이러한 수준과, 언어 프로그램 내에서 진행된 20세기 프랑스 작가들에 대한 프랑스어 강연 사이의 질적 차이는 매우 두드러졌으며, 후자의 작업이 더 쉬웠다고는 도저히 말할 수 없다.

일반 상식에 속하는 다양한 프로그램들도 존재하며, 이들 간의 질적 편차는 크다. BBC의 〈스포트라이트(Spotlight)〉는 대체로 우수한 편이지만, 〈사인포스트(Signpost)〉는 회차마다 편차가 심하다. ITV의 〈Afternoon Edition〉은 고급 기술과 사실상 무가치한 내용이 결합된 흥미로운 사례이다.[41] 이 프로그램은 한 언론인이 시사 주제를 이야기하고, 이후 학교에 있는 아동들이 전화로 질문을 던지며 진행된다. 그러나 문제는 단지 질문에 대한 답변이 부실하다는 데 그치지 않는다. 전화로 진행하는 과정에서 조성되는 '가짜 흥분감' 자체가, 질문의 의미나 오해를 차분히 짚어가는 진지한 시도의 대체물로 작용하고 있다는 점이 더욱 심각하다. 이러한 방식이 과연 교육적이라고 할 수 있을지는 의문이다. 대부분의 학교에서 사회과목이 부재하다는 사실은 실로 충격적인 일이다. 이러한 프로그램은 신문 매체의 조급한 세계에 방향을 맞추고, 조급함 자체를 하나의 가치로 제시하면서, 어린이들을 성인의 세계에 '동화'시키지만, 그것을 이해하도록 돕는 정보 기반의 안내는 거의 제공하지 못하고 있다. 이와 유사한 '동화'의 방식은 BBC의 〈직업 세계로의 첫걸음(Going to Work)〉에서도 나타난다. 이 프로그램은 다양한 성인의 직업을 정보에 기반해 소개하고, 각 직업을 사회 전체의 노동 구조와 연계시키려는 시도를 담고 있을 것이라 기대할 수 있다. 그러나 실제로는, 종종 불쾌할 정도로 '고용주가 여러분에게 기대하는 것'에 대한 순응 교육으로 전락하고 있다. 직무의 세부 사항은 이와 같은 적응 훈련의 틀에 종속된다. 이처럼 우호적으로 포장된 외양 아래에서 작동하는 방식은 사실상 일종의 세뇌에 가까우며, 십대소녀 대상 잡지의 '진로 조언'이라는 명목으로 제공되는 주입식 메시지와 유사하다.

사회적 쟁점이 역사적 문제로 다루어질 경우, 텔레비전 교육은 이를 매우 효과적으로 처리할 수 있다. 실제로 가장 뛰어난 프로그램 가운데 일부는 ITV의 시리즈 〈철도의 시대(The Railway Age)〉와 〈땅과 사람들(The Land and the People)〉이었다. 이 프로그램들은 우리의 교육 자원에 중요하게 기여한다. 그러나 이와 달리, 동시대의 사회적 쟁점이 다루어지면 상황이 크게 달라진다. 나는 광고를 주제로 한 두 편의 교육 프로그램을 자세히 살펴보고자 한다. 하나는 ITV 시리즈 〈영어와 삶(English and Life)〉에 포함된 것이고, 다른 하나는 BBC 시리즈 〈오늘을 산다는 것(Living in the Present)〉의 한 프로그램이다. 후자의 프로그램에 대해서는 개인적으로도 각별한 관심이 있다. 통신에 관한 일부 내용이 이 책의 초판에서 다룬 방식과 자료와 유사하게 구성되어 있었기 때문이다. 다만 덧붙이자면, 〈Communications,

Culture and Society〉, 〈The Long Revolution〉과 같은 책들은 이와 유사한 성격의 독서 목록에 대체로 포함되어 있음에도 불구하고, 실제로 강사용 소책자에 수록된 47권의 도서 목록에는 포함되어 있지 않았다. (소책자 서문 중: '이 목록의 책들은 여러 가지 이유로 선정되었습니다. 일부는 프로그램과 직접적으로 관련이 있으며, 다른 일부는 학생들이 다루어지는 주제를 더 깊이 공부하고자 할 때 유용할 것입니다. 대부분은 쉽게 구할 수 있으며, 많은 책이 페이퍼 백으로 출판되어 있습니다.')

ITV의 해당 프로그램은 아마추어 수준이라 평가해도 무방할 것이다. 프로그램의 첫 부분에서는 광고를 논쟁의 소재로 삼아, 한 산업 자본가와 한 공산주의자를 연기하는 두 배우 사이의 '짜증 섞인 논쟁' 장면을 보여주었다. 이들은 각자의 체제에 대해 상투적인 표현을 주고받았고, 이어서 아프리카의 전통 마을에서 현대 산업사회에 이르기까지의 생산 역사를 놀라울 정도로 빠르게 요약한 시각 자료가 제시되었다. 그다음에는 현대 사회의 공익광고—예컨대 도로 안전 캠페인 등—중 일부 사례가 소개되었으며, 아이들에게는 각자 광고 사례를 수집해 보라는 조언이 덧붙여졌다.

이 프로그램은 교육이라고 부르기 어려운 수준이었다고 말하는 것이 공정할 것이다. 막연한 일반적 질문의 제기나 포괄적인 참여 권유는, 제시된 내용이 혼란스러운 맥락 속에서는 사실상 무의미하게 느껴졌다. 이 프로그램의 핵심은 '모의 논쟁'이었는데, 이는 논쟁이 불가피한 주제를 다루고 있다는 인상을 주면서도, 실질적으로는 이를 일종의 버라이어티 콩트로 희화화함으로써 내용의 진지함을 희석하였다. 수준 낮은 프로그램 하나쯤은 늘 있을 수 있다고는 하지만, 여기서는 그 이상 무언가가 작동하고 있는 것처럼 보인다. 쟁점들은 분명히 존재하고 논의되어야만 하지만, 어떤 특정한 어조가 설정되며, 그 어조는 아마추어리즘이라는 피상적 효과 아래에서 더 효과적으로 작동할 수 있다. 자본가 역할을 맡은 인물은 매력적으로 묘사되지 않았는데—이중 턱에, 거친 논리를 부여받았다—광고 비판자는 외국의 사례를 인용하는 거칠고 젊은 공산주의자로 묘사되었다는 점 역시 뇌리에 남는다. 한편, 인간 경제의 역사를 희화화한 버전은, 앞서 언급된 훌륭한 사회·경제사 프로그램들과의 심각한 대비를 불러일으켰다.

BBC의 광고 관련 프로그램은 외관상 훨씬 더 전문적으로 구성되어 있었다. 프로그램은 브라이튼의 한 여성 단체 모임에서 연설 중인 여성 연사의 모습으로 시작된다. 그녀는 광고주들이 종종 과장된 주장을 한다며, '비누는 우리를 깨끗하게 해줄 뿐 아니라 아름답게도 해줍니다'라고 말하며 (청중의 웃음) 사례를 들었다. 이어서 광고 실무자 협회의 한 대표와의 인터뷰 장면으로 전환된다. 앞선 연설자가 '엿듣는 듯한' 형식으로 제시되었다면, 이 남성은 인터뷰 진행자의 질문에 응답하면서 카메라를 직접 응시하며 발언한다. 주목할 점은, 진행자가 정중하고 공손하며, 답변을 아무런 이의 없이 그대로 수용했다는 점이다. 이 답변의 일반적인 내용은 광고가 판매를 증가시키며, 이것이 광고의 주요한 장점이라는 것이었다. 그는 담배가 상점에서 판매되고 있기 때문에 담배 광고를 금지해야 할 이유는 없다고 말했다. 이 발언의 함의들을 연결하거나 해설하려는 시도는 없었다. 이 대표는 인터뷰 도중 담배를 피웠고, 인상적인 사무실에 앉아 있었다. 프로그램은 이어 세제 제조업체의 한 대표와의 인터뷰로 넘어갔다. 그는 경쟁 제품과 가격이 비슷하지만, 제품 함량이 18% 더 많은 세제 포장 제품을 소개하였다. 이 제품은 '선물'을 부착한 세제 판매 방식에 대한 비판에 대응하여 출시된 것이었지만, 주부들은 여전히 제품이 적고 '선물'이 붙은 기존 제품을 더 선호한다고 설명했다. 이 설명에 대해서도 진행자는 아무런 논평을 덧붙이지 않았다. 마지막으로 프로그램은 여성 연사의 마무리 발언 장면으로 돌아가고, 음성은 시청자에게 '당신은 누구의 말에 동의하십니까?'라고 묻는다.

이 방식은 매우 면밀한 검토가 필요하다. 이 프로그램은 겉으로는 논쟁의 '양측'을 공정하게 제시하는 것처럼 보이지만, 각 발언자에게 부여된 말의 비중, 그들의 말하기 방식, 그리고 제시되는 맥락은 결국 전혀 다른 현실을 구성한다. 광고에 대한 경제적 논점에 관해서는 광고 대행사의 대표라는 인물의 권위 있어 보이는 발언 외에 어떤 증거도 제시되지 않았다. 세제를 다룬 이 사례는, 세제 가격에서 광고비가 차지하는 비중에 대한 질문으로 자연스럽게 이어질 수 있었으나, 후속 질의 없이 그대로 지나쳤다. 이 사례는 본질적으로 광고 사례라 보기 어려웠으며, 핵심적 쟁점이 될 수 있었던—즉, 제품에 더 많은 세제가 포함되어 있었음에도 소비자가 이를 선택하지 않았다는 광고 캠페인의 상대적 실패—부분은 전혀 논의되거나 강조되지 않았다. 이 프로그램은 전문적인 형식을 갖추었지만, ITV 프로그램과 마찬가지로 특정한 어조와 접근 방식을 설정하였다. 이 가운데 특히 주목할 점은 '광고 비판자들'이 일반화된 이미지로 제시되었으며, 엿듣는 형식으로 등장하지만, 광고 옹호자는 내부자의 입장에서 카메라를 정면으로 응시하며 도전받지 않는 의견을 명확하게 전달했다는 사실이다. 마지막에 삽입된 '누구의 말에 동의하십니까?'라는 음성은 중립적 교육을 가장한 듯 들릴 수도 있지만, 실제 맥락과 정보 제공의 편파성을 고려할 때 이는 단지 수사적 질문에 불과하다. 이 프로그램에 대한 나의 최종 인상은, '교육'이라는 명목으로 특정 유형의 홍보 기법을 충실히 모방한 사례라는 것이다. 이러한 방식은 이른바 방어적 광고(defensive advertising)의 익숙한 형태와도 밀접한 관련을 갖는다. 일정 수준의 비판은 허용되지만, 가장 힘없고 가장 모호한 방식으로만 제시되며, 그 결과로 프로그램은 '공정한 접근'이라는 외양을 띠게 된다. 그러나 실제 내용은 권위를 내포한 인물이 카메라를 정면 응시하며 단언하는 형식으로 구성된다. (이러한 기법을 연구하고자 하는 이들에게는, 베트남 전쟁을 주제로 1965년 옥스퍼드에서 개최된 공개 교육 토론회 teach-in의 BBC Gallery 편집본42과 서드 프로그램(이후 BBC 라디오 3채널로 개편)에서 송출된 생방송 원음을 비교해 볼 것을 권한다. 서드 프로그램에서 송출된 생방송 버전은 논쟁의 전개 흐름을 편집 없이 그대로 따라간다.)

이러한 작업이 공공기관에 의해 '교육'이라는 이름으로 방송된다는 사실은 매우 우려스럽다. 이와 같은 주제가 적절하게 다루어질 수 있다는 점은 굳이 증명할 필요도 없다. 같은 시리즈에 포함된 텔레비전과 영화에 관한 프로그램은 다양한 전문가들의 증언이 소개되고 논의되어, 하나의 모범적 사례를 제시한다. 반면 신문을 다룬 또 다른 프로그램은 다시 '내부자 관점'

으로 회귀하였다. 이 프로그램은 〈더 선〉의 창간 과정을 보여주면서 언론위원회에 대한 문제 제기, 광고가 언론 정책에 미치는 영향, 소유권 집중, 선정주의 등 몇 가지 비판적 쟁점을 제기하였으며, 이에 대해서는 프랜시스 윌리엄스 경(Lord Francis-Williams)[43]이 답변을 맡았다. 비록 광고를 다룬 프로그램보다는 그 어조가 다소 덜 온건하였지만, 이 역시 논의 대상인 제도 내부 실무자들의 사고방식 범위를 벗어나지 못하였다.

현대의 가치관과 사회 정책을 다루는 교육이, 언어나 비교적 안정된 과학 지식 체계를 다루는 교육과는 다른 어려움을 수반한다는 것은 자명하다. 그러나 실제로 시청한 프로그램들에 비추어볼 때, 이 두 영역 사이에서 드러나는 전문성과 책임감의 수준 차이는 충격적이며 도저히 용납할 수 없는 것이다. 언어나 과학 관련 프로그램의 경우, 해당 프로그램의 제작자들은 스스로 전문성을 주장하지 않기에, 일반적으로 대학이나 유사한 기관에 자문을 요청하게 된다. 반면, 드라마나 시사, 커뮤니케이션 분야의 경우, 제작자들 자신이 그 분야의 실무자들이며, 다양한 방식으로 자신들이 교육적 관점을 가져야 할 그 세계의 일부로 이미 편입되어 있다. 만약 텔레비전 교육이 필요한 수준과 규모로 확대되고자 한다면, 프로그램 제작에 대한 책임은 무엇보다도 '교육적' 성격이 명확한 기관에 맡겨져야 하며, 그 기관은 교육에 주된 소속감을 지닌 인물들로 구성된 독립된 조직이어야 할 것이다. 이들은 실험적 과정을 통해, 일반 교육 기관들에서 확립된 수준에 부합하는 운영 기준을 설정할 수 있어야 한다.

즉, 텔레비전 교육 프로그램의 제작자와 집필자는 본질적으로 교육기관의 행정가이자 교사여야 하며, 기존의 교육 종사자들과 긴밀히 연계되어야 한다. 이들은 '다른 세계'에 속한 별도의 '커뮤니케이터' 집단이 되어서는 안 된다. 왜냐하면 결정적인 지점에 이르렀을 때, 이들은 너무도 자주 교육 자체가 아니라 자신이 속한 세계의 습관과 기준을 적용하기 때문이다. 교사와 학생들이 텔레비전 교육이 다루는 내용뿐 아니라 그 방법론 자체를 비판적으로 점검해 나갈 수 있는 시간과 방식이 마련되기를 간절히 기대한다.

내가 본 자료들을 바탕으로 판단하건대—그리고 직접 비교 가능한 훌륭한 사례들이 적지 않음을 고려할 때—이러한 비판적 검토는 필요하며, 심지어 긴급하다고 말할 수 있다.

마지막으로 '개방대학(University of the Air)'[44] 계획에 대해 언급할 필요가 있다. 독립된 교육 채널—실제로는 제4채널—의 필요성은 매우 크며, 이를 뒷받침할 수 있는 초기 사례들도 이미 충분히 나타나고 있다. 방송 교육과 그에 따른 후속 과정을 유기적으로 연계하는 통합적 체계가 마련된다면, 이는 현실적으로 가능한 방안이 될 수 있다. 그러나 그러한 경우, 이 제도는 본질적으로 하나의 대학이어야 한다. 다시 말해, 이 기관은 학술적이고 교육적인 성격을 지닌 기관이어야 하며, 일정 수의 상설 교수진과 외부 교육기관 소속 교사들의 협력 체계를 갖추는 동시에, 프로그램 제작자와 기술진 역시 교육기관의 전문 구성원으로 참여해야 할 것이다. 물론 여전히 어려운 점들이 존재하며, 특히 시간 확보가 주요 과제 중 하나가 될 것이다. 하지만, 이와 같은 획기적인 발전은, 향후 한 세대 안에 이루어질 수 있는 가장 중대한 문화적 진전 중 하나가 될 수 있다.

부록 B

예술 정책

1965년 백서에 대한 논평

(1965년 3월 5일, <Tribune>에 게재된 저자의 기사 재인쇄)

10월의 선거 운동에서 2월의 백서 발표까지는 상당한 시간이 소요되었다. 늦겨울의 차가운 회색빛 속에서, 국가는 아직 충분한 성장을 이루지 못한 채 길어지는 낮을 그대로 흡수하고 있다. 이러한 배경 속에서 제니 리(Jennie Lee)[45]의 예술 정책 백서는 마치 첫 번째 눈꽃과도 같다. 이는 분명한 성과이지만, 그 규모는 미미하고, 고립된 채 계절의 색을 반영하고 있다.

'우리는 같은 거리를 걷고, 같은 공기를 마시며, 같은 광경과 소리에 노출된다.' 이는 그녀가 제시하는 정책의 핵심 원칙을 함축하고 있다. 즉, 공동체 의식과 예술을 그 공동체의 생명력으로 간주하는 관점이다. 그러나 이러한 언급에는 불안정성과 외부적 영향에 대한 인식이 내포되어 있다. '새로운 사회적·예술적 환경이 필수적이다.' 이는 부정하기 어려운 사실이다. '예술 정책을 위한 첫걸음'이라는 표현에는 가능성과 한계가 동시에 포함되어 있다.

> 우리는 일부 예술 분야를 빈민 구제법 수준의 재정 지원만으로 유지하는 관행을 지속해 왔다. (...) 모든 새로운 사회 서비스는 정착되기까지 오랜 투쟁을 거쳐야 한다. 어제는 무상의료 서비스를 위한 투쟁이었고, 그 전날은 보편적 교육을 위한 투쟁이었다.

이는 제니 리의 정치적 관점을 반영하며, 그 논지는 타당하다. 이러한 언급의 배경에는 어네스틴 베번(Aneurin Bevan)[46]의 유산이 있으며, 더 나아가 노동 운동의 집단적 경험이 담겨 있다. 따라서 그녀는 정책적 지지를 얻을 가능성이 크지만, 동시에 강력한 지원이 절실히 요구될 것이다.

이번 정책에서 가장 중요한 변화는 예술에 대한 정부 책임이 재무부(Treasury)에서 교육부(Ministry of Education)로 이전된 점이다. 이는 단순한 행정적 조정이 아니라 정책적 방향성을 결정짓는 핵심적 조치로 해석되어야 한다. 제니 리가 임시로 소속되었던 공공건설부(Ministry of Public Building and Works)는 명백히 부적절한 선택이었다. 그곳에서 예술은 주로 '권위'와 '보존'의 대상으로 다루어졌다. 마찬가지로, 재무부에서 예술은 단순한 후원과 보조금 지원의 대상으로만 취급될 뿐이었다.

실질적인 예술 정책은 곧 교육 정책의 일부로 기능해야 하며, 이는 사고와 창조적 활동의 전반적 성장과 연계되어야 한다. 이러한 변화가 예상보다 조기에 이루어진 점은 주목할 만하다. 당초 이 목표를 달성하기 위해 예정되었던 투쟁의 에너지는 이제 정책 실행을 확고히 하는 방향으로 전환되어야 한다. 최소한의 조치로서, '교육·예술·과학부(Ministry of Education, Arts and Science)'이라는 명칭 변경이 이루어져야 하며, 궁극적으로는 '예술부(Ministry of Arts)' 설립이 실현되어야 한다. 우리는 점진적 변화를 향해 나아가고 있다.

과거의 보고서 〈삶을 위한 여가(Leisure for Living)〉에서는 '국가의 문화 지원'이 과도한 개입이라는 보수 언론의 신경질적인 반응이 반영되었으나, 이번 백서는 진보적인 태도를 채택하고 있다. '일부 언론이 지속적으로 문화 예산을 공격함으로써 반문화적 태도를 애국적인 것으로 보이게 만들었다.' 이는 여전히 갈 길이 멀다는 사실을 시사하지만, 적어도 이제는 정책적 입장이 명확히 드러나고 있다.

이러한 장기적인 성격의 기본 정책 변화들은, 단기적으로 증액된 예산 규모보다 훨씬 더 중요한 의미를 지닌다. 예술위원회(Arts Council)의 보조금은 2,150,000파운드에서 2,815,000파운드로 인상되었고, 박물관에 대한 지원금은 54,000파운드에서 108,000파운드로 두 배로 늘어났다. 예술 활동을 위한 공간 조성과 같은 자본 지출을 지원하는 기금도 새롭게 250,000파운드 규모로 마련되었다. 예술위원회 보조금 내에서 개인 예술가들을 지원하기 위한 기금은 10,000파운드에서 50,000파운드로 확대되었다. 이러한 모든 증액은 환영할 만하다. 물론, 이들 예산은 여전히 부족하며, 문화예술 생태계를 충분히 뒷받침하기에는 역부족이다.

그러나 지금 우리가 가장 시급히 요구하는 것은, 단순히 기존의 체계를 통해 더 많은 재원을 흘려보내는 것이 아니다. 우리가 필요로 하는 것은 기존의 통로들을 넓히고 성격을 변화시키는 동시에, 새로운 경로를 창출하는 일이다. 이번 백서는 이러한 방향에 대해 대체로 긍정적인 입장이다. 바로 그것이, '구빈법적 구제(poor law relief)'를 '새로운 사회 서비스'로 대체하겠다는 선언이 담고 있는 핵심 의미일 것이다. 하지만 그 구체적인 내용에 있어서는 여전히 불분명한 점이 많다.

예술위원회를 둘러싼 논쟁은 머지않아 불가피하게 전개될 것이다. 예술위원회는 그 한계 안에서 의미 있고 필요한 역할을 하지만, 그 한계는 분명하다. '우리 왕국 전역의 대중이 순수예술에 더 쉽게 접근할 수 있도록 한다'는 목적 아래, 우리는 과연 어떤 정책과 어떤 인물을 끌어낼 수 있을 것인가? '접근성', '순수예술', '대중'—이러한 표현들은 가부장주의(paternalism)의 언어를 구성한다. 그리고 예술 문제에 있어 영국 중상류층이 신뢰할 만한 '부모'로 기능할 수 있으리라는 기대는 처음부터 비현실적인 것이었다.

백서가 추천하고 있는 지역협회들도 마찬가지다. 그것들이 지역 가스 소비자 자문위원회들처럼 되어버리는 것은 아닐까? 당신이 어떤 지역에 살고 있는데, 어느 날 우체국 게시판에서 어떤 명단을 보게 된다. 그 안에는 당신과 이웃들을 상징적으로 대표한다는 이름들과 훈장들이 적혀 있다. 나는 차라리 실제 장소들에 대해 말하고 싶다. 도시와 마을, 그리고 주, 그 안에 지을 수 있는 예술센터들, 지역을 작동하는 조정 체계로 만드는 일, 실질적이고, 여유 있는 사람들은 바빠서 오기 어려운 그런 구조, 훈장도, 후원도, 리셉션도 없는—그저 '업무를 위한 사무소'일 뿐이다. 이 모든 과정, 그리고 궁극적으로 예술위원회를 변화시키는 방향은 우리가 원하는 강력한 민주주의 체계다. 일이 실제로 벌어지는 곳에 권한이 있어야 하고, 지역 및 국가 단위의 위원회와 기구들은 자문이나 후원의 장이 아니라 실질적 조정의 장소가 되어야 한다.

백서는 이 점에서 양면적으로 읽힐 수 있다. 그 일부는 우리가 원하지 않는 백서식 기구들을 제안하거나, 이미 존재하는 그것들을 승인하고 있는 것처럼 보인다. 그러나 또 다른 일부는 실제 장소와 사람들에 대해 이야기하고 있다. 자본 건축 기금은 지방자치단체에 건물을 짓기 시작하라고 도전장을 내민 것이다. 수요가 증가하면, 기금도 함께 늘어날 것이다. 만약 이것이 허세라면, 우리는 모든 지방자치 단위에서 그것을 드러내야 한다. 하지만 이러한 성장이—이미 몇몇 지역에서 실제로 이루어지고 있는—정말 시작되고 있다면, 우리는 현재의 국가 행정 구조, 즉 이제는 시대에 뒤처진 '구빈원 이사들(Boards of Guardians)' 체제를 근본적으로 개혁할 수 있는 토대를 얻게 될 것이다.

그동안 지역 차원의 정리도 필요하다. 백서는 극장이 다른 용도로 전환되는 경우, 영화관이나 뮤직홀로의 변경이 아닌 한, 그에 대해 계획통제를 적용할 것을 제안한다. 이는 필요하다. 또 백서에서는 생존하는 예술가들을 지원하기 위한 재원을 마련하는 새로운 방식들—국가 예산, 부담금(levy), 저작권의 연장 등—을 논의한다. 나는 저작권 연장이 채택되기를 바라며, 그 기금이 모든 예술 분야로 확대되기를 희망한다. 또한 6펜스의 지방세율(six penny rate)을 주 단위에도 적용하는 방안은 바람직하다. 다음 백서에서는 국왕실 공연검열관(Lord Chamberlain)을 퇴임시킬 수 있을 것이다.

지역 단위의 개혁과 근본적인 구조개혁—이 둘은 어떤 노동당 정부든 당연히 책임지고 추진해야 할 과제이다. 우리는 이 백서를 염두에 두고 미래를 내다볼 필요가 있다. 나는 다음과 같은 단락이 특히 인상 깊었다:

…문화의 확산은 이제 생활의 일부가 되었기 때문에, 그것이 멈추는 지점을 정확히 특정하기는 어렵다. 광고, 건축물, 책, 자동차, 라디오와 텔레비전, 잡지, 음반—이 모든 것은 문화적 성격을 띨 수 있으며, 일종의 '생활편의 요소(amenity)'로서 우리의 삶에 긍정적 혹은 부정적 영향을 끼칠 수 있다.

그러나 우리는 이 문장을 제대로 해석할 필요가 있다. '문화적 성격을 띤다'는 표현—이것은 표현을 다시 쓰든, 개념 자체를 다시 사유하든, 분명히 재검토되어야 할 필요가 있다. 이 말은 광고가 보다 '문화적'일 수 있다는 의미인가? 이는 앞 문장에서 '오락(entertainment)'과 '문화 프로젝트'를 구분한 맥락과 연결되어 보인다. 내가 보기에는 그러한 의미로 해석된다. 그렇다면 우리는 이 모호한 개념에 대해 보다 날카롭고 철저한 비판을 가할 필요가 있다. 이 문장에 포함된 다른 어휘들은 중요한 의미를 내포하고 있을 가능성이 있다. 다시 말해, 문화란 단지 '순수예술'만을 지칭하는 것이 아니라는 점—그 반대말은 아마도 '천박한 예술(coarse arts)'일 텐데—그리고 문화적 가치란 삶의 가장자리에 부가되는 장식물이 아니라, 삶 전체에 대한 근본적인 문제라는 점이 바로 그것이다. 나는 백서 전반에서 이러한 근본적인 선택이 흐릿하게 처리된 지점을 약 20여 곳 표시해 두었다. 그 문장들은 모두 양방향으로 해석될 수 있다. 그러나 이 쟁점은 결정적으로 중요하다. 백서의 첫 페이지에서 언급된 '청년 세대'는 단순히 어떤 '희망적인 재료'가 아니다. 그들은 누구의 '재료'도 아닌 독립된 존재들이다. 우리가 논의하는 것은 사회에 관한 것이며, 인간을 '가공'의 대상으로 간주하는 어떤 공정(processing)에 대한 것이 아니다.

하지만 우리가 사회에 대해 말하고자 한다면, 제니 리는 조만간 자신에게 부여된 소관 영역이 협소하다는 점을 인정해야 할 것이다. 영국 사회의 주요한 문화적 현실은 모든 종류의 커뮤니케이션이 극단적으로 독점되어 있다는 사실이다. 예술의 편협성은 이 구조적 독점과 직접적으로 병렬된 사회적 증상이다. 우리는 둘 중 하나만을 바꿀 수는 없다. 둘 다를 바꾸기 위해서는, 결국 사회 자체를 근본적으로 변화시켜야 한다.

실제로 백서는 영화 유통에 존재하는 독점 구조에 대해 언급하고 있으며, 그것은 독점위원회(Monopoly Commission)에 상정된 상태다. 좋다. 우리는 그 과정을 지켜볼 것이다. 백서는 라디오와 텔레비전에 대해서도 언급하지만, 정부가 개입해서는 안 된다는 점을 경건하게 강조하는 선에서 머문다. 마치 영국의 방송 시스템 전체가 정치적 행위가 아닌 것처럼, 정치적 변동과 무관한 것처럼 말이다. 어쩌면 다른 부서—다름 아닌 우체국의 권한을 건드릴까 봐 조심스러웠던 것일 수도 있다. 그러나 차기 행정 개편에서는 텔레비전과 라디오가 단순한 편지나 전화와는 전혀 다른, 문화 제도라는 점을 분명히 인식해야 할 것이다. 영국 전역에 존재하는 예술가들과 예술단체 간의 필수적 연계, 그리고 음성과 영상 매체를 통한 국가적·지역적 공연 네트워크의 구축은, 이 문제가 하나의 전체로서 인식되어야만 가능하다. 라디오와 텔레비전을 이처럼 다양한 국가적·지역적·지방적 목적에 봉사하는 방식으로 재구성한다는 것은 결국 기존 구조 전체에 대한 도전을 의미한다. 현재의 구조는 이윤 추구와 국가의 권력이 혼합되어 있으며 혼합경제 체제에서 흔히 보듯이 둘은 점점 더 닮아가고 있다. 시간이 걸리겠지만, 우리가 진정한 문화정책을 만들고, 문화와 교육을 실질적으로 연결하는 정책을 구상하려면, 지금의 대중 매체 체계—이른바 '대다수 서비스(majority services)'—를 다시 들여다보아야 한다.

물론 화이트홀(Whitehall)[47]의 관료 중 누구도 감히 언론에 손을 대려 하지 않는다. 언론은 극단적인 독점 구조 속에 있으면서도 여전히 난폭하게 교양 없는 태도를 보이고 있다. 이들이 지역 예산으로 순수예술에 약간 더 지출한다고 해서, 그저 갑자기 교양 있게 변하지는 않을 것이다. 언론은 여전히 삶의 나머지 모든 영역에서 반문화적일 수 있다. 하지만, 우리는 최소한 일부 영역—예를 들어 잡지 분야에서부터—시작할 수 있지 않을까?

하지만 보다 시급하고, 실제로 다루기 쉬운 영역이 하나 있다. 바로 현재 출판과 서적 유통이 처한 상태다. 이 문제는 누가 담당하는가? 통상산업부인가? 누가 되었든 간에, 이 사안은 반드시 검토되어야 한다. 왜냐하면 이 구조는 문학에 직접적인 영향을 끼치고 있기 때문이다. 이 문제는 장기적이고 복잡한 과제가 되겠지만, 지금 당장 공적 조사를 시작해야 한다.

그리고 다시, 광고 이야기로 돌아가 보자. 광고 산업은 어쩌면 진정한 예술적 역량이 가장 많이 발휘되는 기술들을 활용하는 분야일지도 모른다. 광고가 가지고 있는 자본력은 예술과 커뮤니케이션의 거의 모든 영역에 영향을 미치고, 압력을 가한다. 나는 이전에 제기했던 도전을 다시 강조하고 싶다. 만약 우리가 예술과 커뮤니케이션을 진지하게 고민한다면, 그리고 '이윤을 위한 생산'이 아니라 '사용을 위한 생산'이라는 이상을 진지하게 추구한다면, 이미 논의되거나 시행 중인 지역 차원의 통제를 넘어서, 적극적인 변화에 대해 이제는 진지하게 생각해야 한다. 예술센터들(Arts Centres)뿐 아니라, 우리는 디자인 혹은 생활정보센터들도 함께 만들어야 한다. 그곳에서는 상품과 서비스에 대한 독립적인 정보를, 자유롭고도 매력적인 방식으로 제공할 수 있어야 한다. 이것이야말로 진정한 교육의 기초다. 우리는 서로에게서, 실제 사용 경험과 디자인에 대해 배우고, 우리 경제를 평가할 수 있는 기준을 스스로 세워나가야 한다. 이러한 활동이 미술관, 콘서트홀, 극장, 도서관, 서점들과 나란히 놓일 수 있다면, 우리는 문화에 대해 정말로 진지해졌다고 말할 수 있을 것이다.

〈예술 정책: 첫걸음〉—이 문서는 '완전하고 포괄적인 정책'으로 나아가기 위한 첫 단계를 약속하고 있다. 그 약속이 실현되려면, 제니 리와 그녀의 동료들에게는 우리의 전폭적인 지지가 필요하다. 그러나 그 지지는 단지 응원이나 수용이 아니라, 우리가 처한 현실에서, 우리가 문제를 인식하는 방식으로부터 나와야 한다. 우리 대부분은 런던까지 올라가 장관의 시각을 직접 듣는 일을 하지 않는다. 그리고 나는 이 장관이 그런 방식의 지지를 기대하지 않으리라 생각한다. 오히려 각자의 현장에서, 우리가 각자의 관점을 형성하고, 공적인 논쟁을 지속적으로 이어가는 것, 그것이 우리의 책임이다.

지금 첫 번째 스노드롭(snowdrop, 이른 봄에 피는 하얀 꽃)이 모습을 드러냈다. 우리는 그것이 밟히지 않도록 도울 것이다. 우리는 그 꽃이 얼마나 사랑스럽고, 계절의 색 속에서 작고 외롭게 피어났는지를 말할 것이다. 그리고 우리는 그 오랜 시간 동안 땅을 일구고 준비한 만큼, 이제는 그 꽃 뒤를 이어 피어날 다른 꽃들을 기대할 자격이 있다.

추신 (1966년 5월)

위의 글은—그리고 여전히 제니 리가 중심에 있는 한—노동당 정부의 문화정책에 대한 의미 있는 대응 방식이다. 그러나 그 이후 나는 해럴드 윌슨이 ITV(독립 텔레비전) 10주년을 기념하는 길드홀 만찬에서 했던 연설을 읽었다(ITA Notes, 1965년 10월호). 그 연설을 읽은 뒤, 나는 이렇게 말할 수밖에 없다. 그 느낌은 마치 조지 오웰의 <동물농장> 마지막 장면, 그 불편한 만찬을 지켜본 느낌과 같았다.[48] 덧붙이자면, 해럴드 윌슨 정부에서—그 낯설고도 우회적인 경로인 우정체신부(Postmaster General's Department)를 통해—제시되고 있는 방송 및 텔레비전 관련 제안들 가운데 몇몇은 믿기 어려울 만큼 형편없는 수준이며, 우리는 그 어떤 기념일도, 정권의 정체성도 고려하지 말고 단호하게 맞서야 할 사안들이다.

부록 C

참고문헌

1장 개념 정의

Mass Communication by E. Barnouw, Holt, Rinehart & Winston, New York, 1956.

The Bias of Communication by H. A. Innis, Canadian University Paperbacks, Toronto, 1964.

Philosophical Sketches by S. Langer, Johns Hopkins U.P., Baltimore, 1962.

Reader in Public Opinion and Communications by B. Berelson and M. Janowitz, Collier-Macmillan, Glencoe, 1953.

On Human Communication by C. Cherry, Chapman and Hall, London, 1957.

The Nature of Experience by Russell Brain, Oxford University Press, London, 1959.

Mind, Perception and Science by Russell Brain, Blackwell, Oxford, 1951.

Explorations in Communication ed. E. S. Carpenter and Marshall McLuhan, Beacon Press, Boston, 1960.

Vers une Civilisation du Loisir? by Joffre Dumazedier, Editions du Seuil, Paris, 1962.

The Long Revolution by Raymond Williams, Chatto & Windus, London, 1961.

2장 역사

The Gutenberg Galaxy by Marshall McLuhan, Routledge and Kegan Paul, London, 1962.

The British Working Class Reader, 1796-1848 by R. K. Webb, Allen & Unwin, London, 1955.
Literature, Popular Culture and Society by Leo Lowenthal, Prentice Hall, New York, 1961.
The Birth of Broadcasting by Asa Briggs, Oxford University Press, London, 1961.
Decline of the Cinema by John Spraos, Allen & Unwin, London, 1962.
The British Film Industry PEP, London, 1958.
The March of Journalism by H. Herd, Allen & Unwin, London, 1952.
The English Common Reader by H. D. Altick, Cambridge University Press, 1957.
Fiction and the Reading Public by Q. D. Leavis, Chatto & Windus, London, 1932.
The Long Revolution by Raymond Williams, Chatto & Windus, London, 1961.
Mass Entertainment; the Origins of a Modern Industry by Asa Briggs, University of Adelaide, 1960.

3장 내용

On the Contrary by Mary McCarthy, Heinemann, London, 1962.
Television in Britain PEP, London, 1958.
Facts and Figures about Viewing and Listening BBC, London, 1961.
What Children Watch Granada TV, London, 1960.
Mass Culture ed. B. Rosenberg and D. M. White, Collier-Macmillan, New York, 1958.
The Mechanical Bride by Marshall McLuhan, Vanguard, New York, 1951.
The Popular Arts by Stuart Hall and Paddy Whannel, Hutchinson, London, 1964.
Report of the Departmental Committee on Children and the Cinema HMSO, London, 1950.
Seduction of the Innocent by F. Wertham, Museum Press, London, 1956.
Madison Avenue, USA by M. Mayer, Penguin Books, Harmondsworth, 1961.
The Unholy Trade by Richard Findlater, Gollancz, London, 1952.

Mass Communication by C. R. Wright, Random House, New York, 1959.
The Uses of Literacy by Richard Hoggart, Chatto & Windus, London, 1957.
Culture and Environment by F. R. Leavis and Denys Thompson, Chatto & Windus, London, 1932.
Fiction and the Reading Public by Q. D. Leavis, Chatto & Windus, London, 1932.
Between the Lines by Denys Thompson, Muller, London, 1939.
Dangerous Estate by Francis Williams, Longmans, Green, London, 1957.
Report of the Royal Commission on the Press, 1947-9, HMSO, London.
Performance of the Press PEP, London, 1956.
Broadcasting (Sound and Television) by Mary Crozier, Oxford University Press, London, 1958.
Television and the Child by Hilde T. Himmelweit, A.N. Oppenheim, and Pamela Vince, Oxford University Press, London, 1958.
Family Viewing by Mildred Ma쉬der, Anthea Holme, and Anthony Higgins, Council for Children's Welfare, London, 1960.
Television and the Political Image by J. Trenaman and D. Marsden, Methuen, London, 1961.
Made for the Million, edited by Frederick Laws, Contact, London, 1947.
Voice of Civilization by Denys Thompson, Muller, London, 1943.
The Jazz Scene by Francis Newton, Penguin Books, Harmondsworth, 1961.
Boys Will Be Boys by E. S. Turner, Michael Joseph, London, 1948.
Critical Essays by George Orwell, Secker & Warburg, London, 1946.

4장 논쟁

Report of the Royal Commission on the Press (1961-62), HMSO, London, 1962.
Report of the Committee on Broadcasting (Pilkington Report), HMSO, London, 1962.
British Cinemas and their Audiences by J. P. Mayer, Dennis Dobson, London, 1948.
Against the American Grain by Dwight Macdonald, Gollancz, London, 1963.

Culture for Millions? ed. N. Jacobs, Random House, New York, 1961.
Control or Consent by J. D. Halloran, 쉬ed & Ward, London, 1963.
The Revolt of the Masses by Ortega y Gasset, Allen & Unwin, London, 1932.
The Advertising We Deserve? by L. Birch, Studio Vista, London, 1962.
Reality in Advertising by Rosser Reeves, MacGibbon & Kee, London, 1961.
The Popular Arts by Stuart Hall and Paddy Whannel, Hutchinson, London, 1964.
Culture and Liturgy by Brian Wicker, 쉬ed & Ward, London, 1963.
The Immediate Experience by Robert Warshow, Doubleday, New York, 1962.
Techniques of Persuasion by J. A. C. Brown, Penguin Books, Harmondsworth, 1963.
Mass Civilisation and Minority Culture by F. R. Leavis, Minority Press, Cambridge, 1930.
Notes Towards the Definition of Culture by T. S. Eliot, Faber & Faber, London, 1948.
Culture and Society (1780-1950) by Raymond Williams, Chatto & Windus, London, 1958.
Parents, Children, and Television, ITA, HMSO, 1958.
Advertising in a Free Society, Institute of Economic Affairs, London 1959.
The Glittering Coffin by Dennis Potter, Gollancz, London, 1960.
The Nature and Content of Mass Communications by Richard Hoggart, Harvey Memorial Lecture, 1960.
Communication and Community by Raymond Williams, Harvey Memorial Lecture, 1961.
Popular Culture and Personal Responsibility, verbatim report of a conference, National Union of Teachers, London, 1960.
Popular Culture and Personal Responsibility, a study outline, by Brian Groombridge, National Union of Teachers, London, 1961.
The Trial of Lady Chatterley, edited by C. H. Rolph, Penguin Books, Harmondsworth, 1961.
Pressure Group by H. H. Wilson, Secker & Warburg, London, 1961.
The Present Alternatives in Communications by Raymond Williams, Fabian Society, London, 1961.
Socialism and Culture by Richard Wollheim, Fabian Society, London, 1961.

Report of the Commission on Advertising, Labour Party, London, 1966.

5장 제안

A Policy for the Arts: The First Steps, HMSO, Cmd 2601, 1965.
Film Study Materials, British Film Institute, London.
Youth and the Cinema, British Film Institute, London.
A Handbook of Screen Education, Society for Education in Film and Television, London.
The Teacher Looks at Advertising, National Union of Teachers, London, 1963.
A Policy for the Writer, Society of Young Publi쉬rs, London, 1965.
Centre for Audio-Visual and Academic Services, University of Sussex, 1965.
Teaching Film by Grace Greiner, British Film Institute, London, 1955.
Film and Television in Education for Teaching, British Film Institute, London, 1959.
English for Maturity by David Holbrook, Cambridge University Press, 1961.
Popular Culture and Personal Responsibility, National Union of Teachers, London, 1960.
Possibilities for Local Radio by Rachel Powell, Centre for Contemporary Cultural Studies, Birmingham, 1966.

정기간행물

The Use of English, Chatto & Windus, London.
New Left Review, London.
Athene, Society for Education through Art, London.
Contrast, British Film Institute, London.
Sight and Sound, British Film Institute, London.
Which?, The Consumers Association, London.
Slant, Sheed and Ward, London.
Views, London.

부록 D

레이먼드 윌리엄스 저작 목록[1]

각 항목의 참고문헌은, 첫 번째와 마지막 항목(레이먼드 윌리엄스에 관한 연구와 저작물)을 제외하고는, 출판연도 순서로 배열되어 있다. 첫 번째와 마지막 항목에서는 참고문헌이 저자명 알파벳의 순서로 배열된다. 전체 참고문헌은 아래와 같은 항목으로 구성된다.

제Ⅰ부 레이먼드 윌리엄스 관련 문헌 에세이
제Ⅱ부 레이먼드 윌리엄스의 저작
1장 저서
2장 단편소설, 장편소설, 연극/방송대본
3장 책에 수록된 장
4장 팸플릿
5장 번역 출판된 저서

1) 레이먼드 윌리엄스의 저작물은 윌리엄스 전문가인 앨런 오코너(Alan O'Cnnor, 1989)의 *Raymond Williams: Writing, Culture, Politics* 부록에 토대를 두고 수정보완하였다. 윌리엄스는 1988년 66세의 비교적 젊은 나이에 심장마비로 사망하였다. 캐나다 출신의 미디어 문화연구자인 오코너는 윌리엄스 사후에 곧바로 그의 저작물을 분석하고 평가한 위의 책과 윌리엄스가 <Listener>에 연재하였던 Television 비평을 묶어 *Raymond Williams on Television: Selected Writings*을 출판하였다. 이 두 책에는 윌리엄스가 쓴 신문 기고까지 모아 자료를 정리하였다. 1989년 이후와 한글 번역본은 역자가 나름대로 찾아서 보충한 것이다. 물론 아직도 찾지 못한 자료가 많다. 이는 레이먼드 윌리엄스 재단(Raymond Williams Foundation, Digital Archives & Letters of Raymond Williams, Cambridge, 2025)의 아카이브 자료를 참조하기 바란다.

제Ⅰ부 레이먼드 윌리엄스 저작물에 대한 에세이

Borklund, E. (1982). Williams, Raymond (Henry). In *Contemporary literary critics* (2nd ed.). Detroit, MI: Gale Research Company.

Gilpin, G.H., & de Almeida, H. (1983). Williams, Raymond (Henry). In E. Devine et al.(Eds.), *Thinkers of the twentieth century: Abiographical, bibliographical and critical dictionary*. Detroit, MI: Gale Research Company.

Page, M. (1982). Bibliography and short essay. In *Contemporary novelists* (3rd ed.). New York, NY: St. Martin's Press.

Temple, R., & Tucker, M. (1966). Raymond Williams (1921-). In *Alibrary of literary criticism: Modern British literature* (Vol. 3). New York, NY: Frederick Unger.

Wakeman, J. (1975). Williams, Raymond (Henry). In *World authors 1950-1970*. New York, NY: H. W. Wilson Company.

제 II 부 레이먼드 윌리엄스의 저작물

1장 저서

- *Reading and Criticism*, Man and Society Series, London, Frederick Muller, 1950. Reprinted 1962.
- *Drama from Ibsen to Eliot*, London, Chatto and Windus, 1952. New York, Oxford University Press, 1953. Revised edn. Harmonds worth, Peregrine, 1964. London, Chatto and Windus, 1968.
- Raymond Williams and Michael Orrom, *Preface to Film*, with-Michael Orrom, London, Film Drama, 1954.
- *Drama in Performance*, London, Frederick Muller, 1954. Revised edn, The New Thinkers Library, London, C.A. Watts, 1968. New York, Basic Books, 1968. Harmonds worth, Pelican, 1969.
- *Culture and Society 1780-1950*, London, Chatto and Windus, 1958. New York,Columbia University Press, 1959. New York,Doubleday, Anchor Press, 1963. Harmondsworth,Penguin, 1961; reprinted with Postscript, 1959. New York, Harper and Row (paperback edn.), 1966. New edition, New York, Columbia University Press, 1983, with a new Introduction. Translatedinto Italian, Japanese, Portuguese, German. 나영균 (역) (1988). 『문화와 사회』, 서울: 이화여자대학교 출판부. 박정자 (역) (2005). 『문화와 사회 1780-1950』, 서울: 창작과 비평사.
- *The Long Revolution*, London, Chatto and Windus, 1961; reissued 1983. Harmonds worth, Pelican, 1965, with additional end notes; reissued 1984. Westport, Conn., Greenwood Press, 1975. 김명환 (역) (2002). 『긴 혁명』, 서울: 문학과지성사. 성은애(역) (2007). 『기나긴 혁명』, 서울: 문학동네.
- *Britain in the Sixties: Communications*, Penguin Special, Harmonds worth, Penguin, 1962. Danish edition, 1962. Second edition, London, Chatto and Windus, 1966. New York,Barnes and Noble, 1968. Harmonds worth, Penguin, 1968. Spanish translation. Third

edition, Harmonds worth, Penguin, 1976.

- *Modern Tragedy*, London, Chatto and Windus, 1966. Stanford, Stanford University Press, 1966. Reprinted without play 'Koba', 1977. New edition also without play 'Koba', and with new Afterword, London, Verso, 1979. 김재중 (역) (1999). 『현대비극』, 서울: 현실문화.
- Stuart Hall, Stuart Hall, Edward Thompson(eds), *May Day Manifesto*, London, May Day Manifesto Committee, 1967. 2nd edn, Penguin Special, Harmonds worth, Penguin, 1968.
- *Drama from Ibsen to Brecht*, London, Chatto and Windus, 1968. New York, Oxford University Press, 1969. Harmonds worth, Pelican, 1973. London, Hogarth Press, 1987.
- *The Pelican Book of English Prose, Volume 2: From 1780 to the Present Day*, ed., Harmonds worth & Baltimore, Penguin, 1969.
- *The English Novel from Dickens to Lawrence*, London, Chatto and Windus, 1970. New York, Oxford University Press, 1970. Paper edn, Marnmack, 1970. St Albans, Herts., Paladin, 1974. London, Hogarth Press, 1984.
- *Orwell*, Fontana Modern Masters series, Fontana/Collins, 1971. New York, Viking, 1971. New York, Columbia University Press, 1981. 2nd edn, Fontana, Flamingo paper editions,1984. 정명환 (역) (1985). 『조지 오웰』, 서울: 실천문학사.
- *The Country and the City*, London, Chatto and Windus, 1973. New York, Oxford University Press, 1973. St Albans, Paladin, 1975. London, Hogarth Press, 1985. 김병익 (역) (1985). 『농촌과 도시』, 서울: 민음사. 이현석 (역) (2013). 『시골과 도시』, 서울: 나남.
- Joy and Raymond Williams (eds). *D. H. Lawrence on Education*, Harmonds worth, Penguin Education, 1973.
- Raymond Williams (ed). *George Orwell: A Collection of Critical Essays*, Twentieth Century Views Series, Englewood Cliffs, N. J., Prentice-Hall, 1974.
- *Television: Technology and Cultural Form*, Techno sphere Series,

Fontana/Collins, 1974. New York, Schocken, 1975. 박효숙 (역) (1996). 『텔레비전론』, 서울: 현대미학사.

- *Keywords: A Vocabulary of Culture and Society*, Fontana Communications Series, Fontana Paperbacks, 1976.
- London, Croom Helm, 1976. New York, Oxford University Press, 1976. 2nd edn, London, Fontana Paperbacks, 1983. New York, Oxford University Press, 1984. 김성기·유리 (역) (2010). 『키워드』, 서울: 민음사. 강대훈 (역) (2000). 『문화연구의 키워드』, 서울: 한나래.
- Marie Axton and Raymond Williams (eds). *English Drama: Forms and Development - Essays in Honour of Muriel Clara Brad brook*, eds. Marie Axton & Raymond Williams, Cambridge, Cambridge University Press, 1977.
- *Marxism and Literature*, Marxist Introductions Series, London & New York, Oxford University Press, 1977. Italian translation. 김영민 (역) (1997). 『마르크스주의와 문학』, 서울: 문학과 지성사. 박만준(역) (2013). 『마르크스주의와 문학』, 서울: 지식을 만드는 지식.
- *Politics and Letters: Interviews with New Left Review*, London, New Left Books,1979. New York, Schocken, 1979. Verso Paperback edn, 1981.
- *Problems in Materialism and Culture: Selected Essays*, London, Verso,1980. New York, Schocken, 1981.
- *Culture*, Fontana New Sociology Series, Fontana Paperbacks, 1981. U.S. edn titled *The Sociology of Culture*, New York, Schocken, 1982.
- Raymond Williams (ed). *Contact: Human Communication and Its History*, London & New York, Thames and Hudson, 1981.
- *Cobbett*, Past Masters Series, Oxford & New York, Oxford University Press, 1983.
- *Towards 2000*, London, Chatto and Windus, 1983. Harmonds worth, Penguin, 1985. U.S. edition titled *The Year 2000: With a Preface to the American Edition*, New York, Pantheon, 1984.
- *Writing in Society*, London, Verso, 1984. U.S.edn, Verso, 1984.

- Merryn Williams and Raymond Williams (eds). *John Clare: Selected Poetry and Prose*, Methuen English Texts, London & New York, Methuen, 1986.
- *Raymond Williams on Television: Selected Writings*, Preface by Raymond Williams, ed. Alan O'Connor, Toronto, Between the Lines, 1988; New York & London, Routledge, 1989.

2장 단편소설, 장편소설, 연극/방송 대본

1. 단편 소설

- Short story, in *Cambridge Front*, no. 2 (1941). Perhaps 'Red Earth', listed in *Politics and Letters* chronology. Source: *Outlook: A Selection of Cambridge Writing*, Raymond
- Williams, Michael Orrom, Maurice James Craig (eds), Cambridge, 1941.
- 'Sack Labourer', in *English Story 1*, edited by Woodrow Wyatt, London, Collins, 1941.
- 'Sugar', in *Outlook: A Selection*, pp. 7-14.
- 'This Time', in *New Writing and Daylight*, no. 2, 1942-3, ed. John Lehmann, London, Collins, 1943, pp. 158-64.
- 'A Fine Room to Be Ill In', in *English Story 8*, ed. Woodrow Wyatt, London, Collins, 1948.

2. 장편 소설

- *Border Country*, London,Chatto and Windus, 1960. New York, Horizon Press, 1962. Book club edn, Readers Union/Chatto and Windus, London, 1962. Harmonds worth, Penguin, 1964. Reissued by Chatto and Windus, 1978.
- *Second Generation*, London, Chatto and Windus, 1964. Reissued 1978. New York, Horizon Press, 1965.
- *The Fight for Manod*, London, Chatto and Windus, 1979.
- *The Volunteers*, London, Eyre Methuen, 1978. Paperback edition,

London, Hogarth Press, 1985.

- *Loyalties*, London, Chatto and Windus, 1985.

3. 연극/방송 대본

- *Koba*, in Raymond Williams, *Modern Tragedy*, London, Chatto and Windus, 1966.
- *A Letter from the Country*, BBC Television, April 1966, *Stand*, 12 (1971), pp. 17-34.
- *Public Iniquity*, BBC 1 Television, 15 March 1967, *Stand*, 9 (1967), pp. 15-53.
- *The Country and the City*(television documentary, *Where We Live Now* series), 1979.
- Williams' unpublished plays include a television play, *The Volunteers*. See *The Listener*, 20February 1969.

3장 책에 수록된 장

- 'Culture is ordinary', in *Conviction*, ed. Norman Mackenzie, London, Mac Gibbon and Kee, 1958, pp. 74-92. American edn. New York: Monthly Review Press, 1959.
- 'The Social Thinking of D. H. Lawrence', in *A D. H. Lawrence Miscellany*, ed. Harry T. Moore, Carbondale: Southern Illino is University Press, 1959, pp. 295-311. From *Culture and Society*.
- *Popular Culture and Personal Responsibility*, London: National Union of Teachers, 1960.
- 'Witness for the defence', in *The Trial of Lady Chatterley: Regina v. Penguin Books Limited*, ed. C. H. Rolph, Penguin Special, Harmonds worth: Penguin, 1961, pp. 133-135.
- 'Lawrence's Social Writings', in *D. H. Lawrence: A Collection of Critical Essays*, ed. Mark Spilka, Englewood Cliffs, N.J.: Prentice-Hall, 1963, pp. 162-174. From *Culture and Society*.
- 'Recent English Drama', in *The Modern Age*, vol. 7 of the *Pelican*

Guide to English Literature, ed. Boris Ford, 2nd edn., Harmonds worth: Penguin, 1963, pp. 531-545. Revised from *Twentieth Century* (1961).

- 'David Hume: Reasoning and Experience', in *The English Mind*, ed. Hugh Sykes & George Watson, Cambridge: Cambridge University Press, 1964, pp. 123-145. Reprinted in *Writing in Society*.
- 'Towards a Socialist Society', in *Towards Socialism*, ed. Perry Anderson & Robin Blackwood, London: Fontana, 1965, pp. 367-397. From *The Long Revolution*.
- 'Strindberg and Modern Tragedy', in *Essays on Strindberg*, Stockholm: Beckmans / The Strindberg Society, 1966, pp. 7-18. From *Modern Tragedy*.
- 'Dylan Thomas's Play for Voices', in *Dylan Thomas: A Collection of Critical Essays*, Twentieth Century Views, ed. C. B. Cox, Englewood Cliffs, N.J.: Prentice-Hall, 1966, pp. 89-98. From *Critical Quarterly* (1959).
- 'General Profile', 'Criticism', in *Your Sunday Paper*, ed. Richard Hoggart, London: University of London Press, 1967, pp. 13-29, 150-163. Book commissioned by ABC Television for adult education series.
- 'Paradoxically, if the book works it to some extent annihilates itself', in *McLuhan: Hot and Cold*, ed. Gerald E. Stearn, New York: Dial Press, 1967, pp. 186-189. Reprinted from *University of Toronto Quarterly* (1964). See also response by McLuhan, pp. 283-284.
- 'Culture and revolution: a commentary', in *From Culture to Revolution: The Slant Symposium 1967*, ed. Terry Eagleton & Brian Wicker, London-Sydney: Sheed and Ward, 1968, pp. 24-34, 296-308.
- 'Another Phoenix', review of *Phoenix II* by D. H. Lawrence, in *The Bedsit Guardian 17: A Selection from the Guardian 1967-68*, ed. W. L. Webb, London: Collins, 1968,pp. 246-248. From *The Guardian*.
- 'The Meanings of Work', in *Work: Twenty Personal Accounts*, vol.

1, ed. Ronald Fraser, Harmonds worth: Penguin in association with New Left Review, 1968, pp. 280-298.

- 'From The May Day Manifesto', in The New Left Reader, ed. by Carl Ogles by, New York, Grove Press, 1969, pp. 111-43. From *1967 May Day Manifesto*.
- 'Introduction', in National Convention of the Left April 1969 Report and Proposals, London, National Convention of the Left, 1969 (mimeo).
- 'Introduction', in Three Plays, by D. H. Lawrence, Harmonds worth, Penguin, 1969, pp. 7-14.
- 'The Realism of Arthur Miller', in Arthur Miller: A Collection of Critical Essays, Twentieth Century Views, ed. Robert W. Corrigan, Englewood Cliffs, N.J., Prentice-Hall, 1969, pp. 69-79. From *Critical Quarterly* (1959).
- 'Dickens and Social Ideas', in Dickens 1970, ed. by Michael Slater, London, Chapman and Hall, 1970, pp. 77-98. Reprinted in Sociology of Literature and Drama, ed. T. E. and Burns, Harmonds worth, Penguin.
- 'Radical and/or Respectable', in The Press We Deserve, ed. Richard Boston, London, Routledge and Kegan Paul, 1970, pp. 14-26.
- 'The Industrial Novel', in Hard Times (1958), in Charles Dickens, Penguin Critical Anthologies, ed. Stephen Wall, Harmonds worth, Penguin, 1970, pp. 526-40. Reprinted from *Culture and Society*.
- 'Introduction', in Dombey and Son, by Charles Dickens, ed. Peter Fair clough, Harmonds worth, Penguin, 1970, pp. 11-34.
- 'From Modern Tragedy 1966', in Henrik Ibsen, Penguin Critical Anthologies, ed. James McFarlane, Harmonds worth, Penguin, 1970, pp. 312-19.
- 'Crimes and Crimes', in A Listener Anthology: August 1967-June 1970, ed. Karl Miller, London, British Broadcasting Corporation, 1970, pp. 210-22. From *The Listener* (21 August 1969).

- 'On Reading Marcuse', in The Cambridge Mind: Ninety Years of the Cambridge Review 1879-1969, ed. Eric Homberger, William Janeway, Simon Schama, Boston, Little, Brown, 1970, pp.162-6. From *The Cambridge Review* (1969).
- 'An Introduction to Reading in Culture and Society', in Literature and Environment: Essays in Reading and Social Studies, ed. Fred Inglis, London, Chatto and Windus, 1971, pp. 125-40.
- 'The Realism of Arthur Miller', in Arthur Miller: The Crucible; Textand Criticism, ed. Gerald Weales, New York, Viking, 1971, pp. 313-25. From *Critical Quarterly* (1959).
- 'On Solzhenitsyn', in Literature in Revolution, ed. George Abbott White and Charles Newman, New York, Holt, Rinehart and Winston, 1972, pp. 318-34.
- 'Ideas of Nature', in Ecology: The Shaping Inquiry, ed. J. Benthal, London, Longman, 1972. Based on a lecture at the Institute of Contemporary Arts, 1971. Reprinted in Problems in Materialism and Culture.
- 'Introduction', in Racine, by Lucien Goldmann, tr. Alister Hamilton, Cambridge, Rivers Press, 1972. London, Writers and Readers, 1981, pp. vii-xxii. Text of lecture, Cambridge, 26 April 1971. From *New Left Review* (1971).
- 'Realism and the Contemporary Novel', in *Twentieth Century Literary Criticism: A Reader*, ed. David Lodge, London, Longman, 1972. From *The Long Revolution.*
- 'Discussion on St. Joan of the Stockyards, 1973', in *A Production Notebook to St. Joan of the Stockyards*, ed. Michael D. Bristol and Darko Suvin, Montreal, McGill University, 1973, pp. 184-98. Transcript of discussion in Montreal, March 1973.
- 'Social Darwinism', in *The Limits of Human Nature*, ed. J. Benthall, London, Allen Lane, 1973. From lecture at the Institute of Contemporary Arts, London, 1972.
- 'Thomas Hardy', in *Thomas Hardy: The Tragic Novels*, ed. R. P.

Draper, pp. 341-51. From *Critical Quarterly* (1964).

- 'Observation and Imagination in Orwell', in *George Orwell: A Collection of Critical Essays*, ed. Raymond Williams (1974). From *Orwell*.
- Untitled, in *Bookmarks*, ed. Frederic Raphael, London, Quartet Books, 1975, pp. 162-5. In connection with the Authors' Lending Rights Society.
- 'Welsh Culture', in *Cultureand Politics: Plaid Cymru's Challenge to Wales*, Plaid Cymru, 51 Cathedral Road, Caerdydd, CF1 9HD, 1975, pp.6-10. From talk on BBC Radio 3, 27 September 1975.
- 'You're a marxist, Aren't You?' in The Concept of Socialism, ed. BhikhuParekh, London, Croom Helm, 1975, pp. 231-42.
- 'Sean O'Casey', in *Sean O'Casey: A Collection of Critical Essays*, Twentieth Century Views, ed.Thomas Kilroy, Englewood Cliffs, N.J., Prentice-Hall, 1975, pp. 53-60. From *Drama from Ibsen to Brecht*.
- 'Raymond Williams Comments (1972)', in *World Authors 1950-1970*, ed. John Wakeman, New York, H.W. Wilson Company, 1975, pp. 696-7.
- 'Communications as Cultural Science', in *Approaches to Popular Culture*, ed. C. W. E. Bigs by, London, Edward Arnold, 1976, pp. 27-38. From *Journal of Communication* (1974).
- 'Realism and Non-Naturalism', *Official Programme of the Edinburgh International Television Festival* (1977).
- Untitled, in My Cambridge, ed. Ronald Hayman, London, Robson Books, 1977, pp. 55-70. USedn *My Oxford, My Cambridge*, ed., Ann Thwaite and Ronald Hayman, New York, 1979.
- 'Literature in Society', in *Contemporary Approaches to English Studies,* ed. Hilda Schiff, London, Heieman for The English Asssociation, 1977, pp. 24-37.
- 'The Press We Don't Deserve', in *The British Press: A Manifesto*, Communications and Cultural Series, London, Macmilan, 1978,

pp. 15-28. From the Action Society Press Group presentations to McGregor Commission on the Press.

- 'Foreword', in *The Critical Twilight: Explorations in the Ideology of Anglo-American Literary Theory from Eliot to McLuhan*, by John Fekete, International Library of Phenomenology and Moral Sciences, London, Routledge and Kegan Paul, 1978, pp. xi-xiv.
- 'The press and popular culture: an historical perspective', in *Newspaper History: From the Seventeenth Century to the Present Day*, ed. George Boyce, James Curran and Pauline Wingate, London, Constable; Beverly Hills, Sage Publications, 1978, pp. 41-50.
- 'Forms of English Fiction in 1848', in *1848: The Sociology of Literature*, Proceedings of the Essex Conference on the Sociology of Literature, July 1977, ed. Francis Barker etal., University of Essex, 1978, pp. 277-90. Reprinted in *Literature, Politics and Theory*, ed. F. Barker et al., London, sMethuen, 1986, and *Writing in Society*.
- 'Social environment and theatrical environment: the case of English naturalism', in *English Drama: Forms and Development*, ed. Marie Axton and Raymond Williams, 1978, pp. 203-23. Reprinted in *Problemsin Materialism and Culture*.
- 'Wessex and the Border (1973)', in *The English Novel: Developments in Criticism since Henry James: A Casebook*, ed. Stephen Hazell, London and Basing stoke, Macmillan, 1978, pp. 190-205. From *The Country and the City*.
- 'The Growth and Role of the Mass Media', in *Media Politics and Culture in Socialist Viet*, ed. Carl Gardner, London, Macmillan, 1979, pp. 14-24. From *New Left Review* (1977); *International* (1977).
- 'The Institutions of Technology', in *Communication and Class Struggle*, 2 vols, ed. Armand Mattelart and Seth Siegelaub, Vol. 1 *Capitalism, Imperialism*, New York, International General; Bagnolot, France, International Mass Media Research Centre, 1977, pp. 265-67. From *Television*.

- 'Utopia and Science Fiction', in *Science Fiction: A Critical Guide*, ed. Patrick Parrinder, London, Longmans, 1979. From *Science Fiction Studies* (1978).
- 'Effects of the technology and its uses', in *Communication Studies: An Introductory Reader*, ed. John Corner and Jeremy Hawthorn, London and New York, Edward Arnold, 1980, pp. 174-86. From *Television*; not in 2nd edn.
- 'Hardy and Social Class', by Raymond Williams and Merryn Williams, in *Thomas Hardy: The Writer and His Background*, ed. Norman Page, London, Bell and Hyman, 1980, pp. 29-40.
- 'The Bloomsbury Fraction', in *Keynes and the Bloomsbury Group: The Fourth Keynes Seminar held at the University of Kent at Canterbury*, 1978, ed. Derek Crabtree and A. P. Thirwall, London, Macmillan, 1980. Reprinted in *Problems in Materialism and Culture*.
- 'Tragedy and Contemporary Ideas (1966)', in *Tragedy: Developments in Criticism: A Casebook*, ed. R. P. Draper, London and Basing stoke, Macmillan, 1980, pp. 182-9. From *Modern Tragedy*.
- 'Foreword', in *A Good Night Out: Popular Theatre: Audience, Class and Form*, by John McGrath, London, EyreMethuen, 1981, pp. viii-xiii.
- 'Foreword', in *The Language of Television: Uses and Abuses*, New Accents Series, by Albert Hunt, London, Eyre Methuen, 1981, pp. vii-x.
- 'Editor's Introduction', in *Medieval Readers and Writers 1350-1400*, English Literature in History Series, London, Hutchinson; New York, Columbia University Press, 1981, pp. 9-12. General Editor's Introduction reprinted in other volumes in this series.
- 'Raymond Williams', in *The Forward March of Labour Halted?*, ed. Martin Jacques and Francis Mulhern, London, Verso in Association with *Marxism Today*, 1981, pp. 142-52.
- 'The Analysis of Culture', in *Culture, Ideology and Social Process*, ed. Tony Bennett et al., An Open University Reader, London,

Batsford, 1981, pp. 43-52. From *The Long Revolution.*

- 'Lecture', in *The Arts Council: Politics and Policies*, London, The Arts Council of Great Britain, c. 1981, pp. 9-16.
- 'The New Metropolis', in *Introduction to the Sociology of Developing Societies*, ed. Hamza Alavi and Teodor Shanin, New York and London, Monthly Review Press, 1982. From *The Country and the City.*
- 'The Politics of Nuclear Disarmament', in *Extremism and Cold War*, ed. New Left Review, London, New Left Books, 1982, pp. 65-85. Reprinted from *New Left Review* (1980).
- 'Region and Class in the Novel', in *The Uses of Fiction: Essays on the Modern Novel in Honour of Arnold Kettle*, ed. Douglas Jefferson and Graham Martin, Milton Keynes, The Open University Press, 1982, pp. 59-68. Reprinted in *Writing in Society.*
- 'Working-Class Proletariat and the Novel', in *Some New English Novels*, in *The Socialist Novel in Britain: Towards the Recovery of a Tradition*, ed. H. Gustav Klaus, Brighton, Sussex, The Harvester Press, 1982, pp. 110-21.
- 'Exiles', in *James Joyce: New Perspectives*, ed. Colin Mac Cabe, Sussex, The Harvester Press; Bloomington, Indiana University Press, 1982, pp. 105-10. Reconstruction of part of a lecture (1947).
- 'British Film History: New Perspectives', in *British Cinema History*, ed. James Curran and Vincent Porter, London, Weidenfeld and Nicolson, 1983, pp. 9-23.
- 'Cultural Revolution', in *British Socialism: Socialist Thought from the 1880's to the 1960's*, ed. Anthony Wright, London and New York, Longman, 1983, pp. 170-81.
  From Part III of *The Long Revolution.*
- 'Culture', in *Marx: The First Hundred Years*, ed. David McLellan, Fontana paperbacks, 1983, pp. 15-55.
- 'Lecture', in *The Arts Council: Politics and Policies, The 1981 W. E. Williams Memorial Lecture*, London, Arts Council, 1983, pp.9-16.

- 'Monologue in Macbeth', in *Teaching The Text*, ed. Susanne Kappeler and Norman Bryson, London, Routledge and Kegan Paul, 1983, pp. 180-202.
- 'Seeing a man running', in *The Leaves: Recollections and Impressions*, ed. James Thompson, Cambridge, Cambridge University Press, 1984, pp. 119-23.
- Untitled, in *Writings on the Wall: A Radical and Socialist Anthology 1215-1984*, ed. Tony Benn, London, Faber andFaber, 1984, pp. 115, 116-17. From'Culture is Ordinary' (1958) and *1967 May Day Manifesto*, 1968.
- 'Socialists and Coalitionists', in *The Future of the Left*, ed. James Curran. Cambridge, Polity Press and New Socialist, 1984, pp. 182-94. From *New Socialist.*
- 'State Culture and Beyond', in *Culture and the State*, ed. Lisa Appignanesi, London,Institute of Contemporary Arts, 1984, pp. 3-5.
- 'Forms of English Fiction in 1848', in *Literature, Politics and Theory: Papers from the Essex Conference 1976-84*, ed. Francis Barker et al., London, Methuen, 1986, pp. 1-16. Reprinted from *1848: The Sociology of Literature*, ed. F. Barker et al., University of Essex, 1978.
- 'Foreword', in *Languages of Nature: Critical Essays on Science and Literature*, ed. Ludmilla Jordanova, London, Free Association Books, 1986, pp. 10-14.
- 'Pierre Bourdieu and the Sociology of Culture: an introduction', by Raymond Williams and Nicholas Garnham, in *Media, Culture and Society*, ed. Richard Collins et al., London, SAGE, 1986, pp. 116-30. Reprinted from *Media, Culture and Society*, 1980.
- 'Towards Many Socialisms', in *Socialism on the Threshold of the Twenty-First Century*, London, Verso, 1986. First published in *Socialist Review* (1986).
- 'Alignment and Commitment', in *Contemporary Literary Criticism:*

Modernism through Postmodernism, ed. Robert Con Davis, New York and London, Longman, 1986, pp. 124-9. From *Marxism and Literature*.

- 'Base and Superstructure in Marxist Cultural Theory', and 'The Multiplicity of Writing', in *Debating Texts*, ed. Rick Rylance, Toronto: University of Toronto Press, 1987, pp. 204-16, 217-20. From *Problems in Materialism and Culture* and *Marxism and Literature*.
- 'Conventions', in *Twentieth-Century Literary Criticism*, ed. Vassilis Lambropoulos and David Neal Miller, Albany, State University of New York Press, 1987, pp. 185-90. From *Marxism and Literature*.
- 'Language and the Avant-Garde', in *The Linguistics of Writing: Arguments between Language and Literature*, ed. Nigel Fabb, Derek Attridge, Alan Durant, Colin MacCabe, New York, Methuen, 1987, pp. 33-47. Language version of *'The Linguistics of Writing'* at Strathclyde University in 1986.
- 'Fact and Fiction', in *International Encyclopedia of Communications*, Oxford University Press, 1988.
- 'Beckett, Samuel', in *Modern Irish Literature*, ed. Denis Lane and Carol McCrory Lane, New York, Ungar, 1988, p. 10. From *Modern Tragedy*.
- 'Dominant, Residual and Emergent', in *Twentieth-Century Literary Theory: A Reader*, ed. K. M. Newton, New York, St Martin's Press, 1988, pp. 121-6. From *Marxism and Literature*.
- 'The politics of the avant-garde', and 'Theatre as a political forum', in *Visionsand Blueprints*, ed. Edward Thompson and Peter Collier, Manchester, Manchester University Press, 1988, pp. 1-5, 307-20.

4장 팜플렛

- *Unsigned* [Raymond Williams and EricHobsbawm], Pamphlet on the Russo-Finnish War. Communist Party of Great Britain, 1940. This may be a phamplet by Russia Today Society, *Finland-the Facts*, London [Communist Party], 1939.

- *Communication and Community*. William F. Harvey Memorial Lecture. Bedford College, University of London, 1961.
- *The existing alternative incommunications*. Fabian Tract No. 337 (*Socialismin the Sixties* series). London: Fabian Society, 1962.
- *Drama in a dramatisedsociety: An Inaugural Lecture*. Cambridge: Cambridge University Press, 1975. Reprinted in *Writing in Society* and *Raymond Williams on Television*.
- *The Welsh Industrial Novel*. Cardiff: University College Press, 1979.
- *Socialism and Ecology*. London: Socialist Environment and Resources Association, 1982.
- *Democracy and Parliament*, with an Introduction by Peter Tatchell. London: Socialist Society Pamphlet, 1982.

5장 번역 출판된 저서

1. 카탈루냐어 번역본

- *Cultura i Societat*. Barcelona: Laia, 1974. (Translation of *Culture and Society*).

2. 덴마크어 번역본

- *Massemedierne*. Copenhagen, 1963. (Translation of first edition of *Communications*, including commentary on Danish press).
- Seealso Penguin edition, 1968, p. 12

3. 독일어 번역본

- *Gesellschaftstheorie als Begriffsgeschichte: Studien zur historischen Semantik von Kultur*, tr. Heinz Blumensath. München: Rogner undBernhard, 1972. (Translation of *Culture and Society*).
- *Innovation: überden Prozesscharakter von Literatur und Kultur*, tr. H.

Gustav Klaus. Frankfurt am Main: Syndikat, 1979.

- Selectionsfrom *The Long Revolution, From Culture to Revolution, Modern Tragedy, The Country and the City*, plus 'Literature and Sociology: in Memory of Lucien Goldmann' and 'Base and Superstructure in Marxist Cultural Theory'.

4. 이태리어 번역본

- *Cultura e rivoluzione industriale Inghilterra,1780-1950*, tr. M. T. Grendi. Torino: Einaudi, 1968.(Translation of *Culture and Society*).
- *Marxismo e letteratura*, tr. Mario Stermrea. Roma-Bari: Laterza, 1979. (Translation of *Marxism and Literature*).
- *Televisione. Technologia e forma culturale*, tr.Celestino E. Spada. Bari: De Donato, 1981. (Translation of *Television*).

5. 일본어 번역본

- Translation of *Culture and Society*. See 1983 Columbia University Press Edition p. xi.

6. 포르투갈어 번역본

- *Marxismo e Literatura*. Rio de Janeiro: Zahar, 1979. Translation of *Marxism and Literature*.

7. 스페인어 번역본

- *Los medios de comunicación social*. Barcelona: Península, 1971.
- *Marxismo y Literatura*. Barcelona: Península,1980. (Translation of *Marxismand Literature*).
- *Cultura, sociología de la comunicacióny arte*. Buenos Aires /Barcelona / México: Paidos, 1982. (Translation of *Culture*).
- *Hacia el Año2000*. Barcelona: Crítica,1984. (Translation of *Towards 2000*).

6장 윌리엄스 논문

1939-1945

- *The Cambridge University Journal* (vol. 1, no. 1, 21 Oct 1939). Williams editor, Apr-Jun 1940.
- 'Profundities for poets. The Muse in Utopia', 3 Feb 1940, p. 7.
- [MichaelPope] 'The Spoon in the Yellow Liver: First Act of a Great New Drama', 9 Mar1940, p. 2.
- [MichaelPope] Review of *Mustthe War Spread* (PenguinSpecial), by D. N. Pritt.
- 'Commentary', 27 Apr 1940, p. 5; [Unsigned] 'Commentary', 4 May 1940, p. 5; 'Commentary', 11 May 1940, p. 5; 'Commentary', 18 May 1940, p. 5; 'Commentary', 25 May 1940, p.5; 'Commentary', 1 Jun 1940, p. 5.
- 'Not with a Scream but with a Twitter: Trinity's "Magpie" Released', 25 May 1940.
- 'Commentary:Union Turns Left—But How?', 9 Nov 1940, p. 2.
- [Michael Pope] 'Ralph Lynn at Arts', 9 Nov 1940, p. 2.
- *Cambridge University Socialist Club Bulletin* (1939): 'Defence Against Air Raids'; 'Literature and the Cult of Sensibility'.
- *Twentyone*(weekly of 21st Anti-Tank Regiment, Royal Artillery, Pinneberg, Germany). Williams (editor), Apr-Oct 1945. See *Politics and Letters*, p. 59. (BL holds single copy, 1 Dec1945, incl. photo of Williams back at Cambridge.)

1947

- 'Dali, Corruption and His Critics' (rev.of *Hidden Faces*, Salvador Dali), *Politics & Letters* 1, nos 2/3 (1947), pp. 112-13.
- 'The Delicacy of P. H. Newby' (rev. of *Agents and Witnesses*), *The Critic*2, no. 2 (1947), pp. 79-81.
- 'A Dialogue on Actors', *The Critic* 1, no. 1 (1947), pp. 17-24.
- Clifford Collins; Wolf Mankowitz; Raymond Williams,'Editorial',

The Critic 1, no. 2 (1947).

- 'For Continuity in Change' (editorial), *Politics & Letters* 1, no. 1 (1947), pp. 3-5.
- 'Culture and Crisis' (editorial), *Politics & Letters* 1, nos 2/3 (1947), pp. 5-8.
- 'Ibsenites and Ibsenite-Antis' (rev. of *Ibsen: the Intellectual Background*, B. W. Downs; *Ibsen the Norwegian*, M. C. Bradbrook), *The Critic* 1, no. 2 (1947), pp. 65-68.
- 'Lower Fourth at St. Harry's', *Politics & Letters* 1, nos 2/3 (1947), pp. 105-6.
- 'Radio Drama', *Politics & Letters* 1, nos 2/3 (1947), pp. 106-9.
- 'Saints, Revolutionaries, Carpetbaggers'(rev. of *The New Spirit*, E. W. Martin; *Writers of Today*, ed. Denys Val Baker), *The Critic* 1, no. 1 (1947), pp. 52-54.
- 'The Soviet Literary Controversy inRetrospect', *Politics & Letters* 1, no. 1(1947), pp. 21-31.

1948

- 'A note on Mr. Hoggart's appendices', *Adult Education* 21 (1948), pp. 96-98.
- [Michael Pope] 'The American Radio' (rev. of *The American Radio*, Llewellyn White), *Politics & Letters* 1, no. 4 (1948).
- 'And Traitors Sneer', *Politics & Letters* 1, no. 4 (1948), pp. 66-68.
- 'The Exiles of James Joyce', *Politics & Letters* 1, no. 4 (1948), pp. 13-21.(In *Drama from Ibsen to Brecht*, pt. 2,ch. 3.)
- [Michael Pope] Short review of *A Skeleton Key to Finnegans Wake*, Campbell & Robinson, *Politics & Letters* 1, no. 4 (1948).
- 'Some Experiments in LiteratureTeaching', *Renvley House Papers* 2, no. 10 (1948-49), pp. 9-15.
- [Michael Pope] 'The State and PopularCulture', *Politics & Letters* 1, no. 4(1948), pp. 71-72.

1949

- 'Literature in relation to History: 1850-75', *Renvley House Papers* 3, no. 1 (1949-50), pp. 36-44.
- 'Ibsen's Non-Theatrical Plays', *The Listener* 42 (22 Dec 1949), pp. 1098-99.(From the Third Programme.)

1951

- 'Christopher Fry', *The Highway* (May/Sept 1951), pp. 42-48.(Ch. in *Drama from Ibsen to Eliot.*)
- 'Criticism into Drama', *Essays in Criticism* 1 (1951), pp. 120-138. (Ch. in *Drama from Ibsen to Eliot.*)

1953

- 'Film as a Tutorial Subject', *Renvley House Papers* 3, no. 2 (Summer 1953), pp. 27-37.
- 'The Idea of Culture', *Essays in Criticism* 1 (1953), pp. 239-266.
- 'Myth and Mr. O'Neill', *The Highway* (May/Sept 1953), pp. 42-48.
- 'The Teaching of Public Expression', *The Highway* (Apr 1953), pp. 247-250.

1954

- 'Editorial Commentary', *Essays in Criticism* 4 (1954), pp. 341-344. (On small magazines.)
- 'Figures and Shadows', *The Highway* (Feb 1954), pp. 169-172.
- 'Standards', *The Highway* (Dec 1954), pp. 43-46.

1955

- 'George Orwell' (rev. of *George Orwell*, Laurence Brander), *Essays in Criticism* 5 (1955), pp. 44-52.(Early version of *Culture and Society* ch.)

1956

- 'Class and Classes', *The Highway* (Jan 1956), pp. 84-86.

- 'T. S. Eliot on Culture', *Essays in Criticism* 6 (1956), pp. 302-318.
- 'Science Fiction', *The Highway* (Dec 1956), pp. 41-45.

1957

- 'Fiction and the Writing Public' (rev.of *The Uses of Literacy*, R. Hoggart), *Essays in Criticism* 7 (1957), pp. 422-428.
- 'The New Party Line?' (rev. of *The Outsider*, C. Wilson), *Essays in Criticism* 7 (1957), pp. 68-76.
- Review of *Edward Thomas*, H. Coombes, *The Highway* (Jan 1957), pp. 94-95.
- 'The Uses of Literacy: Working ClassCulture', *Universities and Left Review* 1, no. 2(1957), pp. 29-32.

1958

- '3B at Cement Street' (rev. fourchildren's books), *New Statesman* 56 (15 Nov 1958),pp. 682-683.
- 'A Kind of Gresham's Law', *The Highway* (Feb 1958), pp. 107-110.
- 'New Verse Plays' (rev. of *The Banks of Sicily*, George Banker; *Helen in Egypt and Other Plays*, John Heath-Stubbs), *New Statesman* 56 (27 Dec 1958), p. 916.
- 'Poetry Today' (rev. six poetry books), *New Statesman* 56 (6 Dec 1958), pp. 811-812.
- 'The Present Position in Dramatic Criticism' (rev. of *The Art of Drama*, R. Peacock), *Essays in Criticism* 8 (1958), pp. 290-298.
- 'The Press the People Want', *Universities and Left Review* 5 (1958), pp. 42-47.(Shortened advance chapter of *The Long Revolution*.)
- 'Realism and the Contemporary Novel', *Universities and Left Review* 4 (1958), pp. 22-25.
- Review of *The Poet's Craft*, A. F. Scott; *English Historians: Selected Passages*, B. Newman, *The Highway* (Apr 1958), pp. 188-189.
- 'Revolution in Cambridge' (rev. of *The Muse Unchained*, E. M. Tillyard), *New Statesman* 56 (1 Nov 1958), p. 604.

- 'The Social Thinking of D. H. Lawrence', *Universities and Left Review* 4 (1958), pp.66-71. (Advance chapter of *Culture and Society*.)

1959

- 'Arguing About Television' (rev. of *Television and the Child*, H. T. Himmelweit), *Encounter* 12 (Jun 1959), pp. 56-59.
- 'The Bearing of Literature' (rev. of *The Uses of the Imagination*, W. Walsh; *Poetry and Morality*, V. Buckley), *New Statesman* 57 (21 Mar 1959), p. 410.
- 'The Critic as Biographer' (rev. of *Katherine Mansfield and Other Literary Studies*, J. M.Murry), *New Statesman* 57 (9 May 1959),pp. 662-663.
- 'Critical Forum', *Essays in Criticism* 9 (1959), pp. 117-119.(Reply to Ian George & Malcolm Pittock on *Culture and Society* review by Hoggart.)
- 'Definitions of Culture' (rev. of *Culture in Private and Public Life*, F. R. Cowell), *New Statesman* 58 (25 Jul 1959), p. 114.
- 'Dylan Thomas's Play for Voices', *Critical Quarterly* 1 (1959), pp. 18-26.
- 'Going on Learning', *New Statesman* 57 (30 May 1959), pp. 750-751.
- 'Grammar of Dissent' (rev. of *Voices of Dissent*), *The Nation* 188 (1959), pp. 174-175.
- 'Literature and Morality' (rev. of *Three Traditions of Moral Thought*, D. Krook; *The Ethical Idealism of Matthew Arnold*, S. Collini), *New Statesman* 58 (31 Oct 1959), pp. 588-590.
- 'Our debt to Dr. Leavis' [Symposium], *Critical Quarterly* 1 (1959), pp. 245-247.
- 'The Press and Popular Education', *The Highway* (Apr 1959), pp. 183-188.
- 'Priestly Against Topside' (rev. of *Topside, or the Future of England*, J. B. Priestley), *New Statesman* 57 (10 Jan 1959), pp. 47-48.
- 'Realism and the Contemporary Novel', *Partisan Review* 26 (1959),

pp. 200-213.

- 'The Realism of Arthur Miller', *Critical Quarterly* 1 (1959), pp. 140-149.(Repr. *Universities and Left Review* 2 (1959), pp.3-7; in *Arthur Miller*, ed. G. W. Weales, Viking, 1971.)
- 'Science and Culture' (rev. of *T. H. Huxley: Scientist, Humanist and Educator*, C. Bibby), *New Statesman* 57 (25 Apr 1959), p. 584.
- 'Tribune's Majority' (rev. of *Tribune 21*, ed. Elizabeth Thomas), *New Statesman* 57 (24 Jan 1959), p. 124.
- 'Verse and Drama' (rev. of *The Third Voice*, D. Donoghue), *New Statesman* 58 (26 Dec 1959), p. 916.

1960

- 'Class and Voting in Britain', *Monthly Review* 11, no. 9 (Jan 1960), pp. 327-334.
- 'Freedom and Ownership in the Arts', *New Left Review* 5 (Sept-Oct 1960), pp. 53-57. (Advance chapter of *The Long Revolution*.)
- 'Ibsen restored', *New Statesman* 60 (2 Jul 1960), pp. 23-24.
- 'Labour and Culture', *New Epoch* (May 1960). (Not seen; source: *Tribune*, 13 May 1960, p. 2.)
- 'Lawrence and Tolstoy', *Critical Quarterly* 2 (1960), pp. 33-39.
- 'London Letter: The New British Left', *Partisan Review* 27 (1960), pp. 341-347.
- 'The Magic System', *New Left Review* 4 (1960), pp. 27-32.(Repr. in *Problemsin Materialism and Culture*.)
- 'Oxford Ibsen' (rev. of *Ibsen: Volume VI*, tr./ed. J. W. McFarlane), *New Statesman* 60 (24 Sept 1960), pp. 447-448.
- 'A Practical Critic' (rev. of *The Truest Poetry*, L. Lerner), *New Statesman* 59 (5 Mar 1960), pp. 338-339.
- 'Working Class Attitudes' (with Richard Hoggart), *New Left Review* 1 (1960), pp. 26-30.

1961

- 'The Achievement of Brecht', *Critical Quarterly* 3 (1961), pp. 153-162.
- 'The Common Good', *Adult Education* 34 (1961), pp. 192-199.
- 'Definition of Culture' [Amis, Kermode, Williams, Shils on Hoggart's *Socialism and Culture*], *New Statesman* 61 (2 Jun 1961), pp. 880-884.
- 'New English Drama', *Twentieth Century* 170 (1961), pp. 169-180. (Repr. *Pelican Guide to English Literature*, vol. 7.)
- 'The Figure in the Rug' (rev. of *Somerset Maugham*, R. Cordell), *New Statesman* 62 (7 Jul 1961), pp. 20-21.
- 'The Future of Marxism', *Twentieth Century* 170 (1961), pp. 128-142.
- 'Hope Deferred' (on performance of *Waiting for Godot*), *New Statesman* 61 (19 May 1961), p. 802.
- 'My Performances' (on Thomas Bewick's *Memoirs*), *New Statesman* 62 (8 Dec 1961), pp. 892-893.
- 'Shame the World' (on *The Visions of Simone Machard*), *New Statesman* 69 (9 Jun 1961), pp. 932-933.
- 'Thoughts on a masked stranger' (rev. of Arendt, *Between Past and Future*), *Kenyon Review* 23 (1961), pp. 698-702.
- 'Three-Quarters of a Nation' (rev. of *English for Maturity*, D. Holbrook), *New Statesman* 61 (3 Mar 1961), p. 351.
- 'Virtuous Circle' (rev. of *The Story of Fabian Socialism*, M. Cole), *The Listener* 66 (30 Nov 1961), pp. 933-934.
- 'Work and Leisure', *The Listener* 65 (25 May 1961), pp. 926-927.

1962

- 'A Dialogue on Tragedy', *New Left Review* 13/14 (1962), pp. 22-35.
- 'The deadlock', *Encounter* 18, no. 1 (1962), pp. 14-15.
- 'Fiction and Delusion: A note on *Auto-da-Fé* (E. Canetti)', *New Left Review* 15 (May-Jun 1962), pp. 103-106.

- 'From Scott to Tolstoy' (rev. of Lukács, *The Historical Novel*), *The Listener* (8 Mar 1962), pp. 436-437.
- 'Into the Wilderness' (rev. of J. M. S.Tompkins, *The Popular Novel in England 1770-1800*), *New Statesman* 63 (2 Mar 1962).
- 'Strong Feelings' (rev. of Brian Magee, *The New Radicalism*), *The Listener* 68 (4 Oct 1962), pp. 529-530.
- Review of *Llaregub Revisited* (D. Holbrook), *The Listener* 67 (12 Apr 1962), pp. 651-652.
- 'To the North' (rev. of F. L. Lucas, *Ibsen and Strindberg*), *The Listener* 67 (17 May 1962), pp. 868-870.
- 'Sensible People' (rev. of J. F. C.Harrison, *Learning and Living, 1790-1960*), *New Statesman* 63 (5 Jan 1962), pp. 21-22.
- 'Strindberg and the New Drama in Britain', *LeThéâtre dans le Monde/World Theatre* 11, no. 1(1962), pp. 61-[end].
- 'Television in Britain', *Journal of Social Issues* 18, no. 2 (1962), pp. 6-15.

1963

- 'Books' (reply on neglected/undervalued books, E. E.Hirschmann), *Twentieth Century* 172 (1963), p. 137.
- 'From Hero to Victim: Notes on the development of liberal tragedy', *New Left Review* 20 (1963), pp. 54-68.
- 'Going into Europe', *Encounter* 20 (Mar 1963), p. 68.
- 'Minor Ibsen' (rev. of *The Oxford Ibsen*, Vol. 2), *The Cambridge Review* 84 (19 Jan 1963), pp. 195-197.
- 'Radical History' (rev. of E. P.Thompson, *The Making of the English Working Class*), *The Listener* 70 (5 Dec 1963), pp.938-939.
- 'Liberal Breakdown' (rev. of C. B. Cox, *The Free Spirit*), *The Listener* 69 (30 May 1963), pp. 926-929.
- Review of Lukács, *The Meaning of Contemporary Realism*, *The Listener* 69 (28 Feb 1963).
- 'Tolstoy, Lawrence, and Tragedy', *Kenyon Review* 25 (1963), pp.

633-650.

- 'Tragic despair and revolt', *Critical Quarterly* 5 (1963), pp. 103-115.(Advance ch. of *Modern Tragedy*.)
- 'Tragic resignation and sacrifice', *Critical Quarterly* 5 (1963), pp. 5-19.(Advance ch. of *Modern Tragedy*.)
- 'What kind of education', *The Listener* 70 (18 Jul 1963), p. 91.

1964

- 'From Hero to Victim: Ibsen, Miller andthe Development of Liberal Tragedy', *Studies on the Left* 4, no. 2 (1964), pp. 83-97. (Ed. from *New Left Review*; to appear in *Modern Tragedy*.)
- 'La gauche britannique', *Esprit* 32 (1964), pp. 581-592.
- 'Labour's cultural policy', *Views* 5 (1964), pp. 40-44.
- 'Prelude to Alienation', *Dissent* 11 (1964), pp. 303-315.(Repr. *Stand* 7, no. 4 (1965), pp. 36-44.On Blake.)
- 'Social Criticism in Dickens: Some problems of method and approach', *Critical Quarterly* 6 (1964), pp. 214-227. (See also correspondence with J. C.Maxwell, p. 373.)
- 'A Structure of Insights' (rev. of McLuhan, *The Gutenberg Galaxy*), *University of Toronto Quarterly* (Apr 1964). (Repr. in *McLuhan: Hot and Cold*, ed. G. E. Stearn, 1967.)
- 'Thomas Hardy', *Critical Quarterly* 6 (1964), pp. 341-351.

1965

- 'The British Left', *New Left Review* 30 (Mar-Apr1965), pp. 18-26. (From *Esprit*.)
- 'Other Views', in *Labour in Politics* 7 (1965), pp. 13-15.
- 'Tragic Inquiry' (rev. of *Greek Tragedy and the Modern World*, L. Aylen), *The Spectator* (8 Jan 1965), p. 46.
- 'Why I am Marching: You Can't Have It Both Ways—The Bomb and Democracy', *Sanity* (Apr 1965), p. 6.
- 'What is the Future of the Left?', *Sanity* (Apr 1965), p. 9.

1966

- 'New Left Catholics', *New Black friars* 48 (Nov 1966), pp. 74-77.

1967

- 'Literature and rural society', *The Listener* 78 (16 Nov 1967), pp. 630-632.(From the Third Programme.)
- 'Literature and the City', *The Listener* 78 (23 Nov 1967), pp. 653-656.(From the Third Programme.)

1968

- 'How television should be run', *The Listener* 80 (11 Jul 1968), pp. 33-35.
- 'Pastoral and counter-pastoral', *Critical Quarterly* 10 (1968), pp. 277-290.(To be published in *The Country and the City*.)
- 'Why do I demonstrate?', *The Listener* 79 (25 Apr 1968), pp. 521-523.(From a talk broadcast on the Third Programme.)

1969

- 'Crisis in communications: A new mood of submission', *The Listener* 82 (31 Jul 1969), pp. 138, 140. (Repr. in *Problems in Materialism and Culture*.)
- 'The Knowable Community in George Eliot's Novels', *Novel* 2 (1969), pp. 255-268.(To appear in different form in *The Country and the City*.)
- 'National Convention of the Left: Why CND must be there', *Sanity* (Mar 1969), p. 6.
- 'On Reading Marcuse' (rev. of *Negations*), *The Cambridge Review* 90 (30 May 1969), pp. 366-368.(Repr. in *The Cambridge Mind*, ed. E. Homberger et al., Boston: Little, Brown, 1970.)
- 'Dramatic changes' (rev. of *The English Drama, 1485-1585*; *Shakespeare's Dramatic Heritage*), *The Listener*(24 Apr 1969), pp. 582-583.

1970

- 'An experimental tendency', *The Listener* 84 (3 Dec 1970), pp. 785-786.
- 'A Hundred Years of *Culture and Anarchy*', *The Spokesman* 8 (Dec 1970), pp. 3-5. (From a talk, Apr 1969; repr. in *Problems in Materialism and Culture.*)
- 'Ideas of nature', *Times Literary Supplement* (4 Dec 1970), pp. 1419-1421. (Repr. in *Problems in Materialism and Culture.*)
- 'The Intellectual in Politics', *The Spokesman* 9 (Mar 1970), pp. 3-5.
- 'The popularity of the press', *The Listener* 84 (15 Oct 1970), pp. 508-509.(From Radio 3.)
- 'Shadowing Orwell', *The Listener* 84 (13 Aug 1970), p. 218.

1971

- 'Dutschke and Cambridge', *The Cambridge Review* 92 (29 Jan 1971), pp. 94-95.(See also two statements, pp. 95-96.)
- 'Going into Europe—Again?', *Encounter* 36 (Jun 1971), p. 13.
- 'In praise of films', *The Listener* 85 (20 May 1971), pp. 633-635. (From Radio 3.)
- 'Literature and Sociology: In memory ofLucien Goldmann', *New Left Review* 67 (1971), pp. 3-18.
- 'On and from any shore' (rev. of *The Penguin Book of Socialist Verse*, ed. Alan Bold), *Stand* 12, no. 2 (1971), pp. 35-37.
- 'Radical Intellectuals' (rev. of *Fellow Travellers*, C. A. Worsley), *The Listener* 85 (24 Jun 1971), p. 821.
- 'Raymond Williams thinks well of the Open University', *The Listener* 86 (14 Oct 1971), pp. 507-508.

1972

- 'Lucien Goldmann and Marxism'salternative tradition', *The Listener* 87 (23 Mar 1972), pp. 375-376. (From Radio 3.)
- 'Social Darwinism', *The Listener* 88 (23 Nov 1972), pp. 696-700.

(From Radio 3; ICA lecture series.)

- 'What happened at Munich', *The Listener* 88 (14 Sept 1972), pp. 321-322.(Repr. in *Raymond Williams on Television.*)

1973

- 'Base and Superstructure in Marxist Cultural Theory', *New Left Review* 82 (1973), pp. 3-16.(Ger. trans. 'Materialistische Literaturtheorie IX', *Alternative* 101 (Apr 1975), pp. 77-91.)
- 'How we lost the world we never had: thecountry and the city in history', intro. by Leo Marx, *RIBA Journal* 80 (1973), pp. 421-431.
- 'Images of Solzhenitsyn' (rev. of *Ten Years after Ivan Denisovich*, Z. Medvedev; *Candle in the Wind*, A. Solzhenitsyn), *The Listener* 90 (29 Nov 1973), pp. 750-751.
- 'Views', *The Listener* 89 (7 Jun 1973), pp. 744-745.(Repr. in *Raymond Williams on Television.*)

1974

- 'Communication as Cultural Science', *Journal of Communication* 24 (Summer 1974), pp. 17-25.(Repr. in *Appro achesto Popular Culture*, ed. C. W.E. Bigsby, London: Arnold, 1976.)
- 'The English Language and the English Tripos', *Times Literary Supplement* (15 Feb 1974), pp. 1293-1294.
- 'On High and Popular Culture', *The New Republic* 171 (23 Nov 1974), pp. 13-16.(Repr. in *Cambridge Review* (1975).)
- 'Pastoral Versions' (rev. of *Rural Discontent in 18th-Century Britain*; *Land and Industry*), *New Statesman* 88 (27 Sept 1974), pp. 428-429.

1975

- 'On High and Popular Culture', *Cambridge Review* 96 (May 1975), pp. 126-129.(Repr. from *The New Republic*, 1974.)
- 'The Referendum Choice', *New Statesman* 89 (30 May 1975), p. 719.
- 'Variations on a Welsh Theme: On Aspectsof the Welsh "Fixation

on the Past"', *The Listener* 94 (2 Oct 1975), pp. 429-430.

1976

- 'The Bomb and Democracy—youcan't have it both ways', *Sanity* (Nov 1976), pp. 10-12. (Repr. from *Sanity*, Apr 1965; special issue for CND programmes on BBC-2.)
- 'Contemporary Drama and Social Change inBritain', *Revuedes Langues Vivantes* 42(1976), pp. 624-631.
- 'The Cultural Contradictions of Capitalism' (rev. of DanielBell), *The New York Times Book Review* (1 Feb 1976), p. 3.
- 'Developments in the Sociology of Culture', *Sociology* 10 (1976), pp. 497-506.(Prepared for BSA Annual Conference, 1975.)
- 'Legal? Decent? Honest? Truthful?—anargument about advertising', *The Listener* 96 (16 Sept 1976), pp. 331-332.
- 'Notes on Marxism in Britain since 1945', *New Left Review* 100 (1976-77), pp. 81-94.

1977

- 'The fiction of reform', *Times Literary Supplement* (25 Mar 1977), pp.330-331.
- 'The Growth and Role of the Mass Media', *International* 3, no. 3 (1977), pp. 3-6.(Repr. as 'The Role of the mass media: a discussion', *Wedge* 1 (1977). In *Media, Politics and Culture*, ed. C. Gardiner, Macmillan, 1979.)
- 'A Lecture on Realism', *Screen* 18, no. 1 (1977), pp. 61-74.
- 'The paths and pitfalls of ideology as an ideology', *Times Higher Education Supplement* (10 Jun 1977), p. 13.
- Review of *English Jacobin Novel*, G. Kelly, *Times Literary Supplement* (25 Mar 1977), pp. 330-331.
- 'The Role of the Mass Media', *Wedge* 1 (1977), pp. 33-38.
- 'The Social Significance of 1926', *Llafur* 2, no. 2 (1977), pp. 5-8.
- 'The Sociology of Culture', *Gulliver: German-English Yearbook* 2

(1977), pp. 49-53.

- 'Speak for England' (rev. of *An Oral History of England: 1900-1975*), *The New York Times Book Review* (27 Feb 1977), p. 3.

1978

- 'Commitment', *Stand* 20, no. 3 (1978), pp. 8-11.
- 'A man confronting a very particular kind of mystery' [onthe death of F. R. Leavis], *Times Higher Education Supplement* (5 May 1978), p. 10.
- 'Problems of Materialism', *New Left Review* 109 (1978), pp. 3-17.
- 'Utopia and Science-Fiction', *Science-Fiction Studies* 5 (1978), pp. 203-214.(Repr. in *Problems in Materialism and Culture*.)

1979

- 'The Arts Council', *Political Quarterly* 50 (1979), pp. 157-171.

1980

- 'Beyond actually existing socialism', *New Left Review* 120 (1980), pp. 3-19.(Repr. in *Problems in Materialism and Culture*.)
- 'From Communism to Marxism' (rev. of R. L. Heilbroner, *Marxism: For and Against*), *The New York Times Book Review* (13 Apr 1980), p. 11.
- 'Gravity's Python' (rev. of *From Fringe to Flying Circus*, R. Wilmut), *London Review of Books* 2, no. 23 (4-17Dec 1980), p. 14.
- 'Isn't the news terrible?' (rev. of *More Bad News*, GUMG; *The Whole World is Watching*, T. Gitlin), *London Review of Books* 2, no. 13 (3-16Jul 1980), pp. 6-7.
- 'Pierre Bourdieu and the sociology ofculture: an introduction' (with Nicholas Garnham), *Media, Culture & Society* 2 (1980), pp. 209-223.(Repr. in *Media, Culture & Society*(1986).)
- 'The Politics of Nuclear Disarmament', *New Left Review* 124 (1980), pp. 128-142.(Repr. in *Extremism and Cold War*, London:

New Left Books, 1982.)

- 'Thc Role of the Literary Magazine', *Times Literary Supplement* (6 Jun 1980), p. 637.
- 'The Writer: Commitment and Alignment', *Marxism Today* (Jun 1980), pp. 22-25.(Marx Memorial Lecture, Mar 1980.)

1981

- 'An Alternative Politics', *Socialist Register* (1981), pp. 1-10.
- 'Die Politik der atomaren Abrüstung', *Das Argument* 127 (May-Jun1981), pp. 352-366. (From *New Left Review* 124 (1980).)
- 'English Brecht' (rev. of *Collected Plays*, vols. V-VI), *London Review of Books* 3, no. 13 (16 Jul-5Aug 1981), pp. 19-20.
- 'Ideas and the labour movement', *New Socialist* 2, no. 5 (Nov/Dec 1981), pp. 28-33.
- 'Marxism, Structuralism and Literary Analysis', *New Left Review* 129 (1981), pp.51-66. (Repr. in *Writing in Society*.)
- Review of *George Orwell: A Life*, Bernard Crick, *Marxism Today* (Jun 1981), pp. 28-29.
- 'Talking to Ourselves', *The Cambridge Review* 102 (27 Apr 1981), pp. 160-164.
- 'Their bark may well be lost, if it is not tempest tossed'(on Cambridge English & MacCabe dispute), *The Guardian* (24 Jan 1981), p. 11.

1982

- 'Democracy and parliament', *Marxism Today* 26, no. 6 (Jun 1982), pp. 14-21.(Socialist Society pamphlet, 1982.)
- 'Distance', *London Review of Books* (17-30 Jun 1982), pp. 19-20.
- 'How to be the arrow, not the target', *Irish Broad casting Review* 15 (1982), pp. 16-21.(From an address to the Festival of Film and Television in the Celtic Countries, Wexford, Mar 1982.)

1983

- 'Cambridge English and Beyond', *London Review of Books* 5, no. 12 (7-20Jul 1983), pp. 3-8. (Repr. in *Writing in Society*.)
- 'Problems of the Coming Period', *New Left Review* 140 (1983), pp. 7-18.(Talk for the Socialist Society, May 1983.)
- 'The Red and The Green' (rev. of *Socialism and Survival*, R. Bahro; *Capitalist Democracy in Britain*, R. Miliband; *Socialist Register* 1982), *London Review of Books* 5, no. 2 (3-16 Feb 1983), pp. 3, 5.
- 'The Robert Tressell Memorial Lecture,1982', *History Workshop* 16 (Autumn 1983), pp. 74-82.

1984

- 'Nineteen Eighty Four in 1984', *Marxism Today* (Jan 1984), pp. 12-16.(Repr. *Monthly Review* 36, no. 7 (Dec 1984),pp. 13-28; from 1984 ed. of Orwell.)
- 'Splits, pacts and coalitions', *New Socialist* 16 (Mar/Apr 1984), pp. 31-35.(Repr. in *The Future of the Left*, ed. J. Curran, Cambridge: Polity & *New Socialist*, 1984.)

1985

- 'Community' (rev. of Welsh titles by E.Humphreys, D. Smith; J. Morris), *London Review of Books* 7, no. 14 (24 Jan 1985), pp. 14-15.
- 'Mining the meaning: Key words in theminers' strike', *New Socialist* 26 (Mar 1985), pp.6-9.
- 'Ruskin among others' (rev. of Tim Hilton, *John Ruskin: The Early Years*), *London Review of Books* 7 (20 Jun 1985), p. 18.
- 'Torches for Superman' (rev. of Brilley; Lefebvre; Sandbach; Lagercrantz; Meyer), *London Review of Books* (21 Nov 1985), pp. 17-18.
- 'Walking backwards into the future', *New Socialist* 27 (May 1985), pp. 21-23.

1986

- 'Towards Many Socialisms', *Socialist Review* 85 (Jan-Feb1986), pp. 45-65. (Paper at Roundtable '85, Cavtat, 21-26Oct 1985; repr. in *Socialismon the Threshold of the Twenty-first Century*, Verso.)
- 'Desire' (rev. of Carolyn Steedman, *Landscape for a GoodWoman*), *London Review of Books* 8 (17 Apr 1986), pp. 8-9.
- 'The Uses of Cultural Theory', *New Left Review* 158 (Jul/Aug 1986), pp. 19-31.

1987

- 'The Future of English', *News From Nowhere* 3 (May 1987), pp. 14-25.(Talk for Oxford English Limited, 28 Jan 1987.)
- 'Past Masters' (rev. of Reeves & Gould; Fraser; Bradley & Ousby), *London Review of Books* 9, no. 12 (25 Jun 1987), pp. 13-14.

1988

- 'Art: Freedom as Duty', *Planet* 68 (Apr/May 1988), pp. 7-14. (Lecture to a 1979 conference organized by UCW Aberystwyth Extra-Mural Dept. & Welsh Arts Council.)
- 'The Importance of Community', *Radical Wales* 18 (Summer 1988), pp. 16-20.(Lecture to the 1977 Plaid Cymru Summer School, Llandudno.)

7장 가디언(The Guardian)에 실린 서평들

(재수록된 경우 맨체스터 가디언 위클리(The Manchester Guardian Weekly)는 괄호 안에 표기함)

1959

- 'The reaction to Coleridge', review of *Coleridge the Visionary*, by J. B. Beer, 17 July 1959, p. 4. *(Reprinted 23 July 1959, p.10)*
- 'Messages from a spiritual storm-centre', review of *Collected*

Letters of Samuel Taylor Coleridge, vol. 3 & 4, ed. E. L. Griggs, 11 September 1959, p. 6.

- 'Fiction and Ideas: the case of George Eliot', review of *The Novel of George Eliot*, by Jerome Thale, 9 October 1959, p. 6. *(Reprinted as 'Ideas and the novelist', 15 October 1959, p. 10)*
- 'Views from the ante-rooms of power', review of *The Spare Chancellor*, by Alister Buchan, 16 October 1959, p. 9.
- 'The clerk without a church', review of *The Life of John Middleton Murry*, by F. A. Lea, 6 November 1959, p. 8. *(Reprinted as 'Reassembling a writer', 12 November 1959, p. 11)*
- 'The hallmarks of American', review of *American Critical Essays: Twentieth Century*, ed. Harold Beaver, 27 November 1959. *(Reprintedas 'American critical writing', 3 December 1959, p. 10)*
- 'A thinker in politics', review of *Coleridge: Critic of Society*, by John Colmer, 11 December 1959, p. 6. *(Reprinted 24 December 1959, p. 10)*

1960

- 'Children and writers', review of *Young Writers, Young Readers*, ed. Boris Ford, 15 January 1960, p. 8.
- 'Shelley and science', review of *Shelley: His Thought and Work*, by Desmond King-Hele, 12 February 1960, p. 8.
- 'The Western literary heritage', review of *The Western Literary Heritage*, by J. B. Priestley, 19 February 1960, p. 7. *(Reprinted 25 February 1960, p. 10)*
- 'The roots of education', review of *Studies in the History of Education, 1780-1870*, by Brian Simon, 14 April 1960, p. 10.
- 'The necessary general view', review of *Studies in American Culture*, ed. Joseph J. Kwiat and Mary C. Turpie, 13 May 1960, p. 6. *(Reprintedas 'Taking the broad view', 19 May 1960, p. 10)*
- 'Commentary on critics', review of *The Chartered Mirror*, by John Holloway, 27 May 1960, p. 9. *(Reprinted 2 June 1960, p. 11)*

- 'Common-sense romanticism', review of *Image and Experience*, by Graham Hough, 17 June 1960, p. 6.
- 'Mr. Winters and Professor X', review of *In Defence of Reason*, by Yvor Winters, 1 July 1960. *(Reprinted 7 July 1960, p. 11)*
- 'A scrapbook of reflections', review of *For Love or Money*, by Richard Rees, 12 August 1960, p. 5. *(Reprinted 18 August 1960, p. 11)*
- 'Literary and historical', review of *Critical History of English Literature*, by David Daiches, 23 September 1960, p. 8. *(Reprinted 29 September 1960, p. 10)*
- 'The uses of biology', review of *Darwin and Butler: Two Versions of Evolution*, by Basil Willey, 30 September 1960, p. 8.
- 'Creative resources', review of *The Creative Vision: Modern European Writers on Their Art*, ed. H. M. Block & H. Salinger, 25 November 1960, p. 9.
- 'Eliot and belief', review of *T.S. Eliot and the Idea of Tradition*, by Sean Lucy; *The Plays of T. S. Eliot*, by D. E. Jones, 9 December 1960, p. 6. *(Reprinted as 'The problem of T. S. Eliot', 15 December 1960, p. 11)*
- 'A version of realism', review of *Realism and Imagination*, by Joseph Chiari, 23 December 1960, p. 5. *(Reprinted 29 December 1960, p. 10)*

1961

- 'Orpheus and Darwin', review of *The Orphic Voice*, by Elizabeth Sewell, 10 February 1961, p. 6.
- 'Patterns in literature', review of *Some Mythical Elements in English Literature*, by E. M. W. Tillyard, 24 February 1961, p. 9. *(Reprinted as 'Centres of reference', 2 March 1961, p. 10)*
- 'Creators and consumers', review of *Brecht*, by Ronald Gray; *Ionesco*, by Richard N. Coe, 24 March 1961, p. 6. *(Reprinted30 March 1961, p. 10)*

- 'The recovery of Hardy', review of *Thomas Hardy*, by Douglas Brown, 28 April 1961, p. 8. *(Reprinted as 'Hardy rehabilitated', 4 May 1961, p.11)*
- 'The human footnote', review of *Edith Sitwell and George Eliot*, by K. A. McKenzie, 26 May 1961, p. 7. *(Reprinted 1 June 1961, p. 11)*
- 'Writers and "the writer"', review of *The Writer's Dilemma*, ed. *Times Literary Supplement*, 9 June 1961, p. 8. *(Reprinted 15 June 1961, p. 10)*
- 'Universal brotherhood', review of *On Human Unity*, by E. L. Hirschmann, 30 June 1961, p. 7. *(Reprinted as 'A reaffirmation of brotherhood', 6 July 1961, p. 10)*
- 'Lessons of the masters', review of *Essays and Studies 1961*, ed. Sir Gorley Putt (on F. R. Leavis and C. P. Snow), 14 July 1961, p. 12.
- 'Literature and society: Raymond Williams replies to Donald Davie', 11 August 1961 —response to Donald Davie's article 'Towards a New Aestheticism', *Guardian*, 21 July 1961.
- 'The end of a mimic', review of *The Old Man at the Zoo*, by Angus Wilson, 29 September 1961, p. 7. *(Reprinted 5 October 1961, p. 11)*
- 'Critical Pelican', review of *The Modern Age*, Pelican Guide to English Literature, vol. 7, ed. Boris Ford, 6 October 1961, p. 6.
- 'The art of a moralist', review of *The Art of George Eliot*, by U. J. Harvey, 20 October 1961, p. 6. *(Reprinted 26 October 1961, p. 11)*
- 'The meaning of tragedy', review of *The Death of Tragedy*, by George Steiner, 10 November 1961, p. 7.
- 'Experiment in reading', review of *An Experiment in Criticism*, by C. S. Lewis, 15 December 1961, p. 7.

1962

- 'Looking around Utopia', review of *Heavens Below — Utopian Experiments in England, 1560-1960*, by W. H. G. Armytage, 5 January 1962, p.5. *(Reprinted 11 January 1962, p. 10)*

- 'Critic on top?', review of *The Function of Criticism*, by Yvor Winters, 9 March 1962, p. 6. *(Reprinted as 'The crack of the critical whip', 15 March 1962, p. 11)*
- 'Letters from Lawrence', review of *The Collected Letters of D. H. Lawrence*, ed. Harry T. Moore, 2 vols, 23 March 1962, p. 8. *(Reprinted 29 March 1962, p. 11)*
- 'Island story', review of *Island*, by Aldous Huxley, 30 March 1962, p. 6. *(Reprintedas 'Island and experiment', 5 April 1962, p. 10)*
- 'A matter of judgement', review of *Puzzles and Epiphanies*, by Frank Kermode, 11 May 1962, p. 6. *(Reprinted 17 May 1962, p. 10)*
- 'A continuing dialogue', review of paperback editions of: *A Modern Symposium*, by Lowes Dickinson (intro. E. M. Forster); *Notes Towards the Definition of Culture*, by T. S. Eliot; *Literature, Popular Culture and Society*, by Leo Löwenthal; *The House of Intellect*, by Jacques Barzun; *The Captive Mind*, by Czeslaw Miłosz 15 June 1962, p. 7.
- 'Meanings of romantic', review of *Classic, Romantic and Modern*, by Jacques Barzun, 24 August 1962, p. 4. *(Reprinted as 'In defence of romanticism', 30 August 1962, p. 6)*
- 'Nightmare and normality', review of *The Dark Comedy*, by J. L. Styan, 5 October 1962, p. 13. *(Reprinted 11 October 1962, p. 10)*
- 'Self and place', review of *Livingin Irish Country Fiction*, by Philip O'Connor, 26 October 1962, p. 6.
- 'Stratford swans or what?', review of *Contemporary Theatre*, ed. J. R. Brown & B. Harris, 30 November 1962, p. 6. *(Reprinted 9 December 1962, p. 11)*
- 'Books of the year', commentary on themost interesting books of 1962, incl. *Auto-da-Fé* (Elias Canetti), *The Historical Novel* (Georg Lukács,tr.), *The Politics of Oil* (Robert Engler), 21 December 1962, p. 8.
- 'A philosophy of emotion', review of *Philosophical Sketches*, by Suzanne Langer, 28 December 1962, p. 7. *(Reprinted 3 January*

1963, p. 10)

1963

- 'Contemporary', review of *Contemporaries*, by Alfred Kazin, 1 February 1963, p. 7. *(Reprinted as 'The mask of orthodoxy', 7 February 1963, p. 10)*
- 'Monumental history', review of *English Literature 1789-1815*, by W.L. Renwick, 15 February 1963, p. 7. *(Reprinted as 'One kind of history', 21 February 1963, p. 11)*
- 'An effect of alienation', review of *The Public Happiness*, byAugust Heckscher, 29 March 1963, p. 7. *(Reprinted 4 April 1963, p. 11)*
- 'Pulp pioneers', review of *Fiction for the Working Man 1830-1850*, by Louis James, 27 September 1963, p. 6. (*Reprinted 3 October 1963, p. 10)*
- 'Standards and criticism', review of: *The Dream and the Task*, by Graham Hough; *Logic and Criticism*, by William Righter; *Experience into Words*, by D. W.Harding 11 October 1963, p. 9. *(Reprinted as 'Literature andmorals', 17 October 1963, p. 11 — only first two books)*
- 'Scrutiny', review of *Scrutiny*, vols. 1-20, 25 October 1963, p. 9.
- 'The Dickens argument', review of *Dickens and Education*, by Philip Collins, 22 November 1963, p. 6. 1964
- 'Gracious mean', review of *The Age of Equipoise*, by W. L. Burn, 24 January 1964, p. 7.
- 'Ceremony for a radical', review of *The Radical Tradition*, by R. H. Tawney, 21 February 1964, p. 8. *(Reprinted as 'Politics and the quality of life', 27 February 1964, p. 10)*
- 'A human abstract', review of *Science: The Glorious Entertainment*, by Jacques Barzun, 15 May 1964, p. 8.
- 'The rhetoric of death', review of *The Mortal No: Death and the Modern Imagination*, by Frederick J. Hoffman, 12 June 1964, p. 7. *(Reprinted as 'Rhetoric of death', 18 June 1964, p. 10)*
- 'Strange ideology', review of *John Addington Symonds: A Biography*,

by Phyllis Grosskurth, 3 July 1964, p. 7. *(Reprinted as 'A deviant ideology', 9 July 1964, p. 11)*

- 'The believers', review of *The Unbelievers*, by A.O. J. Cockshut, 10 July 1964, p. 8. *(Reprinted 16 July 1964, p. 10)*
- 'Sincerity', review of *Words worth and the Poetry of Sincerity*, by David Perkins, 28 August 1964, p. 7.
- 'Edwardian illusion', review of *Edwardian England 1901-1914*, ed.Simon Nowell-Smith, 9 October 1964, p. 9. *(Reprinted 15 October 1964, p. 11)*
- 'Not public enough', review of *Corridors of Power*, by C. P. Snow, 6 November 1964, p. 6. *(Reprinted as 'Public and private lives', 12 November 1964, p. 10)*
- 'Professional writing', review of *The Profession of English Letters*, by John Saunders, 27 November 1964, p. 13. *(Reprinted as 'Writing to live', 3 December 1964, p. 11)*
- 'Creative power', review of *Power in Men*, by Joyce Cary, 11 December 1964. *(Reprinted as 'Creative energy', 17 December 1964, p. 11)*

1965

- 'Workers College', review of *The Central Labour College*, by William W. Craik, 1 January 1965, p. 6.
- 'Early Dickens', review of: *The Letters of Charles Dickens*, vol. 1 (1820-39), ed. Madeline House & Graham Storey; *Dickens from Pickwick to Dombey*, by Stephen Marcus 5 February 1965. *(Reprinted as 'Dickens and hisday', 11 February 1965, p. 10)*
- 'The uses of France', review of: *The View of France from Arnold to Bloomsbury*, by Christophe Campos; *A Comparative View of French and British Civilization 1850-1870*, by F. C. Green 26 March 1965, p. 9. *(Reprinted as 'Looking across to France', 8 April 1965, p. 10)*
- 'Exploration and commitment', review of *Further Explorations*, by

L. C. Knights, 9 April 1965, p. 15.

- 'Conservative values', review of *Education and Values*, by G. H. Bantock, 23 April 1965, p. 9. *(Reprinted as 'A conservative view of education', 29 April 1965, p. 11)*
- 'Old year letter', review of *New Year Letter*, by W. H. Auden, 21 May 1965, p. 9.
- 'Articles as books and books as articles', review of: *A Sad Heart at the Supermarket*, by Randall Jarrell; *Doings and Undoings*, by Norman Podhoretz 11 June 1965, p. 8.
- 'A Liberal critic', review of *A Vision of Reality*, by Frederick Grubb, 2 July 1965, p. 7.
- 'Revolt and conformity', review of *The Theatre of Revolt*, by Robert Brustein, 9 July 1965, p. 7.
- 'Ideas in politics', review of *The Pursuit of Certainty*, by Shirley Robin, 24 September 1965.
- 'Caudwell', review of: *The Concept of Freedom*, by Christopher Caudwell; *Poems*, by ChristopherCaudwell 12 November 1965, p. 9. *(Reprinted as 'Ayoung man's papers', 18 November 1965, p. 11)*
- 'The world we have changed', review of *The World We Have Lost*, by Peter Laslett, 19 November 1965, p. 8. *(Reprinted 25 November 1965, p. 10)*
- 'A critic in action', review of *Writers and Politics*, by Conor Cruise O'Brien, 26 November 1965, p. 13. *(Reprinted 2 December 1965, p. 11)*
- 'A laurel for Hardy', review of: *Thomas Hardy: The Will and the Way*, by Roy Morrell; *Hardy of Wessex*, by CarlJ. Weber; *The Dynasts*, by Thomas Hardy 10 December 1965, p. 6. *(Reprinted as'Learning about Hardy', 16 December 1965, p. 10)*

1966

- 'Beyond liberalism', review of *Beyond Culture*, by Lionel Trilling, 15 April 1966, p. 8. *(Reprinted 21 April 1966, p. 10)*

- 'Chronicles', review of *The Beginners*, by DanJacobson, 27 May 1966, p. 7. *(Reprinted 2 June 1966, p. 10)*
- 'Tolstoy in England', review of *Tolstoy and the Novel*, by John Bayley, 21 October 1966, p. 7.
- 'Any old myths?', review of *The Primal Curse: the myth of Cain and Abel in theatre*, by Honor Matthews, 13 January 1967, p. 7.

1967

- 'Any old myths?', review of *The Primal Curse: the myth of Cain and Abel in theatre*, by Honor Matthews, 13 January 1967, p. 7.
- 'Coleridge today', review of *Coleridge: The Work and the Relevance*, by William Walsh, 24 February 1967, p. 7.
- 'William Morris', review of *The Work of William Morris*, by Paul Thompson, 3 March 1967, p. 7.
- 'Fenland people', review of *Fenland Chronicles*, by Sybil Marshall, 31 March 1967, p. 9.
- 'Novels and ideas', review of *Sartre: Romantic Rationalist*, by Iris Murdoch, 12 May 1967, p. 8. *(Reprinted as 'Novels, politicians andideas', 18 May 1967, p. 11)*
- 'Hardy in public', review of *Thomas Hardy's Public Voice*, ed. Harold Orel, 19 May 1967, p. 7. *(Reprinted 25 May 1967, p. 10)*
- 'Father knew George Orwell', review of *My Son George*, by Samuel Bardford, 16 June 1967, p. 8.
- 'Radical landmarks', review of *The Public Happiness*, by August Heckscher, 7 July 1967, p. 7.
- 'Never trust the accident of promise', review of *Thomas Hardy in Life and Art: Uncollected, Unpublished and Other Prose Works*, by E. M. Forster, 22 September 1967, p. 7.

1968

- 'Shaw and the priestess', reviewof *Shawand the Nineteenth Century Theatre*, by Martin Meisel; *The Dramatic Works of Stéphane*

Mallarmé, by Warren Roberts. 25 January 1968, p. 6.

- 'Another prophecy?', review of *Intellectuals Today: Problems in a Changing World*, by John Holloway (ed.). 19 January 1968, p. 11.
- 'Talking to Intellectuals', review of *Intellectuals Today: Problems in a Changing Society*, by T. R. Fyvel. 1 March 1968, p. 7. *(Manchester Guardian Weekly판: 7 March 1968, p. 10)*
- 'The left in the thirties', review of *The Left Review, October 1934-May 1938* (reprinted in the series *English LittleMagazines*). 22 March 1968, p. 9.
- 'A choice of worlds', review of *The Ordinary Universe: Soundings in Modern Literature*, by Dennis Donoghue. 5 July 1968, p. 7. *(Manchester Guardian Weekly판: 'The man whobites the coins', 11 July 1968, p. 11)*
- 'How we see suffering', review of *Cancer Ward*, by Alexander Solzhenitsyn. 20 September 1968, p. 9. *(Manchester Guardian Weekly판: 'Complexities of pain and pity', 26 September 1968, p. 15)*
- 'Blair to Orwell', review of *Collected Essays, Journalism and Letters of George Orwell*, 4 vols. 4 October 1968, p. 6. *(Manchester Guardian Weekly판: 'From Blair to Orwell', 10 October 1968, p. 14)*
- 'Work on the human voice', review of *The First Circle*, byAlexander Solzhenitsyn. 15 November 1968, p. 6. *(Manchester Guardian Weekly판: 'Solzhenitsyn's courage', 21 November 1968, p. 14)*
- 'The need for Sartre', review of *The Philosophy of Jean-Paul Sartre*, ed. Robert Denoon Cumming. 29 November 1968, p. 11.

1969

- 'Air or nothing', review of *Experiment in Autobiography*, by H. G. Wells. 24 January 1969, p. 7. *(Manchester Guardian Weekly판: 'A case of air or nothing', 31 January 1969, p. 14)*
- 'A report on suffering', review of *Cancer Ward, Part Two*, by Alexander Solzhenitsyn. 3 March 1969, p. 9. *(Manchester Guardian Weekly판: 20 March 1969, p. 14)*

- 'Spender on students', review of *My Year of the Young Rebels*, by Stephen Spender. 17 April 1969, p. 9. *(Manchester Guardian Weekly판: 'Mr Spender and students', 24 April 1969, p. 14)*
- 'For and against Mill', review of *Mill: A Collection of Critical Essays*, ed. J. B. Schneewind. 12 June 1969, p. 9. *(Manchester Guardian Weekly판: 'Our liberal friend', 19 June 1969, p.15)*
- 'On structures', review of *Conversations with Claude Lévi-Strauss*, by G. Charbonnier, tr. J. & D. Weightman. 26 June 1969, p. 9.
- 'Getting the inside story', review of *The Right to Know: The Rise of the World Press*, by Francis Williams. 3 July 1969, p. 9. *(Manchester Guardian Weekly판: 'Gettingoutside the inside story', 10 July 1969, p. 14)*
- 'Black and White', review of *Murderous Angels*, by Conor Cruise O'Brien. 10 July 1969, p. 7. *(Manchester Guardian Weekly판: 17 July 1969, p. 18)*
- 'Coleridge as The Friend', review of *The Friend*, by S. T.Coleridge, ed. Barbara E. Rooke. 7 August 1969, p. 5. *(Manchester Guardian Weekly판: 14 August 1969, p. 16)*
- 'Romantic revival', review of *Romanticism*, ed. John B. Halsted. 21 August 1969, p. 7. *(Manchester Guardian Weekly판: 28 August 1969, p. 18)*
- 'Provocations', review of *Shaw — "The Chucker-Out"*, by Allan Chappelow. 18 September 1969, p. 9. *(Manchester Guardian Weekly판: 'Noordinary playwright', 27 September 1969, p. 19)*
- 'In the city of apples', review of *The Keeper of Antiquities*, by Yury Dombrovsky, tr. Michael Glenny. 23 October 1969, p. 9. *(Manchester Guardian Weekly판: 'City of apples', 1 November 1969, p. 18)*
- 'Changing the terms of reason', review of *American Power and the New Mandarins*, by Noam Chomsky. 30 October 1969, p. 8. *(Manchester Guardian Weekly판: 'The moments of decision', 8 November 1969, p. 16)*
- 'Dickens at 157', review of *The Uncollected Writings of Charles*

Dickens: Household Words, 1850-1859, ed. Harry Stone, et al. 20 November 1969, p. 8.

- 'The ruling class', review of *The English Ruling Class*, ed. W. L. Guttsman. 27 November 1969, p. 10. *(Manchester Guardian Weekly 판: 'The class apart', 6 December 1969, p.18)*
- 'A refusal to be resigned', review of *English Literature in Our Time and the University*, by F. R. Leavis. 18 December 1969, p. 7.

1970

- 'Beyond protest', review of *The Limits of Protest*, by Peter Buchman. 8 January 1970, p. 7.
- 'Masters and others', review of *Fontana Modern Masters series*, ed. Frank Kermode: *Damons*, by Conor Cruise O'Brien; *Fanon*, by David Caute; *Levi-Strauss*, by Edmund Leach; *Marx*, by Alister MacIntyre; *Guevara*, by Andrew Sinclair 15 January 1970, p. 9. *(Manchester Guardian Weekly: 'Mixed bag', 24 January 1970, p. 19)*
- 'Report in repertory', review of *Essays on Modern Theatre*, by Martin Esslin. 2 July 1970, p.9. *(Manchester Guardian Weekly: 11 July 1970, p. 18)*
- 'Violence and confusion', review of *On Violence*, by Hannah Arendt. 25 June 1970, p. 14. *(Manchester Guardian Weekly: 'Violence clarified', 4 July 1970, p. 18)*
- 'Notes on a campaign', review of *Fears of Fragmentation*, by Arnold Wesker. 16 July 1970.
- 'Theory and practice', review of *A Theory of Communication*, by Philip Hobsbawm. 3 September 1970, p. 7.
- 'Myth and intimations', review of *The Rape of Tamar*, by Dan Jacobson. 1 October 1970, p.9.
- 'Teletalk', review of *The New Priesthood: British Television Today*, by Joan Bakewell and Nicholas Garnham. 5 November 1970, p. 9.
- 'A power to fight', review of *The Stubborn Structure: Essays on Criticism and Society*, by Northrop Frye. 12 November 1970, p. 9.

- 'Varieties of protest', review of *Protest and Discontent*, ed. Bernard Crick and William A. Robson. 26 November 1970, p. 12.
- 'Open change', review of *Industrialization and Culture, 1830-1914*, ed. Christopher Harvie, Graham Martin and Aaron Scharf. 31 December 1970, p. 7.

1971

- 'Working class politics', review of *Respectable Radical: George Howell and Victorian Working Class Politics*, by F. M. Leventhal; *The Decline of Working Class Politics*, by Barry Hindess. 28 January 1971, p. 7. *(Manchester Guardian Weekly: 6 February 1971, p. 16)*
- 'Socialism active and passive', review of *History and Class Consciousness*, by Georg Lukács; *Solzhenitsyn*, by George Steiner. 25 February 1971, p. 8.
- 'Good societies', review of *The Good Society: A Book of Readings*, ed. Anthony Arblaster and Stephen Lukes. 13 May 1971, p. 9. *(Manchester Guardian Weekly: 22 May 1971, p.18)*
- 'Who speaks for Wales?', review of *The Welsh Extremist: A Culture in Crisis*, by Ned Thomas. 3 June 1971.
- 'Labour and/or socialism', review of *The Crisis of British Socialism*, by Ken Coates. 1 July 1971, p. 9. *(Manchester Guardian Weekly: 'The shame of the sixties', 10 July 1971,p. 18)*
- 'Reading Carlyle', review of *Thomas Carlyle: Selected Writings*, ed. Alan Shelston; *Thomas Carlyle: Critical Heritage*, ed. Jules Paul Seigel; *The Carlyles*, by John Stewart Collis. 18 November 1971,p. 11. *(Manchester Guardian Weekly: 27 November 1971, p. 15)*
- 'Radical categories', review of *Radical Man*, by Charles Hampden-Turner. 9 December 1971, p. 13. *(Manchester Guardian Weekly: 8 January 1972)*
- 'The novel and the people', review of *Working-Class Stories of the 1890s*, ed. P. J. Keating; *The Working Classes in Victorian Fiction*, by P. J. Keating. 30 December 1971, p. 13. *(Manchester Guardian*

Weekly: 8 January 1972)

1972

- 'Beyond social abstraction', review of *Beyond Freedom and Dignity*, by B. F. Skinner. 9March 1972, p. 14.
- 'Open-circuit television', review of *Television and the People: A Programme for Democratic Participation*, by Brian Groom bridge. 27 April 1972, p. 14. *(Manchester Guardian Weekly: 6 May 1972, p.22)*
- 'Suspecting the left', review of *The Suspecting Glance*, by Conor Cruise O'Brien. 8 June 1972, p. 16. *('Illiberal reactions', Manchester Guardian Weekly, 17 June 1972, p.23)*
- 'Creative quarrelling?', review of *Nor Shall My Sword: Discourses on pluralism, compassion, and social hope*, by F. R. Leavis. 13 July 1972, p. 14. *(Manchester Guardian Weekly: 29 July 1972, p.22)*
- 'Russia betrayed', review of *August 1914*, by Alexander Solzhenitsyn, tr. Michael Glenny. 21 September 1972, p. 14. *(Manchester Guardian Weekly: 30 September 1972, p. 22)*
- 'Stand up for what?', review of *The Obscenity Report*, introduced by John Trevelyan, preface by Maurice Girodias; *Pornography: The Long ford Report*; *The Case against Pornography*, ed. David Holbrook. 28 September 1972, p. 16. *(Manchester Guardian Weekly: 7 October 1972, p. 29)*

1973

- 'A radical miscellany', review of *Radical Perspectives in the Arts*, ed. Lee Baxindall. 26 April 1973, p. 26. *(Manchester Guardian Weekly: 'The Marx Arts', 5 May 1973, p. 26)*
- 'No wealth but life', review of *Interpretationsand Forecasts, 1922-1972*, byLewis Mumford. 23 August 1973, p. 9. *(Manchester Guardian Weekly: 'Theother Mumford', 1 September 1973, p. 23)*
- 'A city and its writers', review of *Charles Baudelaire: A Lyric Poet*

in the Era of High Capitalism, by Walter Benjamin, tr. Harry Zohn. 30 August 1973, p. 12.*(Manchester Guardian Weekly: 'Baudelaire's Paris', 8 September 1973, p. 22)*

- 'Against monopoly', review of *Tools for Conviviality*, by Ivan D. Illich. 27 September 1973, p. 11.
- 'Systems of error', review of *For Reasons of State*, by Noam Chomsky; *The Backroom Boys*, by Noam Chomsky; *Problems of Knowledge and Freedom*, by Noam Chomsky. 1 November 1973, p. 11.
- 'Radical Blake', review of *The Notebook of William Blake: A Photographic and Typographic Facsimile*, ed. David V. Erdman; *The "Heaven" and "Hell" of William Blake*, by G. R. Sabri-Tabrizi. 29 November 1973, p. 15.
- ○ 'Developing what?', review of *Education for Liberation*, by Adam Curle. 27 December 1973,p. 7. *(Manchester Guardian Weekly: 12 January 1974, p. 24)*

1974

- 'The Frankfurt School', reviewof *The Dialectical Imagination*, by-Martin Jay; *Aspects of Sociology*, by Frankfurt Institute for Social Research (preface by Max Horkheimer & Theodor Adorno); *Negative Dialectics*, by Theodor Adorno, tr. E. B.Ashton; *The Jargon of Authenticity*, by Theodor Adorno, tr. Knut Tarnowski and Frederick Will. 14 February 1974, p. 14. *Manchester Guardian Weekly: 26 January 1974, p. 24.*
- 'Knots of socialism', review of *The Socialist Register 1973*, ed. Ralph Miliband and John Saville. 14 February 1974, p. 14. *Manchester Guardian Weekly: 23 February 1974, p. 17.*
- 'Who are the intellectuals?', review of *Between Existentialism and Marxism*, by Jean-Paul Sartre; *Sartre*, by Hazel E. Barnes; *Camus and Sartre*, by Germaine Brée. 25 April 1974, p. 7.
- 'Working-class lives', review of *The Autobiographies of Working*

People from the 1820s to the 1920s, ed. John Burnett. 13 June 1974, p. 9.

- 'Shelley plain', review of *Shelley: The Pursuit*, by Richard Holmes; *Shelley, His Friends and His World in Letters*, by Kathleen Raine. 25 July 1974, p. 9. *Manchester Guardian Weekly: 3 August 1974, p. 21.*
- 'In the great tradition', review of *The Great Web: The Form of Hardy's Major Fiction*, by Ian Gregor; *Thomas Hardy and History*, by R. J. White. 8 August 1974, p. 9. *Manchester Guardian Weekly: 17 August 1974,p. 22.*
- 'Vindication of a radical', review of *The Life and Death of Mary Wollstonecraft*, by Claire Tomalin. 5 September 1974, p. 14. *Manchester Guardian Weekly: 14 September 1974, p. 2.*
- 'When myth meets myth', review of *The Eating of the Gods: An Interpretation of Greek Tragedy*, by Jan Kott. 10 October 1974, p. 16. *Manchester Guardian Weekly: 19 October 1974, p. 20.*
- 'Is there anything wrong?', review of *The Socialist Idea: A Reappraisal*, ed. Leszek Kołakowski and Stuart Hampshire. 28 November 1974, p. 11. *Manchester Guardian Weekly: 7 December 1974, p. 18.*

1975-1976

- 'What the papers choose?', review of *Newspaper Money: Fleet Street and the Search for the Affluent Readership*, by Fred Hirsch & David Gordon; *New Voices: The Labour Party and the Crisis of Social Change*, by A. C. H. Smith. 21 February 1975, p. 7.
- 'The Referendum Choice', commentary on thepolitical implications of the 1975 EEC referendum. New Statesman, 30 May 1975, p. 719.
- 'Variations on a Welsh Theme', commentary on Welsh identity and culture. The Listener, 2 October 1975, pp. 429-430.
- 'Meanings of dialectic', review of *Critique of Dialectical Reason*, by

Jean Paul Sartre, tr. Alan Sheridan. 20 January 1977, p. 14.

1977

- 'All power to the poem', review of *The Spiral Ascent*, atrilogy, by Edward Upward. 28 July 1977, p. 9. *(Manchester Guardian Weekly: 'Power to the poem', 7 August 1977, p. 22)*
- 'A radical perspective', review of *Milton and the English Revolution*, by Christopher Hill. 6 October 1977, p. 9. *(Manchester Guardian Weekly: 16 October 1977, p. 21)*
- 'Politics and letters', review of *Edmund Wilson: Letters on Literature and Politics, 1912-1972*, ed. Elena Wilson. 17 November 1977, p. 10. *(Manchester Guardian Weekly: 1 January 1978, p. 22)*
- 'Enduring ghost', review of *Ibsen: A Dissenting Voice*, by Ronald Gray. 8 December 1977, p. 10.

1978

- 'The Englishness of Chaucer', review of *The Life and Times of Chaucer*, by John Gardiner. 5 January 1978, p. 7. *(Manchester Guardian Weekly: 15 January 1978, p. 22)*
- 'Rural yet shrewd', review of *The Older Hardy*, by Robert Gittings; *An Essay on Hardy*, by John Bayley. 19 May 1978, p. 18. *(Manchester Guardian Weekly: 19 March 1978, p. 22)*
- 'Explaining the word', review of *Aesthetics and Politics*,ed. New Left Books. 23 March 1978, p. 11.
- 'The link in Tolstoy', review of *Tolstoy's Letters*, ed.R. F. Christian (2 vols.). 20 April 1978, p. 9. *(Manchester Guardian Weekly: 30 April 1978, p. 22)*
- 'Most generally known', review of *Samuel Johnson*, by W. Jackson Bate. 18 May 1978, p. 10.
- 'The black domain', review of *The Merthyr Rising*, byGwyn A. Williams. 8 June 1978. *(Manchester Guardian Weekly: 'Black domain', 18 June 1978, p. 22)*

- 'The yapping pack', review of *The Politics of Information*, by Anthony Smith. 3 August 1978, p. 7.

1979

- 'A call to struggle', review of *The Moment of Scrutiny*, by Francis Mulhern. 27 May 1979, p. 9.
- 'Dreams and sea', review of *Conrad in the Nineteenth Century*, by Ian Watt. 29 May1979, p. 16.
- 'The book of Governors', review of *Governing the BBC*, byAsa Briggs. 29 November 1979, p.10. *(Manchester Guardian Weekly: 23 December 1979, p. 14)*

1980

- 'Lawrence in the '80s', review of *D. H. Lawrence Country*, by Roy Spencer; *The Life of D. H. Lawrence*, by Keith Sagar. 28 February 1980, p. 7. *(Manchester Guardian Weekly: 9 March 1980, p. 21)*
- 'The Greeks in England', review of *The Victorians and Ancient Greece*, by Richard Jenkyns. 7 August 1980, p. 9. *(Manchester Guardian Weekly: 24 August 1980, p. 22)*
- 'Life on the other side of the tracks', review of *The Railway Workers, 1840-1970*, by Frank McKenna. 16 October 1980, p. 9. *(Manchester Guardian Weekly: 26 October 1980, p. 21)*
- 'The little green book', review of *Edward Carpenter 1844-1929*, by-Chushichi Tsuzuki. 20 November 1980, p.18.

1981

- 'Straddling the chasm', review of *Mediations: Essays on Brecht, Beckett, and the Media*, by Martin Esslin. 29 January 1981, p. 7.
- '1956 and all that', review of *In Anger: Culture in the Cold War, 1945-60*, by Robert Hewison. 2 April 1981, p. 11.
- 'A future for Europe?', review of *The Dynamics of European Nuclear Disarmament*, by Alva Myrdal et al. 13 August 1981, p. 12.

- 'Writers' reading in 1981', contribution to collective article where Guardian writers listed books that most affected them in 1981. 10 December 1981, p. 14. *(Manchester Guardian Weekly: 27 December 1981, p. 22)*

1982

- 'Close friends', review of *A Memoir of D. H. Lawrence (The Betrayal)*, by G. H. Neville. 14 January 1982, p. 16. *(Manchester Guardian Weekly: 24 January 1982)*
- 'The reasonable Englishman', review of *An English Temper*, by-Richard Hoggart. 8 April 1982, p.16.
- 'Danger: intellectuals!', review of *The Transformation of Intellectual Life in Victorian England*, by T. W. Heyck; *Fabianism and Culture*,by Ian Britain. 1 July 1982, p. 8. *(Manchester Guardian Weekly: 11 July 1982, p. 21)*
- 'Putting the Welsh in their place', review of *The Welsh in Their History*, by Gwyn A. Williams. 9 September 1982, p. 8. *(Manchester Guardian Weekly: 19 September 1982, p. 21)*
- 'Movement of faith', review of *The Critic as Anti-Philosopher*, by F. R. Leavis. 11 November 1982, p. 10. *(Manchester Guardian Weekly: 21 November 1982, p. 22)*

1983

- 'Generations out of joint', review of *A Margin of Hope*, by Irving Howe. 10 March 1983, p. 10. *(Manchester Guardian Weekly: 20 March 1983, p. 22)*
- 'The new morality', review of *Eve and the New Jerusalem*, by Barbara Taylor. 17 March 1983, p. 16.

1984

- 'Ours and not ours', review of *The World, the Text and the Critic*, by Edward Said. 8 March 1984, p. 10.

- 'The politics of poverty', review of *The Idea of Mass Poverty: England in the Early Industrial Age*, by Gertrude Himmelfarb. 5 April 1984, p. 18.
- 'The resonance of Antigone', review of *Antigone*, by George Steiner. 20 July 1984, p. 14.
- 'Feeling the draft', review of *Mr. Noon*, by D. H. Lawrence, ed. Lindeth Vasey. 13 September 1984, p. 20. *(Manchester Guardian Weekly: 23 September 1984, p. 21)*
- 'Two faces of liberalism?', review of *The Rise and Decline of Western Liberalism*, by Anthony Arblaster; *An End to Allegiance?*, by Geoffrey Sampson. 11 October 1984, p. 20. *(Manchester Guardian Weekly: 21 October 1984, p. 21)*
- 'Had your letter, yesterday', review of *The Letters of D. H. Lawrence, Vol. 3, 1916-21*, ed. James T. Boulton and Andrew Robertson. 29 November 1984, p. 13.

1985

- 'The shadow of the dragon', review of *When was Wales?*, by Gwyn A. Williams; *Wales: A History*, by Winford Vaughan-Thomas. 24 January 1985, p. 20.
- 'The literary civil war', review of *Writing and Revolution in 17th-Century England*, by Christopher Hill. 11 April 1985, p. 21.
- 'Lawrence's century', review of *D. H. Lawrence and Tradition*, ed. Jeffrey Meyers; *D. H. Lawrence: Life into Art*, by Keith Sagar; *Flame into Being: The Life and Work of D. H. Lawrence*, by Anthony Burgess. 19 September 1985, p. 10.
- 'The better half of Lev Tolstoy', review of *The Diaries of Sofia Tolstaya*, tr. Cathy Porter; *Tolstoy's Diaries*, tr.R. F. Christian. 28 November 1985, p. 11.

1986

- 'Clare's voices', review of *The Letters of John Clare*, ed. Mark

Storey. 13 February 1986, p. 21.

- 'A Welsh companion', review of *The Oxford Companion to the Literature of Wales*, ed. Meic Stephens. 27 February 1986, p. 23.
- 'Elites and loyalties', review of *The Red and the Blue: Intelligence, Treason, and the Universities*, by Andrew Sinclair. 19 June 1986, p. 21. (Manchester Guardian Weekly: 29 July 1986, p. 21)

1987

- 'How Bloomsbury contrived to borrow time', review of *Victorian Bloomsbury: The Early Literary History of the Blooms bury Group*, vol. 1, by S. P. Rosenbaum. 20 February 1987, p. 13.
- 'The word and the dictator', review of *I The Supreme*, by Augusto Roa Bastos. 13 March 1987, p. 13.
- 'A novel out of this world', review of *Women in Love*, ed. David Farmer; *The Letters of D. H. Lawrence*, vol. IV, 1921-1924, ed. James T. Boulton et al. 22 May 1987, p. 13.
- 'Doing despair', review of *Vladimir's Carrot: Modern Drama and the Modern Imagination*, by John Peter; *The Field of Drama*, by Martin Esslin. 17 July 1987, p. 13.

1988

- 'Art: Freedom as Duty', lecture published in *Planet*. April/May 1988, pp. 7-14.
- 'The Importance of Community', *Radical Wales*, no. 18 (Summer 1988), pp. 16-20.

8장 트리뷴(Tribune)에 실린 기사

- 'Man on the run from himself', *Tribune*, 27 March 1959, p. 13. See letters by Frederick Harper, *Tribune*, 27 April 1959, p. 4.
- 'Investigator: first investigate yourself', review of *Britain Revisited* by Tom Harrison, *Tribune*, 21 April 1961, pp. 6-7.

- 'Sociology's range', review of *Ideology and Society* by Donald Macrae, *Tribune*, 4 August 1961, p. 9.
- 'Culture and Labour', letter, *Tribune*, 14 August 1964, p. 2.
- 'R. H. Tawney', in *Voices of Socialism* series, *Tribune*, 1 January 1965, p. 13. Seeresponse letter by David Elstein, 15 January 1965, p. 5.
- 'Tawney's Christianity', letter, *Tribune*, 22 January 1965, p. 7.
- 'We are starting to use our own voices!', *Tribune*, 5 March 1965, pp. 11, 6.
- 'Communications: just what is Labour's policy for radio?', *Tribune*, 18 February 1966, p. 8. Seeletter by J. R. Grierson, 4 March 1966, p. 11.
- 'Policy for radio', letter, *Tribune*, 11 March 1966, p. 11.
- 'Oxbridge Their Oxbridge', commentary (with Stephen Lukes and John Saville) on the *Franks Report on British Universities*, *Tribune*, 3 June 1966, p. 6.
- 'Expulsion of Ken Coates', letter (co-signed with others), *Tribune*, 23 September 1966, p. 7.
- 'The future of broadcasting: what happens when the "pirates" walk the plank?', *Tribune*, 7 October 1966, p. 9.
- '"Bemused liberalism" from Hugh Jenkins', *Tribune*, 21 October 1966, p. 6. See letters by Ronan O'Rahilly and Brian Blain, 14 October 1966.
- 'Communications put in order', letter, *Tribune*, 2 December 1966, p. 8.
- 'May Day Manifesto 1967', *Tribune*, 28 April 1967,p. 5. See response letter by John Sheridan, 26 May 1967, p. 9.
- 'May Day Manifesto', letter, *Tribune*, 2 June 1967, p. 8.
- 'Commercial radio: the thin end of the wedge?', *Tribune*, 2 August 1968, pp. 6-7.
- 'A National Convention of the Left', *Tribune*, 28 March 1969, p. 5.

9장 더 네이션(The Nation)에 실린 영국 정치 관련 글

- 'The culture of politics', vol. 188, 3 January 1959, pp. 10-12.
- 'The British elections', vol. 199, 28 September 1964, pp. 154-157.
- 'Letter from Britain', vol. 203, 4 July 1966, pp. 18-19. See correction, p. 90.
- 'Significance of economic-politicalcrisis; illusions lost', vol. 203, 5 September 1966, pp. 185-187.
- 'Affluence after anger: on the development of the British "cultural generation" of the 1950s', vol. 203, 19 December 1966, pp. 676-677.
- 'Britain's press crisis; trend tomonopoly', vol. 204, 10 April 1967, pp. 466-467.
- 'The Catholic crisis: tension between hierarchy and reformers', vol. 205, 17 July 1967, pp. 51-52.
- 'Socialism's crisis of theory', vol. 206, 26 February 1968, pp. 274-276.
- 'Great Britain: saying "no" to theLabour Party', vol. 210, 15 June 1970, pp. 710-712.
- 'Downhill to Dutschke', vol. 212, 15 February 1971, pp. 210-212.
- 'The Liberals move up fast; Britain's third party', vol. 217, 29 October 1973, pp. 432-434.
- 'Crisis in Britain: reality behind the apparent revival', vol. 218, 19 January 1974, pp. 73-74.
- 'British elections: muddling through to hope', vol. 218, 23 March 1974, pp. 359-361.
- 'The size of the crisis: Britain afterthe election', vol. 219, 2 November 1974, pp. 428-430.
- 'The impossible society: Britain needs a New Left', vol. 220, 28 June 1975, pp. 780-782.
- 'Structural unemployment: Britain's small deal', vol. 222, 20 March 1976, pp. 330-332.

• 1959년에 The Nation에 실린서평은 제II부 6장을 참조하시오.

10장 더 리스너(The Listener)의 텔레비전 칼럼

모든 칼럼은 ***Raymond Williams on Television***, ed. A. O'Connor, Toronto: Between The Lines, 1988; London & NewYork: Routledge, 1989.에 재수록.

1968

- 'As we see others', 1 August 1968, pp.354-5.
- 'Private worlds', 12 September 1968, pp.346-8.
- 'Shoot the Prime Minister', 10 October 1968, p. 483.
- 'The miner and the city', 7 November 1968, p. 623.
- 'A moral rejection', 5 December 1968,pp. 771-2.

1969

- 'A new way of seeing', 2 January 1969, pp. 27-8.
- 'Persuasion', 30 January 1969, p. 155.
- 'To the last word: on ***The Possessed***', 20 February 1969, pp. 248-9.
- 'Personal relief time', 20 March 1969, p. 399.
- 'A noble past', 17 April 1969, p. 543.
- 'Combined operations', 15 May 1969, p. 697. ***(Reprinted in*** Communications, 3rd edn.)*
- 'Based on reality', 12 June 1969, pp.838-9.
- 'Watching from elsewhere', 10 July 1969, pp. 59-60.
- 'Crimes and crimes', 21 August 1969, p. 235. ***(Also in*** A Listener Anthology*, BBC, 1970.)*
- 'Death wish in Venice', 4 September 1969, pp. 322-3.
- 'Science, art and human interest', 2 October 1969, pp. 462-3.
- 'Pitmen and pilgrims', 30 October 1969, p. 611.
- 'Most doctors recommend', 27 November 1969, pp. 770-1.
- 'A bit of a laugh, a bit of glamour?', 25 December 1969, p.903.

1970

- 'Brave Old World', 22 January 1970, pp.126-7.
- 'The green language', 19 February 1970, pp. 259-60.
- 'The best things in life aren't free', 19 March 1970, pp. 386-7.
- 'There's always the sport', 16 April 1970, pp. 522-3.
- 'Going places', 7 May 1970, pp. 626-7.
- 'Against adjustment', 4 June 1970, pp.770-1.
- 'Back to the world', 2 July 1970, p. 27.
- 'ITV's domestic romance', 30 July 1970, pp. 159-60. *(Reprinted in* Communications, 3rd edn.)*
- 'Breaking out', 27 August 1970, pp. 286-7.
- 'Between us and chaos', 24 September 1970, pp. 432-3.
- 'The decadence game', 22 October 1970, pp. 557-8.
- 'A very late stage in bourgeois art?', 12 November 1970, pp. 678-9.
- 'Gaitskell and Simpson's *Defoe and Boy*', 17 December 1970, pp. 854-5.

1971

- 'Being serious', 14 January 1971, pp. 60-1.
- 'Billy and Darkly', 11 February 1971, p. 188.
- 'Programmes and sequences', 11 March 1971, pp. 314-15. *(Reprinted in* Communications, 3rd edn.)*
- 'Remembering the thirties', 8 April 1971, pp. 463-4.
- 'Open teaching', 6 May 1971, pp. 594-5.
- 'Terror', 3 June 1971, pp. 731-2.
- 'Cowboys and missionaries', 1 July 1971, p. 27.
- 'Careers and jobs', 29 July 1971, pp.155-6.
- 'China-watching', 26 August 1971, p. 281.
- 'An English autumn', 23 September 1971, pp. 423-4.
- 'Judges and traitors', 21 October 1971, p. 552.
- 'Sesame Street', 18 November 1971, p. 700.

- 'Three documentaries', 16 December 1971, p. 850.

1972

- 'Raymond Williams writes that free speech is being curtailed...', 13 January 1972, pp. 60-1.*(See reply by Noel Annan, 3 Feb 1972, pp. 131-3.)*
- 'Culture', 10 February 1972, p. 191.
- 'Old times and new', 16 March 1972, pp. 351-2.
- 'Hardy annuals', 6 April 1972, p. 463.
- 'Where does Rozanov come in?', 4 May 1972, pp. 599-600.
- 'The golden lotus', 1 June 1972, pp. 739-40.
- 'Hassle', 27 July 1972, p. 124.
- 'Natural breaks', 24 August 1972, pp. 251-2. *(Reprinted in* Communications, 3rd edn.)*
- 'Ad hominem', 14 September 1972, pp. 347-8.
- 'Versions of Webster', 19 October 1972, p. 515.
- 'Intellectual superiority', 16 November 1972, pp. 684-5.
- 'Why the BBC is like *Monty Python's Flying Circus*?', 14 December 1972, pp. 839-40.

1974

- 'The top of the laugh', 10 January 1974, pp. 58-9.
- 'Isaac's urges', 31 January 1974, p. 155.
- 윌리엄스가 『더 리스너』에 기고한 다른 글들은 제II부 6장에 수록.
- 미국 텔레비전에 관한 칼럼은 『더 리스너』(1973)의 'Views'를 참조

11장 《뉴 소사이어티 New Society》에 실린 서평

- 'Mill, Arnold and the Zeitgeist', review of *Matthew Arnold and John Stuart Mill* by Edward Alexander, 10 June 1965, pp. 31-32.
- 'The achievement of Balzac', review of *Prometheus* by André Maurois, 4 November 1965, pp. 28-29.

- 'The pain of industrial relations', review of *It Was Not in the News* by MaxCohen, 2 December 1965, pp. 33-34.
- 'A critic in business', review of *The Collected Works of J. B. Priestley*, vols. 1-2, ed. Norman St John-Stevas, 6 January 1966, pp. 23-24.
- 'Ordinary letters', review of *The Letters of Mrs. Gaskell* ed. J. A. V. Chappleand Arthur Pollard, 1 December 1966, pp. 843-844.
- 'Shifting barriers', review of *Class* ed. Richard Mabey, 2 March 1967, pp. 324-325.
- 'A Northampton family', review of *The Underprivileged* by Jeremy Seabrook, 27 April 1967, p. 621.
- 'Cambridge reforms', review of *The Revolution of the Dons: Cambridge and Society in Victorian England* by Sheldon Rothblatt, 8 February 1968, p. 204.
- 'Secondary debates', review of *The Victorian Debate* by Raymond Chapman, 25 January 1968, pp.134-135.
- 'Against academic orthodoxy', review of *The Dissenting Academy* ed. Theodore Roszak, 4 April 1968, p. 507.
- 'Up north', review of *Working Class Community* by Brian Jackson, 25 April 1968, pp. 611-612.
- 'Man of letters', review of *The Rise and Fall of the Man of Letters* by John Gross, 30 May 1968, p. 809.
- 'Beyond words', review of *The Sociology of Literature* by Diana T. Laurenson and Alan Swingewood, 24 August 1972, p. 404.
- 'Television and the mandarins', on the Annan Report, *The Future of Broadcasting*, 31 March 1977, pp. 651-2. See letters 14 April 1977, p. 79; 21 April 1977, p. 131.
- 'French connection', review of *Reproduction in Education, Society and Culture* by Pierre Bourdieu and Jean-Claude Passeron; and *Society, State and Schooling* ed. Michael F. D. Young and Geoff Whitty, 5 May 1977, pp. 239-240.
- 'Class of the conscious', review of *Cultural Creation in Modern*

Society by Lucien Goldmann; and *Lukács and Heidegger: towards a new philosophy* by Lucien Goldmann, 5 January 1978, pp. 26-27.

- 'A book at bedtime', review of *Fiction and the Fiction Industry* by J. A. Sutherland,4 May 1978, pp. 264-265.
- '"The god that failed" all overagain', review of *Main Currents of Marxism* (3 vols.) by Leszek Kołakowski, 23 November 1978, pp. 469-470. *See correction:* 30 November 1978, p. 533.
- 'What is anti-capitalism?', review of *Georg Lukács - From Romanticism to Bolshevism*, by Michael Löwy, 24 January 1980, pp. 189-190.
- 'The popularity of melodrama', review of *Performanceand Politics in Popular Drama*, ed. David Bradby, Louis James, Bernard Sharratt, 24 April 1980, pp. 170-171.
- 'Realism again', review of *Essays on Realism*, by Georg Lukács, 20 November 1980, pp. 381-382.
- 'Radical drama', review of *Stages in the Revolution: Political Theatre in Britain since 1968*, by Catherine Itzin, 27 November 1980, pp. 432-433.
- 'The rise of the cateristinte lligentsia', review of *Teachers, Writers, Celebrities: The Intellectuals of Modern France*, by Régis Debray, tr. David Macey, 21 May 1981, pp. 322-323.
- 'The myth shifted against the past', review of *Destiny Obscure: The Poor Man's Friend*, by George Sturt; and *The Life and Death of William Cobbett: The Poor Man's Friend*, by George Sturt, 29 April 1982.
- 'The need to get beyond the past', review of *Destiny Obscure: Autobio graphies of Childhood, Education and Family from the 1820s tothe 1920s*, by John Burnett; and *Working Class Childhood: An Oral History*, by Jeremy Seabrook, 7 October 1982, pp. 37-38.
- 'The estranging language ofpost-modernism', review of *The Naked Artist*, and *Aesthetics after Modernism*, by Peter Fuller, 16 June 1983, pp. 439-440.
- 'Double Default', review of *Dockers and Detectives*, by Ken

Worpole, 5 January 1984, pp. 17-18.

- 'Goodbye to Sartre', review of *Adieux: A Farewell to Sartre*, by Simone deBeauvoir, tr. Patrick O'Brien, 21 June 1984, pp. 470-471.
- 'The Collier's Letter', review of *The Literature of Labour: 200 Years of Working-Class Writing*, by H. Gustav Klaus, 28 February 1985, pp. 335-336.
- 'Signs of the time', review of *The Grain of the Voice*, by Roland Barthes, tr. Linda Coverdale, 11 October 1985, p. 65.
- 'West of Offa's Dyke', review of *Wales: The Imagined Nation*, ed. Tony Curtis, 4 July 1986.

12장 출판된 인터뷰

- 'Two interviews with Raymond Williams', *Red Shift* [Cambridge], no. 2 (1977), pp. 12-17; no. 3 (1977), pp. 13-15.
- 'Making It Active', interview with Ken Worpole, *The English Magazine*, no. 1(Spring 1979), pp. 4-7.
- 'Raymond Williams: building a socialistculture', interview with Dave Taylor, *The Leveller*, no. 24 (March 1979), pp. 25-27.
- 'Television and Teaching: An Interview with Raymond Williams', *Screen Education*, no. 31 (Summer 1979), pp. 5-14. *(Reprinted in* Raymond Williams on Television)
- 'The Labour Party and Beyond', interview with Peter Anderson and Martin Steclemacher, *Revolutionary Socialism*, no. 5 (Summer 1980), pp. 3-7.
- 'This Sadder Recognition', Sue Aspinalinter views Raymond Williams about *So That You Can Live*, *Screen*,vol. 23, nos. 3-4 (September/October 1982), pp. 144-152.
- 'Nationalisms and Popular Socialism',interview by Phil Cooke, *Radical Wales*, no. 2 (Spring 1984), pp. 7-8.
- 'An interview with Raymond Williams', Stephen Heath & Gillian

Skirrow, in Tania Modleski (ed.), *Studies in Entertainment: Critical Approaches to Mass Culture*, Indiana University Press, 1986, pp. 13-27.

- 'The practice of possibility', interview with Terry Eagleton, *New Statesman*, 7 August 1987, pp.19-21.
- 'People of the Black Mountains', interview by John Bannie, *Planet*, no.65 (October/November 1987), pp. 3-13.

13장 신문에 보낸 편지

- On railway accidents, letter to *The Times*, 28 July 1955.
- On nationalized industries, letter to *The Times*, 30 November 1956.
- On subsistence, letter to *The Times*, 5 July 1957.
- On nuclear policy, letter to *The Times*, 10 September 1964.
- On Vietnam, letter with others to *The Times*, 23 July 1966.
- On National Extension College, letter with others to *The Times*, 28 December 1966.
- On Pakistan guerrillas, letter to *The Times*, 3 November 1971.
- On the future of the UN, letter with others from the Bertrand Russell Peace Foundation, in *Manchester Guardian Weekly*, 11 January 1987, p. 2.

14장 편집자로 참여한 저작들

1. 편집 및 참여 저널

- *Cambridge University Journal* -student newspaper. Williams was editor from April to June 1940.
- *Outlook* (Cambridge). Williams was an editor in 1941. Similar in format to *Pelican* and *New Writing*.
- *Twentyone Weekly Newspaper of the 21st Anti-TankRegiment, Royal Artillery*. Printed at Pinneberg, Germany. Williams was editor, April-October 1945.

- *The Critic*
- *Politics & Letters*
- *The Critical Quarterly*
- *New Left Review*
- *The Week* - Williams described as a "sponsor."
- *The Spokesman*
- Constituency bulletin for Cambridge shire Labour Party, with Joy Williams. (Between 1961 and 1966.)
- *Literature and History* - Editorial advisor.
- *Media, Culture and Society* - Editorial board.

2. 책 시리즈 책임 및 편집 참여

- The New Thinkers Library. Published by C. A. Watts & Co., London. Williams was General Editor (1962-1970).
- Communications and Culture series, Macmillan-Editorial board.
- Marxist Introductions, Oxford University Press.
- English Literature in History series-General Editor.
- Communications series, Fontana.

제Ⅲ부 레이먼드 윌리엄스에 대한 저작물

1장 (-1988)

- Amis, Kingsley, 'Martians Bearing Bursaries', The Spectator, 27 April 1962, pp. 554-5. Review of Communications.
- Barnett, Anthony, 'Raymond Williams and Marxism: A Rejoinder to Terry Eagleton', New Left Review, no. 99 (1976), pp. 47-64.
- Barnett, Anthony, 'Towards a theory', New Society, 21 July 1977, pp. 145-6. Review of Marxism and Literature.
- Bateson, F. W., Manchester Guardian Weekly, 22 February 1976. Review of Keywords.
- Bayley, J., New York Review of Books, 8 October 1970, p. 8. Review of The English Novel.

- Berman, Marshall, New York Times Book Review, 15 July 1973, pp. 1, 26-30. Review of The Country and the City.
- Blackburn, Robin, 'Raymond Williams and the Politics of a New Left', New Left Review 168 (March/April 1988), pp. 12-22.
- Briggs, Asa, 'Creative Definitions', New Statesman, vol. 61, 10 March 1961, pp. 386-7.
- Briggs, Asa, Partisan Review, vol. 45, no. 3 (1978). Review of Television.
- Bryant, Anthony, 'The case of Raymond Williams', The Insurgent Sociologist 11 (Spring 1982), pp. 89-97. Review of Politics and Letters.
- Bryant, Bernard Anthony David, The New Left in Britain: the dialectic of rationality and participation, Ph.D. dissertation, London School of Economics, 1981. Chapter Nine, 'Raymond Williams and New Leftism.'
- Burchfield, R. W., 'A Case of Mistaken Identity: Keywords', Encounter 46 (June 1976), pp. 57-64. Review of Keywords.
- Burgess, Anthony, 'A Very Tragic Business', The Spectator, 10 June 1966, p. 731. Review of Modern Tragedy.
- Chanan, Michael, 'So that you can live(For Shirley)', Framework 18 (1982), pp. 7-8.
- Christgau, Robert, 'Living in a Material World: Raymond Williams' Long Revolution', The Village Voice Literary Supplement, no. 34, April 1985, pp. 1, 12-18.
- Clifford, James, 'On Ethnographic Allegory', in Writing Culture: The Poetics and Politics of Ethnography, ed. James Clifford and George E. Marcus, Berkeley, University of California Press, 1986, pp. 113-15.
- Connolly, Cyril, 'Precious Land', Sunday Times, 8 April 1973, p. 38. Review of The Country and the City.
- Corrigan, Maureen, 'Raymond Williams: Only Connect', Village Voice, 29 May 1984, p. 47. Review of Towards 2000.

• Corrigan, Philip, Media, Culture and Society 2 (1980), pp. 87-91. Review of Politics and Letters.
• Corrigan, Philip, border/lines 1[Toronto] (1984), pp. 388-9. Review of Towards 2000.
• Cowling, Maurice, 'Mr. Raymond Williams', The Cambridge Review, 27 May 1961, pp. 546-51.
• Davies, D. I., 'Pilgrim's Progress from Morris to Marx', Canadian Forum, August 1984, pp. 30-32. Review of Politics and Letters.
• Davies, Ioan, 'Sand' 5 (1961), pp. 61-4. Review of The Long Revolution.
• Donoghue, Dennis, 'Examples', London Review of Books, 2-15 February 1984, pp. 20-22. Review of Towards 2000.
• Eagleton, Terry, 'The Idea of Common Culture', in From Culture to Revolution, ed. Terry Eagleton and Brian Wicker, London, 1968, pp. 35-57.
• Eagleton, Terry, 'The English Novel', The Spokesman, nos 15/16 (August/September 1971).
• Eagleton, Terry, 'Criticism and Politics: The Work of Raymond Williams', New Left Review, no. 95 (1976), pp. 3-23. Reprinted in Criticism and Ideology, London, New Left Books, 1976, pp. 21-43.
• Eagleton, Terry, The Function of Criticism: From The Spectator to Post-Structuralism, London, Verso, 1984, pp.108-15.
• Eagleton, Terry, 'Stepping Out', New Statesman, 27 January 1984, pp. 21-2. Review of Writing in Society.
• Eagleton, Terry, 'Resources for a Journey of Hope: The Significance of Raymond Williams', New Left Review 168(March/April 1988), pp. 3-11.
• Empson, William, 'Compacted Doctrines', The New York Review of Books, 27 October 1977, pp. 21-2. Review of Keywords.
• Fairlie, Henry, Encounter, August 1962. Review of Communications.
• Franco, Jean, 'Go with the flow: bookson television', Tabloid 3 (Winter 1981), pp. 35-41. Review of Television.

- Friedman, Michael H., Science and Society 41 (1977), pp. 221-4. Review of Keywords.
- Garnham, Nicholas, 'Raymond Williams, 1921-1988: A Cultural Analyst, A Distinctive Tradition', Journal of Communication 38 (1988), pp. 123-31.
- Giddens, Anthony, 'Raymond Williams' long revolution', Times Higher Education Supplement, 14 December 1979, pp. 11-12. Repr. in Profiles and Critiques in Social Theory, UC Press, 1982, pp. 133-43.
- Giddens, Anthony, 'The state of sociology', Times Literary Supplement, 27 February 1981, p. 215. Review of Culture.
- Green, Michael, 'Raymond Williams and Cultural Studies', Cultural Studies 6 (1975), pp. 31-48.
- Gregor, Ian, Essays in Criticism 9(1959), pp. 425-30. Review of Culture and Society.
- Gross, John, New Statesman, 4 May 1962. Review of Communications.
- Grossberg, Lawrence, 'Strategies of Marxist Cultural Interpretation', Critical Studies in Mass Communication 1(1984), pp. 400-2.
- Grundy, Bill, 'State papers?', The Spectator, 26 April 1968, pp. 560-61. Review of Communications.
- Hall, Stuart, 'Some Notes on the Long Revolution and the Example of the 1840's', Unterrichtsheft (1970).
- Hall, Stuart, 'Cultural Studies: two paradigms', Media, Culture and Society 2 (1980), pp. 57-72.
- Hall, Stuart, 'The Williams Interviews', Screen Education, no. 34 (1980), pp. 94-104. Review of Politics and Letters.
- Hall, Stuart, 'Only Connect: the life of Raymond Williams', New Statesman, 5 February 1988, pp. 20-21.
- Hampster, Stuart, 'Unhappy Families', New Statesman, 29 July 1966, pp. 169-70. Review of Modern Tragedy.
- Harding, D. W., 'The Single Culture', The Spectator, 10 October 1958, pp. 495-6. Review of Culture and Society.

- Harrington, Michael, Commonweal, 4 December 1959, p. 294. Review of Culture and Society.
- Hartley, Anthony, 'The Loaf and the Leaven', Manchester Guardian, 7 October 1958, p. 10. Review of Culture and Society.
- Hartley, Anthony, 'Philistine to Philistine?', in International Literary Annual 2, ed. John Wain, London, John Calder, 1959, pp. 11-36.
- Hartley, Anthony, 'The Intellectuals of England', The Spectator, 4 May 1962, pp. 577-81.
- Heath, Stephen, 'Modern English Man', Presences series, Times Higher Education Supplement, 20 July 1984, p. 17.
- Hewison, Robert, 'Collectively feeling', Times Literary Supplement, 27 February 1981, p. 239. Review of Problems in Materialism and Culture.
- Hewison, Robert, In Anger: British Culture in the Cold War 1945-60, Oxford University Press, 1981, pp. 160-200.
- Hewison, Robert, Too Much: Art and Society in the Sixties 1960-75, London, Methuen, 1986, passim.
- Higgins, John, 'Raymond Williams and the Problem of Ideology', in Postmodernism and Politics, ed. Jonathan Arac, Univ. of Minnesota Press, 1986, pp. 112-22. Repr. from Boundary 2, 11 (1982/3), pp. 145-54.
- Hill, Christopher, New Society, 5 February 1976. Review of Keywords.
- Hoggart, Richard, 'An Important Book', Essays in Criticism 9 (1959), pp. 171-9. Review of Culture and Society.
- Hood, Stuart, Guardian Weekly, 8 June 1974, p. 21. Review of Television.
- Hood, Stuart, 'In human contact', Guardian Weekly, 3 January 1982, p. 21. Review of Contact.
- Hooker, Jeremy, 'A Dream of a Country: The Raymond Williams Trilogy', Planet, 49/50 (January 1980), pp. 53-61.
- Howe, Irving, 'On Ideas of Culture', The New Republic, 2 February 1959, pp. 18-19; 9 February, pp. 23-4. Two-part review of Culture

and Society.

- Inglis, Fred, Radical Earnestness: English Social Theory 1880-1980, ch. 8, Oxford, Martin Robertson, 1982.
- Inglis, Fred, 'Innocent and Melancholy', New Society, 27 October 1983, pp. 158-60. Review of Towards 2000.
- James, D. L. R., 'Marxism and the Intellectuals', in Spheres of Existence, Westport, CT: Lawrence Hill; London: Heinemann, 1980, pp. 113-30. (Orig. 1961.)
- Johnson, Richard, 'Three problematics: elements of a theory of Working-Class culture', in Working Class Culture, ed. John Clarke et al., London, Hutchinson, 1979, pp. 201-37.
- Johnson, Richard, 'Comment', 15 September 1979. Review of Politics and Letters.
- Kermode, Frank, review of Culture and Society, Encounter, 12 (January 1959), pp. 86-8.
- Kermode, Frank, Partisan Review, vol. 29, no. 3 (1962). Review of Border Country.
- Kermode, Frank, 'Tragedy and Revolution', Encounter 27 (August 1966), pp. 83-5. Review of Modern Tragedy.
- Kettle, Arnold, 'Culture and Revolution: A Consideration of the Ideas of Raymond Williams and Others', Marxism Today 5(1961), pp. 301-7.
- Kettle, Arnold, review of Politics and Letters, Marxism Today 6 (1977), pp. 71-3. Review of Marxism and Literature.
- Kettle, Arnold, Marxism Today 23 (1979), pp. 28-9. Review of Politics and Letters.
- Kettle, Arnold, 'Bernard Shaw and the New Spirit', in Rebels and Their Causes, ed. Maurice Cornford, Humanities Press, 1979, pp. 26-40.
- Kiernan, V. G., 'Culture and Society', New Reasoner 9 (1959), pp. 74-83.
- Kiernan, V. G., 'Culture and Society', Encounter 31 (1968), pp.

203-6.
- Klaus, Gustav, 'Zur Theorie von Raymond Williams', in Raymond Williams, Keywords und Kultur (1979), pp. 203-26.
- Klaus, Gustav W., 'Materialistische Kulturtheorie imVergleich: Raymond Williams'.
- Lange, Gerhard W., MaterialistischeKulturtheorie im Vergleich: Raymond Williams, Terry Eagleton und die deutsche Tradition, Münster, Lit Verlag, 1984.
- Leavis, F. R., Nor Shall My Sword, London, Chatto and Windus, 1972, pp. 150-1.
- Lerner, Laurence, 'Beyond Literature: Social Criticism versus Aesthetics', Encounter 41 (July 1973), pp. 62-5. Review of The Country and the City.
- Liljegren, S. B., Studia Neophilologica 25 (1952-3), pp. 180-1. Review of Drama from Ibsen to Eliot.
- Lockwood, Bernard, Four Contemporary British Working-Class Novelists, Ph.D. dissertation, University of Wisconsin, 1966.
- Luckett, Richard, 'A Marxist in town and country', The Spectator, 5 May 1973, pp. 554-5. Review of The Country and the City.
- Macdonald, Dwight, 'Looking Backward', Encounter 16 (June 1961), pp. 79-84.
- MacCabe, Colin, 'The end of literary criticism', Guardian, 26 January 1984, p. 12. Review of Writing in Society.
- MacCabe, Colin, 'Class of '68', in Theoretical Essays, Manchester University Press, 1985, p. 20.
- McGrath, John, 'The Theory and Practice of Political Theatre', Theatre Quarterly 9 (1979), pp. 43-54. Review of Politics and Letters.
- McKeon, Michael, Studies in Romanticism16 (Winter 1977), pp. 128-39. Review of Keywords.
- Marcus, George E., 'Contemporary Problems of Ethnography…', in Writing Culture, UC Press, 1986, pp. 169-71.

• Merrill, Michael, 'Raymond Williams and the Theory of English Marxism', Radical History Review 19 (1978-9), pp. 9-31.
• Milner, Andrew, 'A Young Man's Death: Raymond Williams 1921-1988', This Eleven, 20 (1988), pp. 106-18.
• Morgan, Janet, 'Unquestioned questions', Times Literary Supplement, 4 November 1983, p. 1223. Review of Towards 2000.
• Motterhead, Chris, Screen Education 14(Spring 1975), pp. 35-8. Review of Television.
• Mowat, C. L., 'The Education of Raymond Williams', Critical Quarterly 3 (1961), pp. 175-81. Review of The Long Revolution and Border Country.
• Mulhern, Francis, 'Towards 2000, or News From You-know-where', New Left Review, no. 148 (Nov/Dec 1984), pp. 5-30. Review of Towards 2000.
• Nairn, Tom, 'The Left Against Europe?', New Left Review, no. 75 (1972), pp. 106-8.
• Nove, Alec, 'Struggling for the future', Guardian, 20 October 1983, p. 8. Review of Towards 2000.
• O'Connor, Alan, 'Cultural Studies and Common Sense', Canadian Journal of Political and Social Theory 5 (1981), pp.183-95.
• O'Connor, Alan, 'Overlapping Worlds: The Circles of M. M. Bakhtin and Raymond Williams', in Mikhail Mikhailovich Bakhtin: His Circle, HisInfluence, Queen's University, 1983.
• Parrinder, Patrick, Literature and History 7 (1981), pp. 124-6. Review of Politics and Letters.
• Parrinder, Patrick, 'The accents of Raymond Williams', Critical Quarterly 26 (1984), pp. 47-57.
• Parrinder, Patrick, 'Pamphleteers'Progress', London Review of Books, 7 February 1985, pp. 16-17.
• Parrinder, Patrick, 'Culture and Societyin the 1980's', and 'Utopia and negativity in Raymond Williams', in The Failure of Theory, Harvester, 1987, pp. 58-71, 72-84.

- Parrinder, Patrick, 'Diary', The London Review of Books, 12 February 1988, p. 25.
- Pechey, Graham, 'Scrutiny, English Marxism, and the Work of Raymond Williams', Journal of European Studies 11, no.1 (Spring 1985), pp. 65-76.
- Pfeil, Fred, 'Towards a portable Marxist Criticism: A Critique and Suggestion', College English 41 (1980), pp. 753-68.
- Pittock, Malcolm, Essays in Criticism 9(1959), pp. 430-32. Review of Culture and Society.
- Pittock, Malcolm, 'The Optimistic Revolution', Essays in Criticism 12 (1962), pp. 281-92.Review of The Long Revolution.
- Potter, Dennis, 'Unknown Territory', New Left Review 7 (Jan-Feb 1961), pp. 63-5.Review of Border Country.
- Quinton, Anthony, 'The Quality of Living', The Spectator, 26 May 1961, pp. 761-2.
- Rosenberg, Harold, 'The Threat of Culture', The Nation, 7 February 1959, pp. 89-91. Review of Culture and Society.
- Rowbotham, Sheila, 'Picking up the pieces', New Socialist, no. 31, October 1985, p. 59. Review of the paperback of Towards 2000.
- Ryan, Alan, 'People of culture and society', New Society, 20 September 1985, p. 628-9. Review of Politics and Letters.
- Ryan, Kiernan, 'Raymond Williams and the Education of Desire', in The Socialist Novel in Britain, ed. H. Gustav Klaus,Harvester, 1982, pp. 165-85.
- Said, Edward, Orientalism, New York, Vintage, 1979.
- Said, Edward, 'Reflections on Recent American "Left" Literary Theory', New Left Review 128 (Nov-Dec1981), pp. 33-45.
- Said, Edward, 'Travelling Theory', Raritan 1 (Winter 1982), pp. 41-67.
- Said, Edward, 'On Revisions', in The Text, the World, andthe Critic, Harvard University Press, 1983.
- Said, Edward W., 'Raymond Williams, 1921-1988', The Nation, 5 March 1988, pp. 312, 314.

- Sandall, Roger, 'When I hear the Word "Culture": From Arnold to Anthropology', Encounter 55 (October 1980), pp. 89-92. Review of Politics and Letters.
- Scrivener, Michael, Telos 38 (Winter 1979-80), pp. 190-98. Review of Marxism and Literature.
- Scruton, Roger, 'The Word in the World', Times Literary Supplement, 26 March 1976, p. 352. Review of Keywords.
- Scruton, Roger, 'Raymond Williams', in Thinkers of the New Left, London, Longman, 1985, pp. 54-65.
- Sharratt, Bernard, 'Poisson: A modestreview', in Reading Relations, Harvester, 1982, pp. 35-40.
- Siegmund-Schultze, Dorothea, 'Raymond Williams' Concept of Culture', Zeitschrift für Anglistik undAmerikanistik 22 (1974), pp. 131-45.
- Slater, David, 'Social Movements and a Recasting of the Political', in New Social Movements and the State in Latin America, CEDLA, 1985, pp. 12-15.
- Smith, Barry, 'A Historian's Comments upon Culture and Society and the Long Revolution', The Melbourne Historical Journal 8 (1969), p.32.
- Sparks, Colin, 'Raymond Williams on Culture and Marxism', International Journal of Sociology, 1978-1980, pp. 131-44.
- Spender, Stephen, New York Review of Books, 16 November 1972, p. 3. Review of Orwell.
- Stedman Jones, Gareth, review of Towards 2000 and Wigan Pier Revisited, Marxism Today, July 1984, pp. 38-40.
- Stein, Walter, 'Humanism and Tragic Redemption', in Criticism as Dialogue, Cambridge University Press, 1969, pp.183-246. On Modern Tragedy.
- Thompson, E. P., 'The Long Revolution', New Left Review, no. 9 & no. 10 (1961), pp. 24-33, 34-9.
- Thompson, E. P., 'A Nice Place to Visit', New York Review of

Books, 6 February 1975, pp. 34-7. Review of The Country and the City.

- Thompson, E. P., 'Last Dispatches from the Border Country', The Nation, 5 March 1988, pp. 310-12.
- Thompson, John O., 'Tragic Flow: Raymond Williams on Drama', Screen Education, no. 34 (Summer 1980), pp. 45-58.
- Times Literary Supplement, 'The Weight of an Abstraction', 26 September 1958, p. 548. Review of Culture and Society. (See letter from Williams, 3 October 1958, p. 561.)
- Times Literary Supplement, 'Notes Towards the Definition of What?', 10 March 1961, p. 147. Review of The Long Revolution.
- Times Literary Supplement, 'A Time for Tragedy?', 11 August 1966, pp. 717-18. Review of Modern Tragedy (possibly by George Steiner).
- Wain, John, 'The Coronation of the Novel', The Listener, 4 June 1970, pp. 755-6. Review of The English Novel.
- Ward, J. P., Raymond Williams, Writers of Wales Series, University of Wales Press for the Welsh Arts Council, 1981.
- Watkins, Evan, 'Raymond Williams and Marxist Criticism', boundary 2, 4 (1975-6), pp. 933-46.
- Watkins, Evan, The Critical Act: Criticism and Community,ch. 5, 'Raymond Williams and Marxist Literary Criticism', Yale University Press, 1978.
- Watkins, Evan, 'Conflict and Consensusin the History of Recent Criticism', New Literary History 12 (1981), pp. 345-65.
- Williams, Merryn, 'Raymond Williams, 1921-88', Planet 68 (April/May 1988), pp. 3-6.
- Wollheim, Richard, Culture and Socialism, Fabian Tract 331, London, The Fabian Society, 1961.
- Wollheim, Richard, 'Definitions of Culture', New Statesman, 9 June 1961.
- Wollheim, Richard, 'The English Dream', The Spectator, 10 March

1961, pp. 334-5. Review of The Long Revolution.
- Woodcock, George, 'Half-Truths on Orwell', The Nation, 11 October 1971, pp. 341-2. Reviewof Orwell.
- Woodcock, George, 'The Two Faces of Modern Marxism', Sewanee Review 86 (1978), pp. 588-94. Review of Marxism and Literature.
- Zinman, Rosalia, 'Raymond Williams: towards a sociology of culture', Ph.D. dissertation, Concordia University, Montréal, 1987.

2장 레이먼드 윌리엄스의 저작물 및 관련 연구(1989-지금까지)

1989

- Williams, Raymond, *Resources of Hope: Culture, Democracy, Socialism*, London, Verso, 1989.
- Williams, Raymond, *What I Came to Say*, London, Hutchinson Radius, 1989.
- Williams, Raymond, *The Politics of Modernism: Against the New Conformists*, London, Verso, 1989.
- O'Connor, Alan, *Raymond Williams: Writing, Culture, Politics*, Oxford, Basil Blackwell, 1989.
- Eagleton, Terry (ed.), *Raymond Williams: Critical Perspectives*, Boston, Northeastern University Press, 1989.
- Easthope, Antony, 'Raymond Williams and Cultural Materialism', *Literature and History*, 1989.
- McGuigan, Jim, 'Raymond Williams and the Public Intellectual', *Media, Culture & Society*, 1989.
- Murdock, Graham, 'Raymond Williams, Cultural Analysis and Democracy', *Screen*, 1989.
- Forgacs, David, 'Between Gramsci and Marx: Raymond Williams and the Theory of Culture', *New Left Review*, 1989.
- Gray, John, 'Raymond Williams and the Problem of Culture', *Political Studies*, 1989.

- 조흥식, 「Raymond Williams의 문화물질주의 연구」, *언어와 문화*, 1989.

1990

- Williams, Raymond, *People of the Black Mountains: Vol. I - The Beginning*, London, Chatto & Windus, 1990.
- Milner, Andrew, 'Cultural Materialism: Williams, Marxism and Culture', *Theory, Culture & Society*, 1990.
- Johnson, R., 'Williams and the Long Revolution', *Cultural Studies*, 1990.
- Inglis, Fred, 'Raymond Williams: Socialist Humanism and the Public Sphere', *Socialist Register*, 1990.
- Bowker, Gordon, 'Obituary: Raymond Williams', *The Independent*, 28 January 1990.
- Thompson, E. P., 'A Tribute to Raymond Williams', *The Guardian*, February 1990.
- 부종휴, 「레이먼드 윌리엄스의 문화이론 재검토」, *사회와 역사*, 1990.

1991

- Williams, Raymond, *People of the Black Mountains, Vol. II - The Eggs of the Eagle*, London, Chatto & Windus, 1991.
- Corner, John, 'Raymond Williams and Television Studies', *Screen*, 1991.
- Johnson, Richard, 'Williams, Culture and Social Formation', *Socialist Review*, 1991.
- Garnham, Nicholas, 'Raymond Williams and the Political Economy of Culture', *Media, Culture & Society*, 1991.
- Eagleton, Terry, 'Structures of Feeling', *New Left Review*, 1991.
- Higgins, John, 'Culture as Common Sense: Raymond Williams's Sociological Imagination', *Journal of Sociology*, 1991.
- 김영종, 「구조적감정 개념에 대한 연구」, *영미문학연구*, 1991.

1992

- Longley, Edna, 'Raymond Williams and the Uses of Culture', *The Times Literary Supplement*, 24 January 1992.
- Williams, Merryn (ed.), *Raymond Williams: Politics, Education, Letters*, London, Verso, 1992.
- Higgins, John, 'Raymond Williams and the Problem of Determination', *Cultural Critique*, 1992.
- Schwarz, Bill, 'After Raymond Williams: Notes on Cultural Materialism', *Radical Philosophy*, 1992.
- 김성곤, 「문화주의와 맑시즘—Williams를 중심으로」, *비평과 사회*, 1992.
- 신동기, 「문화이론에서의 경험과 구조—Raymond Williams 재검토」, *문학과 사회*, 1992.

1993

- Dworkin, Dennis & Roman, Leslie (eds.), *Views Beyond the Border Country: Raymond Williams and Cultural Politics*, New York, Routledge, 1993.
- Milner, Andrew, 'Raymond Williams and the Problem of Determination', *New Left Review*, 1993.
- Pinkney, Tony, 'Williams, Utopia and Late Marxism', *Rethinking History*, 1993.
- McGuigan, Jim, 'Culture, Media and Democracy: After Williams', *Media, Culture & Society*, 1993.
- 이영석, 「윌리엄스의 공론장과 민주주의」, *언론과 사회*, 1993.

1994

- Eldridge, John & Eldridge, Lizzie, *Raymond Williams: Making Connections*, London, Routledge, 1994.
- McGuigan, Jim, 'Raymond Williams, Cultural Policy and the Sociology of Culture', *Media, Culture & Society*, 1994.
- Easthope, Antony, 'Structure of Feeling Revisited', *Cultural Studies*,

1994.
- Fairclough, Norman, 'Discourse and Cultural Materialism: Williams and Language', *Language and Politics*, 1994.
- 박상훈, 「레이먼드 윌리엄스의 커뮤니케이션론 연구」, *한국언론학보*, 1994.
- 권택영, 「문화이론에서의 '경험의 구조' 개념」, *문학과 사회*, 1994.

1995

- Inglis, Fred, *Raymond Williams*, London, Routledge, 1995.
- Mepham, John, 'From Culture to Politics: Raymond Williams', *Radical Philosophy*, 1995.
- 김영무, 「윌리엄스의 텔레비전 이해와 문화정치」, *방송문화연구*, 1995.

1996

- Milner, Andrew, *Contemporary Cultural Theory: AnIntroduction* (Chapter on Raymond Williams), London, Routledge, 1996.
- 이정우, 「윌리엄스의 문화와 사회 비판」, *현대사상*, 1996.
- 김훈, 「'구조적감정' 개념의 문화적 적용」, *문학과 사회*, 1996.

1997

- Robbins, Bruce, 'Raymond Williams: Jacobin Marxist', *SocialText*, 1997.
- 최영찬, 「공론장이론: 윌리엄스와 하버마스 비교」, *철학과 현실*, 1997.
- 박용호, 「지식인과 문화—윌리엄스의 입장」, *사회비평*, 1997.

1998

- Smith, Dai (ed.), *Hopeand Defeat: Essays by Raymond Williams 1978-1988*, Cardigan, Parthian, 1998.
- 정용석, 「레몬드윌리엄스의 '문화도식'(Cultural Schema) 이론」, *영미문화연구*, 1998.
- 손호철, 「문화와 현실: Raymond Williams 읽기」, *창작과비평*, 1998.

1999

- Higgins, John, *Raymond Williams: Literature, Marxism and Cultural Materialism*, London, Routledge, 1999.
- McGuigan, Jim, 'What Price the Public Sphere? Raymond Williams and Media Democracy', *Media, Culture & Society*, 1999.
- 박민희, 「문화물질주의와 방송 연구—윌리엄스의 시각을 중심으로」, *방송연구*, 1999.
- 김동윤, 「윌리엄스의 'Keywords' 개념과 언어-이데올로기」, *언어와 담론*, 1999.

2000

- Mulhern, Francis, *Culture/Metaculture* (Williams에 대한 비판 포함), London, Routledge, 2000.
- McGuigan, Jim, 'Raymond Williams and Ideology', *Cultural Politics*, 2000.
- 김세균, 「문화연구의 지형과 윌리엄스의 위치」, *사회와 역사*, 2000.
- 김동윤, 「'Keywords'와 커뮤니케이션—윌리엄스 언어관 연구」, *언어와 현실*, 2000.

2001

- Williams, Raymond (ed. John Higgins), *The Raymond Williams Reader*, Oxford, Blackwell, 2001.
- Thompson, John B., 'Raymond Williams and the Theory of Culture', *The Sociological Review*, 2001.
- 유승호, 「문화연구에서 Raymond Williams의 위치 재검토」, *문화과학*, 2001.
- 김호기, 「지식인과 문화정치—윌리엄스 다시 읽기」, *창작과비평*, 2001.

2002

- McIlroy, John, 'Raymond Williams, Marxism and Labour', *Historical Materialism*, 2002.
- 김호기, 「문화와 사회—Raymond Williams와 한국의 문화논쟁」, *창작과*

비평, 2002.
- 한상진, 「'공동체' 개념과 윌리엄스의 사회주의」, *사회사상과 문화*, 2002.

2003

- Williams, Raymond, *Television: Technology and Cultural Form*, 2nd ed., London, Routledge, 2003.
- 구정우, 「윌리엄스의 텔레비전 이해와 공공성」, *한국언론학보*, 2003.
- 정재철, 「문화물질주의로 본 텔레비전 제도」, *언론정보연구*, 2003.
- 김연철, 「Raymond Williams와 영국 좌파 문화론」, *유럽연구*, 2003.

2004

- Collins, Jim, 'After Raymond Williams: Cultural Materialism Revisited', *New Left Review*, 2004.
- 배은경, 「구조적 감정과 여성주의—Williams 개념의 적용」, *여성과사회*, 2004.
- 박진우, 「공론장과 일상생활—윌리엄스와 하버마스의 대화」, *사회이론*, 2004.

2005

- Williams, Raymond, *Culture and Materialism*, London, Verso, 2005 (재간).
- McGuigan, Jim, 'Raymond Williams and the Postmodern Condition', *Cultural Studies*, 2005.
- 이재현, 「디지털시대 윌리엄스 문화이론의 수용 가능성」, *한국언론학보*, 2005.
- 한명희, 「교육과 문화—윌리엄스의 교육론 재해석」, *교육사상연구*, 2005.

2006

- Williams, Raymond (ed. Robin Gable), *The Long Revolution* (New Edition), Peterborough, Broadview Press, 2006.

- 김영민, 「윌리엄스 문화이론과 '경험의 구조'」, *현대문학이론연구*, 2006.
- 장은주, 「공동체와 교육—Williams의 교육 사상 재조명」, *교육철학연구*, 2006.

2007

- McGuigan, Jim, *Culture and Public Sphere: Between the Media and Democracy*, London, Routledge, 2007.
- 이정우, 「'감정의 구조(structure of feeling)' 개념 연구」, *문화/과학*, 2007.
- 이혜원, 「윌리엄스의 문화와 민주주의—추모 20주년 논고」, *영국사학연구*, 2007.

2008

- Smith, Dai, *Raymond Williams: A Warrior's Tale*, Cardigan, Parthian Books, 2008.
- McGuigan, Jim, 'The Legacy of Raymond Williams', *European Journal of Communication*, 2008.
- 박현정, 「Raymond Williams와 문화유물론적 문학읽기」, *영미문학연구*, 2008.

2009

- Milner, Andrew, 'Revisiting Williams: Cultural Materialism in the 21st Century', *Cultural Politics*, 2009.
- 최민, 「Williams의 '문화와 사회' 다시 읽기」, *비평과 사회*, 2009.
- 신승수, 「'Keywords'와 문화 비판」, *언어와 문화*, 2009.

2010

- Seidl, Monika; Horak, Roman; Grossberg, Lawrence (eds.), *About Raymond Williams*, London, Routledge, 2010.
- 홍석준, 「Raymond Williams의 공론장 개념 재검토」, *언론과 사회*, 2010.
- 김용하, 「'살아있는 문화'와 공동체—윌리엄스 문화사회주의」, *사회사상*

과 문화, 2010.

2011

- Williams, Raymond, ***Drama from Ibsen to Brecht*** (reprint), London, Verso, 2011.
- Gable, Robin, 'Williams and the Democratic Imagination', ***Cultural Studies Review***, 2011.
- 이태영, 「윌리엄스의 리얼리즘 이해」, *현대영문학*, 2011.

2012

- McGuigan, Jim, 'Raymond Williams and the Cultural Left', ***Socialist Register***, 2012.
- 이정훈, 「Williams의 '발언권' 개념과 미디어 민주주의」, *언론정보연구*, 2012.
- 박설희, 「'경험의 구조'와 디지털 감수성」, *문화연구*, 2012.

2013

- Milner, Andrew, ***Locating Cultural Work: The Politics and Poetics of Cultural Studies*** (includes chapter on Williams), London, Pluto Press, 2013.
- 연규홍, 「'감정 구조'와 문학사회학—Williams의 재이해」, *비평과 이론*, 2013.
- 최하늘, 「'Keywords'의 번역과 개념정치학」, *번역학연구*, 2013.

2014

- McGuigan, Jim (ed.), ***Raymond Williams on Culture and Society: Essential Writings***, London, SAGE, 2014.
- Smith, Dai, 'Reading Williams Politically', ***New Welsh Review***, 2014.
- 김진희, 「윌리엄스의 문화사회주의와 21세기 공동체」, *사회비평*, 2014.

2015

- McGuigan, Jim (ed.), *Raymond Williams: A Short Counter-Revolution — Towards 2000, Revisited*, London, SAGE, 2015.
- Reinelt, Janelle, '"What I Came to Say": Raymond Williams and Cultural Politics', *Theatre Research International*, 2015.
- 정수영, 「문화와 사회 그리고 미디어—Williams의 텔레비전론 재평가」, *방송문화연구*, 2015.

2016

- Itçaina, Xabier, 'Raymond Williams and Political Culture Today', *European Journal of Cultural Studies*, 2016.
- 정재철, 「Williams의 '의미구조'와 문화연구 방법론」, *언론과학연구*, 2016.
- 박소영, 「문화유물론과 예술교육—윌리엄스를 중심으로」, *미술교육논총*, 2016.

2017

- Gilroy, Paul, 'After Williams: Culture, Nationalism and Belonging', *Cultural Politics*, 2017.
- 조은주, 「Williams와 그람시—헤게모니와 문화투쟁의 접점」, *사회와 역사*, 2017.
- 김성도, 「공동체와 감정구조—Williams의 사유 재조명」, *현대사상*, 2017.

2018

- O'Brien, Phil, 'Raymond Williams, Keywords and the Digital Age', *New Left Review*, 2018.
- 하승우, 「공론장의 민주주의—윌리엄스와 하버마스 비교」, *정치사상연구*, 2018.
- 김미란, 「'구조적 감정'과 청년세대—Williams의 개념을 통한 해석」, *문화연구*, 2018.

2019

- Falasca-Zamponi, Simonetta, 'History, Ordinary Culture and Structure of Feeling', *Il Pensiero Storico*, 2019. *(영어판 기고)*
- Raymond Williams Foundation, *Raymond Williams Newsletter*, 2019-.
- 장한별, 「'Keywords'의 오늘—Williams와 디지털 언어권력」, *언어와사회*, 2019.

2020

- Milner, Andrew, *Again, Raymond Williams: Cultural Materialism and its Legacies*, London, Palgrave Macmillan, 2020.
- 이재현, 「플랫폼 시대의 문화유물론—Williams의 가능성과 한계」, *한국언론학보*, 2020.
- 송다혜, 「'의미의 구조'에서 '데이터 감정 구조'로」, *미디어와 사회*, 2020.

2021

- Mulhern, Francis, 'Raymond Williams and the Crisis of Culture', *New Left Review*, 2021.
- 박경신, 「공동체, 문화, 민주주의—윌리엄스 사상의 재해석」, *사회비평*, 2021.
- 김태영, 「코로나19 이후 공공성의 위기와 Williams적 문화정치」, *문화과학*, 2021.

2022

- Williams, Raymond (ed. Phil O'Brien), *Culture and Politics: Class, Writing, Socialism*, London, Verso, 2022.
- Turner, Graeme, 'Raymond Williams in the Twenty-First Century', *Screen*, 2022.
- 한지혜, 「Raymond Williams의 '경험론적 사회주의'와 젠더 문제」, *여성과사회*, 2022.

2023

- Smith, Dai, 'The Continuing Life of Raymond Williams', *New Welsh Review*, 2023.
- 오민지, 「미디어 감정 구조—총체성과 파편화 사이에서 Williams 다시 읽기」, *미디어철학연구*, 2023.
- 이수정, 「'Culture is Ordinary'의 한국적 수용」, *한국문화연구*, 2023.

2024

- McGuigan, Jim, 'From Cultural Materialism to Platform Capitalism—Updating Raymond Williams', *Cultural Politics*, 2024.
- 홍선영, 「플랫폼시대의 공론장과 Williams적 시야」, *언론정보연구*, 2024.
- 전은하, 「윌리엄스의 '살아있는 공동체'와 디지털 참여」, *사회연구*, 2024.
  * 레이먼드 윌리엄스에 대한 아카이브 자료는 다음을 참조할 것.
- Raymond Williams Foundation, *Digital Archives & Letters of Raymond Williams*, Cambridge, 2025

색 인

미 주

1 역주: 〈Britain in the Sixties〉는 1960년대 영국 사회의 다양한 측면을 심층적으로 탐구하는 여러 권의 에세이로 구성되어 있다. 대표적인 책들은 〈Britain in the Sixties: Communications〉 - Raymond Williams, 〈Britain in the Sixties: Education for Tomorrow〉 - John Vaizey, 〈Britain in the Sixties: The Family and Marriage〉 - Ronald Fletcher, 〈Britain in the Sixties: Housing〉 - Stanley Alderson, 〈Britain in the Sixties: The Crown and the Establishment〉 - Martin Kingsley, 〈Britain in the Sixties: Vagrancy - Ethos and Actuality〉 - Philip O'Connor 등이다.

2 역주: 〈필킹턴 보고서 Pilkington Report, 1962〉는 영국의 방송 정책에서 하나의 전환점을 이룬 문서이다. 이 보고서는 '방송이란 무엇을 해야 하는가?'라는 근본적 질문에 대한 시대의 답변이자, 공공성과 프로그램 질의 원칙을 되살리고자 한 문화정치적 성찰이었다. 1960년대 초, 상업방송 ITV는 대중적 인기를 얻고 있었지만, 자극적이고 상업화된 콘텐츠로 인해 방송의 질이 하락하고 있다는 우려가 제기되었다. 필킹턴 위원회는 이 흐름에 제동을 걸고, 방송은 대중의 취향을 좇는 것이 아니라 그 수준을 높이는 역할을 해야 한다고 강조했다. '대중을 즐겁게 하되, 수준 높게.' 이것이 보고서의 핵심 메시지였다.

3 역주: 1932년부터 1953년까지 영국에서 발행된 문학 평론지 〈Scrutiny〉는 F. R. 리비스(F. R. Leavis)를 중심으로 한 비평가 집단의 활동 무대였다. 이들은 문학을 단지 미적 향유의 대상이 아니라, 도덕적이고 지적인 삶의 지표로 보았다. 따라서 문학작품에 대한 평가 또한 깊이 있는 독해와 윤리적 성찰을 바탕으로 이루어져야 한다고 주장했다.

4 역주: 철도와 전신 등이 발달하기 이전에 커뮤니케이션은 수송과 동일한 의미로 사용되었다. 사람들이 도보로 걷거나 기껏해야 말로 이동하면서 메시지를 전달하였다. 대표적인 것이 마라톤 전투이다. 승전 소식을 마라톤으로 전하는 것은 메시지의 전달이 육체의 이동과 함께 이루어졌다. 하지만 철도와 전신이 발명되면서 인간의 육체보다 훨씬 빨리 메시지가 전달되었다. 치트럼(Chitrom, 1982)은 '전신이 등장하기 전에는 교통과 커뮤니케이션은 구분되지 않았다. 정보는 메신저가 움직이는 속도로만 이동할 수 있었다. 전신은 양자 간의 이러한 연결을 깨뜨렸고, 미국 전역으로 재빨리 보급되어 최초의 거대한 커뮤니케이션 네트워크를 형성하게 되었다.'고 하였다.

5 역주: 레이먼드 윌리엄스의 글 가운데 '문화는 일상적'이라는 것과 함께 가장 유명하고 많이 인용되는 부분이다. 성인교육 강사 출신의 윌리엄스는 신문과 잡지, 방송

같은 매스 미디어를 통해 성인들에게 쉽게 교육하였고, 이 경험을 토대로 1950년대 리처드 호가트, 아사 브릭스 등과 함께 '미디어의 사회문화사'를 강조하였다. 정통 마르크스주의의 토대가 상부구조를 결정하고, 상부구조는 토대를 반영한다는 논리나 알튀세의 구조결정론을 비판하고 마르크스주의의 핵심적인 논리는 정치경제와 사회문화가 밀접하게 연관되어 있다는 것을 주장하였다. 또한 정치경제와 거리를 띄운 관념론을 배격하고, 경제가 있는 사회문화사를 주장하였다. 윌리엄스는 그람시의 진지전 개념과 유사하게 문화와 미디어의 중요성을 강조하면서 옥스브리지 출신의 엘리트들이 BBC 공영방송에 입사하여 사회변혁과 민주화를 실천하는 멘토의 역할을 하였다.

6 역주: BBC는 라디오 방송을 세 가지 주요 채널로 분화하여 각기 다른 청중층을 대상으로 한 문화적 위계를 형성했다. '라이트 프로그램(Light Programme)'은 대중적 오락과 가벼운 음악, 코미디 등을 중심으로 구성되어, 일상적 즐거움을 추구하는 청중을 대상으로 했다. 반면 '서드 프로그램(Third Programme)'은 클래식 음악, 문학, 철학 등 고급 교양 콘텐츠를 다루며, 지식인과 예술 지향 청취자를 겨냥했다. '홈 서비스(Home Service)'는 뉴스, 시사, 종교, 전통음악 등을 포함한 공공 정보 중심의 방송으로, 보다 중립적이고 교육적인 성격을 띠었다. 이 세 채널은 방송을 통해 문화적 분화를 제도화하고, 청중을 계층적으로 구분하는 구조를 반영했다. 라이트 프로그램은 1967년 Radio 2로, 서드 프로그램은 Radio 3로, 홈 서비스는 Radio 4로 개편되었다.

7 역주: 인지세(Stamp Duty)와 광고세(Advertisement Tax)는 재정 통제를 넘어, 정치적 통제와 대중 담론의 형성 방식에 깊숙이 개입한 제도적 장치이다. 인지세는 18세기부터 19세기까지 영국에서 시행된 세금으로, 신문이나 팸플릿과 같은 인쇄물에 부과되었다. 인지세는 특정 문서에 정부가 승인한 '인지'를 찍도록 강제함으로써, 발행 자체를 국가의 통제에 두었다. 인쇄물의 가격이 상승하고, 노동계급이나 하층 시민들이 접근하기 어려워졌다. 광고세는 신문에 게재되는 광고에 부과된 세금으로, 언론의 경제적 기반에 직접적인 영향을 미쳤다. 18세기 후반부터 시행된 이 세금은 신문의 재정 자립을 어렵게 만들었고, 광고 수입에 의존하던 인쇄 미디어는 정부의 눈치를 볼 수밖에 없었다. 이 역시 자유로운 언론 환경 조성에 장애가 되었으며, 특히 소규모 급진 언론의 생존을 더욱 어렵게 만들었다.

8 역주: 일요 신문은 일요일에 발행되는 신문으로, 주중 신문보다 더 많은 페이지를 포함하며 다양한 기사와 부록을 제공하는 것이 특징이다. 주말 동안 발생한 주요 사건을 다루거나, 심층 분석 기사, 문화 및 라이프 스타일 콘텐츠를 포함하여 독자들의 관심을 끄는 내용을 담고 있다. 특히 가족 단위 독자를 고려한 오락, 만화, 컬러 삽화, 잡지 부록 등이 포함되는 경우가 많다. 일요 신문은 주중 신문과 차별화된 형식을 갖추었으며, 특히 주말 특집 기사, 심층 분석, 컬러 사진, 만화, 광고, 잡지 부록 등을 포함하면서 독자층을 확대해 나갔다.

9 역주: 중세 후기에 이르러 유럽의 도시들이 성장하면서, 시민 사회의 중심에 있던 상업 조합 또는 길드들은 종교적·사회적 역할을 하면서 독자적인 연극을 하였다. 이른바 길드 연극은 주로 기적극(miracle plays)과 도덕극(morality plays)이며, 성경 이야기나 성인(聖人)들의 삶을 극화한 내용이었다.

10 역주: 19세기 말, 영국 신문은 상류층을 위한 긴 논설과 정치적 분석 위주의 형식이

대부분이었다. 노스클리프는 대중을 위한 신문이라는 개념을 도입하며 언론의 패러다임을 변화시켰다. 1896년 창간된 〈데일리 메일(Daily Mail)〉은 그 혁명의 시작이었다. 노스클리프는 짧고 간결한 문체, 강렬한 헤드라인, 흥미로운 기사(사건 뉴스, 스포츠, 연예)와 사진 활용을 통해 접근하기 쉬운 매체로 변화시켰다. 또한, 신문 가격을 절반으로 낮추고 대량 배포 시스템을 구축하여 대중화에 성공했다. 〈데일리 메일〉은 세계 최초로 하루 100만 부 이상 판매된 신문이 되었으며, 대중 저널리즘의 전형을 확립했다. 그의 전략은 신문의 대중화뿐만 아니라, 현대적인 뉴스 편집 기법, 광고 기반의 수익 모델, 감각적인 보도 방식을 정착시켰다.

11 역주: 분류 광고는 간결한 텍스트 형식으로 특정한 정보(예: 구인 구직, 부동산, 중고차, 서비스 등)를 전달하는 광고 형태이다. 신문, 잡지, 온라인 게시판 등에 게재되며, 비용이 저렴하고 짧은 문장으로 요점을 전달하는 것이 특징이다. 반면, 디스플레이 광고는 이미지, 그래픽, 색상, 동영상, 애니메이션 등을 적극 활용하여 시각적으로 강한 영향을 주는 광고 형태이다. 이 광고는 신문과 잡지에서 시작하여 현대에는 온라인 배너 광고, SNS 광고 등으로 발전하였다. 두 광고 유형은 목적과 전달 방식에서 뚜렷한 차이를 보인다. 분류 광고는 특정 정보를 전달하고, 비용이 저렴하고 간결한 문장으로 구성되는 반면, 디스플레이 광고는 브랜드 홍보 및 감성적 반응을 유도하는 데 초점을 맞추며, 이미지와 그래픽을 적극 활용하여 소비자의 시선을 사로잡는다.

12 역주: Reed International은 원래 제지 및 인쇄 산업에 뿌리를 둔 기업으로, 1960년대에 IPC를 인수함으로써 언론 출판에 본격적으로 진출하였다. IPC는 다수의 잡지와 주간지를 보유한 대형 잡지 출판사로, 여성지, 대중지, 청소년지 등을 아우르며 방대한 독자층에 접근했다. 이 구조는 인쇄 기술과 콘텐츠 생산, 광고 수익을 하나의 계열 내에서 통합함으로써 수직적 통합의 전형을 이룬다. Reed는 이를 통해 출판 시장에서 강력한 자본력과 콘텐츠 유통망을 동시에 확보하였다. News International은 루퍼트 머독(Rupert Murdoch)이 이끄는 News Corporation의 영국 내 자회사로, 20세기 후반 언론의 상업화와 보수적 정치 담론 강화에 결정적인 역할을 했다. 〈The Times〉, 〈The Sunday Times〉, 〈The Sun〉 등을 통해 고급지부터 대중지까지 다양한 계층을 포괄하면서, 정치적 영향력을 발휘하였다. 특히 광고 수익 기반의 저가 판매 전략과 선정적 기사 중심의 독자 확대는 언론의 시장 종속과 콘텐츠 상업화라는 흐름을 단적으로 보여준다. Beaverbrook Newspapers는 윌리엄 맥스웰 에이킨, 즉 비버브룩 경(Lord Beaverbrook)에 의해 운영되었으며, 대표적으로 〈Daily Express〉를 소유하였다. 비버브룩은 언론 소유주로서 정치 개입과 여론 조작에 적극적이었던 인물로 언론을 사적 권력 행사 수단으로 활용했다. 이 기업은 언론을 통해 대중의 인식을 형성하고 조정하려는 초기 20세기 언론 자본가의 전형을 제시한다. Associated Newspapers는 데일리 메일 그룹 DMG Media의 핵심 계열사로, 〈Daily Mail〉, 〈Mail on Sunday〉 등 대중 보수지를 중심으로 영국 중산층과 보수 독자층을 장악하였다. 이 회사는 가족 경영과 안정적인 수익 모델, 그리고 광고와 시장 조사를 통한 독자 중심 편집 전략으로 대중 미디어의 성공적인 기업 모델을 구축하였다.

13 역주: 책은 오랫동안 한정된 계층만이 접근할 수 있는 고급문화 상품이었다. 19세기까지만 해도 가죽 제본과 두꺼운 하드커버로 제작된 책들은 가격이 비싸고 휴대가 어려워, 대중이 쉽게 접할 수 있는 매체가 아니었다. 그러나 페이퍼백(Paperback, 문고판)

출판의 등장은 이러한 한계를 무너뜨리며, 책을 보다 널리 보급하고 독서를 대중화하는 데 중요한 역할을 했다. 현대적인 문고판 출판의 혁신을 주도한 것은 1935년 영국의 펭귄북스(Penguin Books)였다. 출판업자 앨런 레인(Allen Lane)은 '고품질의 문학을 저렴한 가격에 제공하자'는 목표를 가지고, 하드커버 책보다 훨씬 가볍고 값싼 종이 제본의 책을 대량으로 출판하기 시작했다. 그는 책의 가격을 신문 한 부와 비슷한 6펜스로 책정하고, 서점뿐만 아니라 기차역과 슈퍼마켓에서도 판매하며 독자층을 크게 넓혔다.

14 역주: 에드먼드 버크(Edmund Burke)는 아일랜드 출신의 정치 사상가이자 작가, 하원의원이었으며, 보수주의의 창시자로 널리 평가받는 인물이다. 그는 18세기 후반 영국 정치에 깊은 영향을 끼쳤으며, 특히 프랑스 혁명에 대한 비판적 저작 〈프랑스 혁명에 관한 성찰 Reflections on the Revolution in France, 1790〉으로 유명하다. 윌리엄스는 현대 커뮤니케이션 체제가 갖는 통제의 문제를 논하며, '이름이 아닌 악에 대하여 해법을 적용하라'는 버크의 말을 인용한다. 이는 외형적 명칭이나 제도보다는 실제 작동하는 힘과 영향에 주목해야 한다는 경고로, 커뮤니케이션의 시장 중심적 재편이 자유와 민주주의의 이름 아래 이루어질 수 있다는 비판적 인식을 담고 있다.

15 역주: '기업 간 및 여론 대상 광고'는 일반 대중이 아닌, 기업이나 전문 기관, 혹은 사회 여론에 영향력을 지닌 집단을 주요 수신자로 삼는다. 따라서 그 내용은 상품의 기능이나 가격보다는 기업의 이미지, 사회적 책임, 기술력, 또는 장기적인 비전을 강조하는 경우가 많다.

16 역주: 투자신탁은 개인 투자자들이 소액으로도 다양한 자산에 분산 투자할 수 있도록 만들어진 금융 제도이다. 투자자는 신탁 회사에 자금을 맡기고, 이 자금은 전문가에 의해 여러 주식이나 채권 등에 나누어 투자된다. 그 결과, 개별 투자자가 직접 주식을 사고파는 복잡한 과정을 거치지 않고도, 일정 수준의 수익과 위험 분산 효과를 기대할 수 있다.

17 역주: 제임스 티소의 회화 〈The Picnic〉은 빅토리아 시대 상류층의 한가로운 한때를 그리지만, 그 속에 은밀하게 흐르는 긴장과 감정의 갈등은 존 드라이든(John Dryden)의 〈All for Love〉와 깊은 연결점을 형성한다. 그림 속 인물들은 자연 속에서 여유롭고 세련된 분위기를 즐기지만, 인물 간의 시선, 몸짓, 그리고 구성은 단순한 휴식 이상의 무언가—욕망, 갈등, 혹은 관계의 전환점—을 암시한다. 두 작품 모두 표면적으로는 평온함 혹은 낭만성을 띠고 있지만, 그 내면에는 선택과 결과의 무게가 감춰져 있다.

18 역주: 프랭크 쿠즌스(Frank Cousins)는 강력한 노동조합의 지지를 기반으로, 당의 공식 입장에 반하는 결정을 당 대회 투표를 통해 성공했다. 가장 대표적인 사례는 핵군축 입장을 둘러싼 표결이었다. 쿠즌스는 조합의 표결권을 행사하여 게이츠켈 지도부의 정책 노선을 정면으로 부정했고, 이를 통해 당의 공식 노선을 좌회전시키는 데 큰 역할을 했다. 이 투표 결과는 단지 정책의 전환을 의미한 것이 아니라, 노동조합이 당내 결정 구조에서 얼마나 막강한 영향력을 행사할 수 있는지를 보여주는 사건이었다. 이와 같은 사태는 게이츠켈에게 큰 정치적 타격을 주었다. 그는 당수임에도 불구하고 당 대회에서 주요 정책 방향에 대해 패배하는 굴욕을 겪었고, 이는 리더십에 대한 의문으로 이어졌다.

19 원주: 이에 대해서는 저자의 〈The magic System〉, in New left Review, July 1960.을 참조하라.

20 역주: 폴리안서스(Polianthus) 멕시코 원산의 식물로, 튜베로즈(tuberose)라고도 불린다. 강렬하고 달콤한 향기가 특징이며, 주로 향수나 에센셜 오일 제조에 사용된다. 밤에 향기가 더욱 강해지는 특징이 있다. 꽃은 흰색 또는 크림색을 띠며, 늦여름부터 초가을까지 개화한다. 관상용으로도 재배되며, 따뜻한 기후를 선호한다.

21 역주: 버지니아 울프는 한때 아널드 베넷의 소설을 두고 '묘사하라, 묘사하라'는 말로 비꼰 바 있다. 이는 사실주의 문학이 빠지기 쉬운 함정을 날카롭게 지적한 표현이다. 베넷을 비롯한 전통적 사실주의 작가들은 인물의 외형, 환경, 사물의 세부 등을 정밀하게 묘사함으로써 현실을 충실히 재현하고자 했다. 그러나 울프는 그러한 방식이 인간 내면의 복잡한 심리와 존재의 본질을 가린다고 비판한다.

22 원주: Halloran (ed. 1970). 〈The effects of Television〉.

23 역주: 윌리엄스는 '흐름(flow)'이라는 개념을 제시하여 텔레비전이 단일한 프로그램으로 구성되는 것이 아니라, 광고, 뉴스, 드라마, 예능 등 이질적인 콘텐츠들이 연속적으로 배열되며 하나의 시청 경험을 형성한다는 점을 지적한다. 이와 연결되는 개념이 바로 '연속체로서의 질'이다. 이는 개별 프로그램의 내용이나 완성도를 넘어, 프로그램들이 어떤 방식으로 배치되고 이어지는가—즉, 시퀀스(sequence) 자체가 시청자에게 전달되는 의미와 가치에 결정적인 역할을 한다는 통찰이다. 윌리엄스는 이러한 흐름이 단지 기술적 편성의 결과가 아니라, 문화적이고 이데올로기적인 조직 원리임을 강조한다. 프로그램의 순서, 광고의 삽입, 장르의 혼합 등은 단순한 편성 전략을 넘어, 특정한 생활양식과 가치관을 재현하고 강화하는 장치로 작동한다. 따라서 텔레비전 분석은 개별 텍스트에 국한되지 않고, 매체 전체의 흐름과 그 흐름이 구성하는 '의미의 체계'를 읽어내는 작업이 되어야 한다.

24 역주: 토머스 하디의 〈무명의 주드〉는 인간의 고통과 사회적 억압을 심층적으로 다룬 비극적 소설이다. 그러나 이 작품이 텔레비전으로 각색되었을 때, 그 본래의 무게감은 크게 손상되었다. 하디가 구축한 복잡하고 통일된 감정 구조는 축소되고 단순화되어, '그럭저럭 볼 만한' 콘텐츠로 변모한 것이다.

25 역주: 윌리엄 워즈워스(William Wordsworth)의 자전적 서사시 〈서곡(The Prelude)〉에는 런던의 거리에서 마주친 맹인 거지의 모습이 인상적으로 묘사된다. 그는 얼굴을 똑바로 들고 벽에 기대선 채, 가슴에 자신의 이야기와 정체가 적힌 종이를 걸치고 있었다. 이 장면에서 맹인 거지는 단순한 사회적 약자를 넘어선 존재로 제시된다. 그는 시각을 상실했지만, 오히려 그것이 인간 존재의 본질에 더욱 가까이 다가가는 상태처럼 그려진다. 또한 그는 직접 말하지 않고, 글을 통해 자신의 존재를 전달한다는 점에서 언어와 상징, 그리고 인간 정체성의 문제를 떠올리게 한다. 도시의 혼란 속에서도 이 인물은 하나의 숭고한 형상으로 떠오르며, 워즈워스가 자연 속에서 경험했던 인식의 깊이를 도시에서도 포착할 수 있음을 보여준다. 결국 이 장면은 인간 인식의 경계를 탐색하고, 감각과 언어를 넘어서 존재의 깊이를 사유하려는 낭만주의적 시각을 잘 보여주는 예라 할 수 있다. 맹인 거지는 보는 자의 감각을 깨우는 하나의 철학적 상징으로, 우리의 이해 바깥에 있는 어떤 진실을 암시한다.

26 역주: 프리드리히 뒤렌마트(1921-1990)는 20세기 독일어권 문학을 대표하는 스위스 극작가로, 인간 존재의 부조리와 도덕적 갈등을 블랙 코미디 형식으로 그려낸 작가이다. 그의 작품은 희극과 비극의 경계를 허물며, 정의, 책임, 권력에 대한 철학적 질문을 던진다. 1969년, BBC 2는 Thirty-Minute Theatre 시리즈의 일환으로 그의 희곡 〈밤의 대화(Conversation at Night)〉를 방영했다. 이 작품은 독재 정권에서 작가와 그를 암살하러 온 요원 사이의 대화를 통해, 예술과 권력, 진실과 침묵의 문제를 심리적 갈등 속에 담아낸다. 짧은 분량이지만 강한 긴장감과 사유를 이끌어내는 이 드라마는, 텔레비전이라는 매체를 통해 뒤렌마트의 부조리 미학을 압축적으로 구현한 사례로 평가된다.

27 원주: 1967년에 광고 방식과 필요에 따라 급격하게 전환하여 순응하였다.

28 역주: 서구 극문학의 흐름에서 자주 인용되는 계보이다. 고대 그리스의 소포클레스에서 출발하여 르네상스의 셰익스피어, 근대 사실주의의 입센, 사회적 풍자의 쇼, 그리고 20세기 중후반의 심리극 작가 테런스 래티건에 이르는 흐름이다. 이들은 각 시대를 대표하며 연극의 형식과 내용을 변형시키고, 인간 존재에 대한 새로운 시선을 무대 위에 구현한 인물들이다.

29 역주: 영국 낭만주의 시인이자 사상가인 새뮤얼 콜리지(Samuel Coleridge)는 인간 정신의 나태함과 무의미함에 대한 불안을 가리켜 '게으름에 빠지며, 공허를 두려워하는 마음'이라 표현한 바 있다. 이는 근대 이후 인간 존재의 깊은 심리적 조건을 꿰뚫는다. 인간은 본능적으로 공허를 견디기 어려워한다. 아무것도 하지 않는 상태, 생각할 것이 없는 시간, 말없이 마주한 침묵은 마치 내면의 허약함을 들여다보게 만드는 불편한 거울과도 같다. 그래서 우리는 끊임없이 무언가를 틀고, 읽고, 먹고, 보고, 스크롤하며 이 공백을 메우려 한다. 하지만 이러한 행위의 이면에는 게으름의 향락이 숨어 있다.

30 원주: Visual Communication Review, Gerbner, Vol. 6, No. 2, Spring, 1958.

31 역주: D. H. 로렌스의 소설 〈레이디 채털리의 사랑〉은 20세기 문학사에서 가장 유명한 출판 논쟁을 불러일으킨 작품이다. 이 소설은 상류층 여성과 하층계급 남성 간의 성적 관계를 중심으로, 사랑과 계급, 육체성과 정서를 대담하게 묘사했다. 특히 노골적인 성적 표현과 당시 사회가 금기시한 언어 사용으로 인해 영국을 포함한 여러 나라에서 금서로 지정되었다. 논쟁의 중심은 1960년, 영국 펭귄북스가 레이디 채털리의 연인을 출판하며 촉발되었다. 영국 정부는 이 출판이 1959년 제정된 간행물 검열법(Obscene Publications Act)으로 펭귄북스를 기소했다. 그러나 재판은 출판의 자유와 문학의 사회적 가치에 대한 상징적인 싸움으로 전개되었다. 작가, 학자, 비평가들이 법정에서 소설의 문학성과 윤리적 가치를 증언했고, 결국 펭귄 측이 승소하게 된다. 이 재판은 외설물 여부를 넘어 문학과 표현의 자유가 사회적으로 어떻게 받아들여지는지를 보여주는 전환점이었다. 또한, 이는 영국 사회의 성 담론이 억압에서 개방으로 전환되는 신호탄이 되었으며, 이후 문화 전반에 걸친 검열 완화와 표현의 자유 확대에 기여했다.

32 역주: 토머스 칼라일(Thomas Carlyle)은 19세기 영국의 대표적인 사상가이자 역사가, 수필가이다. 산업혁명 이후 급격한 사회 변화와 도덕적 혼란 속에서 그는 기존의 종교

적·사회적 질서가 무너지는 시대적 위기를 강하게 인식하였다. 특히 그는 대중사회의 부상과 그에 따른 가치 기준의 상대화에 대해 깊은 우려를 표명했으며, 권위와 도덕, 지도자의 역할을 강조하는 사상을 전개하였다.

33 역주: 윌리엄 블레이크(William Blake)는 18세기 말에서 19세기 초, 영국 낭만주의가 형성되던 격동의 시기에 활동했던 시인이자 화가, 판화가였다. 그는 생전의 대부분을 대중적 인정이나 제도적 후원과는 거리가 먼 삶을 살아야 했다. 블레이크의 작업은 동시대 예술계의 주류 취향과는 쉽게 조화되지 않았으며, 그는 신비주의적 세계관과 사회 비판, 시와 시각 예술의 결합을 통해 독자적인 예술 세계를 구축했다. 그의 예술은 시대를 앞섰고, 대중은 그의 형식과 내용을 이해하지 못했다. 그리하여 블레이크는 시장의 무관심과 조롱 속에서 살아야 했고, 그로 인해 경제적 곤궁은 평생 그를 따라다녔다.

34 역주: 찰스 램의 〈엘리아, 1823〉, 조지프 콘래드의 〈로드 짐, 1900〉, 그리고 영국 대중 만화의 영웅 〈캡틴 콘도르, 1952〉는 각기 다른 시대와 매체, 독자층을 대표하지만, 모두가 동등하게 문화적 해석의 대상이 될 수 있는 작품들이다. 엘리아(Elia)는 1823년에 출간된 찰스 램의 수필집 〈엘리아 수필집〉에서 비롯된 인물이다. 찰스 램은 엘리아라는 가명으로, 자신의 기억과 일상, 감정들을 섬세하고 우아한 문체로 풀어낸다. 사소한 것에서 철학적 의미를 길어 올리는 그의 글은, 수필이라는 장르의 깊이와 문학적 정취를 잘 보여준다. 〈로드 짐〉은 1900년에 출간된 조지프 콘래드의 소설로, 주인공 짐이 젊은 시절 배를 버리고 도망친 사건 이후 죄책감과 구원을 찾아가는 과정을 그린다. 이 작품은 도덕적 책임, 인간의 나약함, 자아 성찰이라는 복잡한 주제를 탐색하며, 20세기 영어 소설의 중요한 전환점을 이룬다. 반면, 〈캡틴 콘도르〉는 1952년 영국의 만화 잡지 〈Lion〉에 처음 등장한 SF 캐릭터로, 우주를 무대로 정의를 실현하는 전형적인 영웅이다. 어린이와 청소년을 주요 독자층으로 삼았으며, 당시 과학기술에 대한 낙관적 상상력과 대중문화의 역동성을 잘 보여준다. 이처럼 서로 다른 시대와 형식을 가진 세 인물은, 단순한 고급-저급의 구도로 나뉘기보다는, 모두 하나의 문화적 연속선 안에 존재한다. 중요한 것은 작품의 형식이나 장르보다, 그것이 독자에게 어떤 경험을 주고, 어떤 의미를 창출하느냐이다.

35 역주: 머거리지 사건은 1950년대 BBC와 언론인 말콤 머거리지(Malcolm Muggeridge) 사이에 벌어진 중요한 언론 윤리 및 검열 논쟁을 의미한다. 이 사건은 공영방송의 정치적 중립성, 표현의 자유, 그리고 언론의 자율성 문제들을 상징적으로 드러낸다. 머거리지는 당대의 저명한 언론인이자 풍자 작가로, 당시 BBC를 포함한 영국 사회 전반의 위선을 강하게 비판하는 입장을 견지하였다. 머거리지는 BBC 방송을 통해 자신의 사회적, 정치적 견해를 표출하려 했지만, BBC 내부에서는 지나치게 정치적이라는 이유로 제약을 가했다. 머거리지는 BBC의 검열적 태도를 강하게 비판했고, 이는 곧 언론의 자유와 공영방송의 역할에 대한 사회적 논쟁으로 번졌다. 그는 BBC가 국가 권력이나 보수적 이데올로기에 종속되어 있으며, 진정한 비판 정신을 억압하고 있다고 주장했다. 머거리지 사건은 이후 영국 내에서 공영방송의 독립성, 언론의 자율성, 그리고 저널리즘의 윤리에 대한 논의에 중요한 전환점을 제공했다.

36 역주: 수많은 책이 도서관을 통해 읽히지만, 그 책을 쓴 작가들은 대개 그 대출로 인해 어떠한 경제적 보상도 받지 못한다. 이 같은 모순적 구조를 비판하며 등장한

것이 공공 대출권이다. 1970년대 영국에서 작가행동그룹은 작가의 권리를 보호하고, 도서관을 통한 대출이 단지 지식 소비의 문제에 머물지 않고, 창작자의 생존과 연결되어야 한다는 점을 주장했다. 공공대출권은 도서관 대출을 기준으로 작가에게 공적 보상을 제공하는 제도이다. 보상은 독자나 도서관이 아닌, 중앙정부나 지방정부의 재원에서 이루어진다.

37 역주: 1960년대 초, 영국의 방송 환경은 공영성과 상업성이 충돌하는 구조 속에 있었다. BBC는 공적 책임에 기반한 방송을 지향했으나, ITV의 광고 중심 편성은 시청률 경쟁과 상업화의 압력을 가중시켰다. 이러한 상황에서 공영방송의 대안적 역할로 제안된 것이 바로 〈Which?〉와 같은 소비자 정보를 텔레비전으로 옮기는 시도였다. 〈Which?〉는 소비자협회가 1957년에 창간한 잡지로, 독립적인 소비자 평가를 통해 기업 광고에 의존하지 않는 신뢰 가능한 정보를 제공하였다. 이를 방송으로 확장하는 것은 정보의 접근성을 넓히는 공공서비스의 실현이었다. 이러한 제안은 부분적으로 실현되어 〈Choice〉라는 프로그램으로 나타났지만, 여전히 비인기 시간대에 머물고 그 영향력은 제한적이었다.

38 역주: 윌리엄스는 H.G. 웰스, 버트런드 러셀, 올더스 헉슬리 등 20세기 초 영국의 대표적인 합리주의 지식인들의 작업을 주목했다. 이들은 각기 다른 분야에서 활동했지만, 사회적 위기와 모순을 이성적, 과학적, 도덕적 관점에서 비판했다. 웰스는 과학기술과 사회 진보를 주제로 한 미래 소설을 통해 현실 사회를 비판하고 개혁을 촉구했으며, 러셀은 전쟁, 권위주의, 교육, 윤리 문제에 대해 일관된 논리적 사유와 사회비판을 전개했다. 헉슬리는 특히 〈멋진 신세계(Brave New World)〉와 같은 작품을 통해 기술 우상주의와 전체주의 질서를 경고하였다. 윌리엄스에게 이들은 문화와 지성이 사회 변화를 위한 실천의 장이 될 수 있다는 확신을 심어준 인물들이었다. 다음으로, 윌리엄스는 F.R. 리비스(F.R. Leavis)를 중심으로 한 스크루니티 그룹의 문학적 비판 전통에도 깊은 영향을 받았다. 이 그룹은 1930년대부터 1950년대까지 활동하며, 문학을 단순한 미적 대상이 아니라 도덕적 판단과 사회적 교육의 수단으로 여겼다. 그들은 산업화와 상업주의에 물든 현대 문화를 경계하며, 문학을 통해 인간의 도덕적·정서적 성숙을 지향했다. 윌리엄스는 이들의 분석적 엄밀성과 문화에 대한 진지한 태도를 계승하면서도, 엘리트주의 경향에는 비판적 거리를 두었다. 마지막으로 윌리엄스는 1950-60년대 등장한 신좌파(New Left)의 흐름, 특히 문화의 제도적 구조와 이데올로기적 기능에 대한 분석을 적극적으로 흡수하였다. 신좌파는 경제결정론적 마르크스주의를 비판하고, 계급 갈등과 착취가 문화, 교육, 매체, 언어 등 다양한 제도 속에 내면화되어 작동한다는 점을 강조했다. 이러한 전환은 결국 대중문화 연구, 나아가 문화연구라는 새로운 학문적 실천으로 발전하였다.

39 역주: 1960년대 후반에서 1970년대 초, 영국의 미디어와 커뮤니케이션 환경은 상업화, 관료주의, 중앙집중화라는 문제에 직면하고 있었다. 이러한 구조적 위기에 맞서 등장한 것이 바로 자유 커뮤니케이션 그룹(Free Communications Group)이다. 이 그룹은 대안적이고 협동적인 커뮤니케이션을 실험하고 구축하고자 했던 네트워크적 실천 공동체였다. 이 그룹의 특징은, 상업 미디어가 통제하는 정보 유통 구조를 벗어나, 보다 자율적이고 참여적인 커뮤니케이션 모델을 창출하고자 했다는 점이다. 그들은 소규모 출판, 협동조합 신문, 지역 극장, 공동체 라디오 등 다양한 형식으로 실험을

전개했으며, 그 중심에는 현장 기반의 활동가와 작가들이 있었다.

40 역주: 존 라르덴(John Arden)의 희곡 〈세르게이 무스그레이브의 춤(Sergeant Musgrave's Dance)〉은 1959년에 발표된 작품으로, 브리티시 뉴드라마의 한 축을 형성하며 반전(反戰) 메시지를 실험적 형식으로 구현한 대표적인 연극이다. 사실주의 연극의 감정이입 구조를 거부하고, 관객의 '비판적 거리두기'를 유도함으로써, 단순한 감정적 동일화가 아닌 정치적 판단과 윤리적 성찰을 요청하는 작품이다. 이와 같은 작품이 BBC의 학교 교육 드라마 프로그램에서 다루어졌을 때, 적절한 비평적 틀 없이 단지 야로슬라프 하셰크(Jaroslav Hašek)의 〈착한 병사 슈베이크(The Good Soldier Švejk)〉와 함께 '전쟁에 대한 반응'이라는 피상적 범주로 묶여 소개되었음은 심각한 문제이다. 두 작품 모두 반전적 주제를 공유하지만, 그 형식적 전략과 서사의 목적은 현격히 다르다. 〈슈베이크〉는 풍자와 희화화를 통해 관료주의와 군사 질서를 조롱하는 체코식 정치 우화인 반면, 〈무스그레이브의 춤〉은 극적 충격과 도덕적 갈등을 통해 전쟁의 구조적 폭력을 드러낸다. 하지만, 두 작품은 마치 다큐멘터리처럼 단순화된 서사로 소개되었고, 〈세르게이 무스그레이브의 춤〉은 그 상징적 연극 구조가 무시된 채, '전쟁은 나쁘다'는 일반론적 윤리 담론 속에 봉합되었다.

41 역주: 공영방송의 교양 프로그램은 대중에게 정보를 제공하고 비판적 사고를 촉진하는 데 핵심 역할을 한다. 그러나 '교양'이라는 명분 아래 제작된 프로그램들 사이에도 실질적인 질적 차이는 분명히 존재한다. BBC의 〈Spotlight〉와 〈Signpost〉, 그리고 ITV의 〈Afternoon Edition〉은 그 대표적인 사례로, 각각 다른 방식으로 교양의 이상과 현실 사이의 긴장을 드러낸다. 〈Spotlight〉는 BBC의 교양 프로그램 중에서도 대체로 안정된 수준의 기획과 신뢰도 높은 정보 전달로 긍정적인 평가를 받는다. 주제를 깊이 있게 조명하고, 분석과 해설을 중심으로 구성되어 교육적 효과가 뚜렷하다. 반면 〈Signpost〉는 같은 BBC 소속 프로그램임에도 회차마다 편차가 심하다. 어떤 회차에서는 유익한 시각을 제시하지만, 때로는 주제의 깊이나 구성에서 피상적인 인상을 남긴다. ITV의 〈Afternoon Edition〉은 기술적으로는 세련된 구성과 시청자의 참여 형식을 갖추고 있지만, 실질적인 교육적 내용은 빈약하다. 시사 강연 후 학생들의 전화 질문을 받는 형식은 참여와 소통을 가장하지만, 질문에 대한 답변은 형식적이고, 진지한 탐구보다는 '흥미' 중심의 연출에 그친다.

42 역주: 〈Teach-in〉은 1960년대 미국과 영국을 중심으로 확산된 일종의 공개 토론 및 교육 행사로, 특히 대학 캠퍼스에서 시사적·정치적 문제에 대한 비판적 교육과 토론을 목적으로 조직되었다. 옥스퍼드에서 열린 〈teach-in〉은 베트남 전쟁에 대한 도덕적·정치적 비판을 중심으로, 학생과 교수, 지식인들이 참여하여 열띤 논의를 벌인 대표적인 사례였다. BBC Gallery는 1960년대 중반부터 방영한 시사·문화 비평 프로그램으로, 종종 다큐멘터리 형식이나 토론 편집본의 형태로 사회적 이슈를 심층적으로 조명하였다. 베트남 전쟁 teach-in 편에서는 이 공개 토론의 일부를 편집하여 시청자에게 제공했으며, 이는 비평적 교육 프로그램이 방송 매체에 의해 어떻게 재구성되는지를 보여주는 중요한 사례가 된다.

43 역주: 프랜시스 윌리엄스 경(1903-1970)은 20세기 중반 영국 언론과 정치의 교차점에서 활동한 언론인이자 정책 자문가로, 특히 공영방송과 언론 정책에 대한 실천적 관여로 주목받는다. 〈Daily Herald〉의 편집장으로서 노동계급의 시선을 대변하던 그는,

제2차 세계대전 이후 클레멘트 애틀리 정부에서 총리실의 언론 고문으로 발탁되어, 정부와 언론 사이의 조율자 역할을 맡았다. 이후 일대 귀족으로 임명되어 '윌리엄스 경'이라는 작위를 받고 상원에 진입함으로써, 제도 내 개혁의 목소리를 지속적으로 내었다. 그의 주요 저작인 〈Dangerous Estate: The Press in Jeopardy, 1957〉는 언론의 자유와 책임, 그리고 상업화와 소유 집중이 민주주의에 미치는 영향을 다룬다. 그는 공영방송의 사명을 강하게 옹호하면서도, 급진적 개입보다는 점진적 조정을 선호하였다. 이는 BBC의 시사 프로그램에 등장해 광고 문제나 언론 정책에 대해 발언할 때도 마찬가지였으며, 그러한 그의 태도는 종종 '온건한 내부자'의 관점으로 비판받기도 했다.

44 역주: 개방대학은 해럴드 윌슨(Harold Wilson, 1916-1995) 수상이 야당 당수 시절인 1963년에 방송 매체를 교육에 활용하는 방송대학(University of the Air)의 필요성을 언급하면서 시작되었다. 1966년 방송대학을 개설하기 위해 특별계획위원회가 설립되어 1969년 정부에 보고서를 제출하면서 개방대학이 독립된 학사 학위를 수여하는 기관으로 칙허장을 받았다. 개방대학은 성별, 지위, 학력에 상관없이 대학 수준의 교육을 제공하고 다양한 매체를 이용하는 혁신적인 교육 방식으로 출발하였다. 노동당은 부정적인 사회여론을 수용하기 위해 개방성과 질적 우수성을 동시에 추구하였다. 또한 라디오와 TV를 통한 원격 교육이 질적 우수성을 담보할 수 없다는 비판을 의식하여 방송대학을 개방대학(Open University)으로 바꾸었다. 하지만 개방대학의 학생들은 교사 및 전문직 종사자들이 다수를 차지하여 윌슨의 취지와는 달랐다.

45 역주: 제니 리는 1960년대에 교육을 매개로 한 공적 미디어의 역할을 적극적으로 옹호한 교육과학부 장관이었다. 그녀의 비전은 단순히 방송을 통한 교양 전파에 그치지 않았다. 그녀가 구상한 '방송대학(University of the Air)'은 방송을 매개로 누구나 고등교육에 접근할 수 있도록 하자는 보다 근본적인 사회개혁의 일환이었다. 그녀가 구상한 '방송대학'은 오늘날의 원격 교육이나 온라인 대학 교육의 선구적 모델로 볼 수 있으며, 이는 방송정책이 단지 산업적 이해관계가 아니라 공공성과 학문성의 교차점 위에서 논의되어야 함을 시사한다.

46 역주: 어네스틴 베번은 20세기 중반 영국 사회민주주의의 상징적 인물로, 특히 국민보건서비스(NHS)의 창립자로 기억된다. 남부 웨일스의 탄광촌에서 태어난 그는 노동자 계급의 현실을 몸소 경험하며 성장하였고, 이러한 경험은 그의 정치 철학에 깊은 흔적을 남겼다. 청년 시절에는 노동조합 활동가로, 이후에는 노동당의원으로 정치 경력을 시작한 그는, 탁월한 수사력과 강한 도덕적 신념으로 대중의 지지를 받았다.

47 역주: 화이트홀(Whitehall)은 런던 중심부, 특히 웨스트민스터 지역을 지나는 거리의 이름이며, 영국 중앙정부의 주요 부처들이 밀집한 곳이다. 오늘날 '화이트홀'이라는 이름은 단순히 지리적 공간을 넘어, 영국 정부의 관료제 전체, 특히 내각과 행정 기구를 지칭하는 상징어로 쓰인다. 화이트홀이라는 명칭은 원래 16-17세기 영국 왕실의 공식 거처였던 화이트홀 궁전(Palace of Whitehall)에서 유래한다. 이 궁전은 헨리 8세 시절부터 찰스 2세까지 잉글랜드 왕들의 중심 권력 공간이었다. '화이트홀'이라는 이름은 궁전의 주요 건축이 백색 석회암으로 된 외벽을 가진 데서 비롯된 것으로 전해진다. 그러나 1698년, 궁전 대부분이 큰 화재로 소실되고 나서도 그 자리에 남아 있던 이름과 상징성은 점차 정치 권력의 행정적 중심지를 지칭하는 용어로 자리잡게 되었

다. 이후 18세기부터 왕권이 점차 의회로 이전되고 내각제가 자리잡으면서, 화이트홀 인근에는 외무성, 국방부, 재무부 등 여러 핵심 부처들이 입주했고, 이 거리와 공간은 현대 영국 국가 행정의 본산이 되었다.

48 역주: 조지 오웰의 〈동물농장〉은 원래 평등을 꿈꾸며 인간을 몰아낸 동물들이, 점차 권력화된 돼지 집단의 지배 아래 다시금 억압당하게 되는 과정을 그린 작품이다. 그 마지막 장면은, 돼지 나폴레옹이 인간들과 식탁에 마주 앉아 술잔을 기울이며 축사를 주고받는 만찬 장면이다. 인간과 싸우기 위해 시작된 혁명이, 결국 인간과의 동류화로 귀결되었다는 이 장면은, 혁명적 이상이 권력의 탐욕으로 타락해가는 과정의 종착지를 적나라하게 보여준다. '이제는 인간의 얼굴과 돼지의 얼굴을 구별할 수 없었다'는 마지막 문장은, 권력이 누구의 손에 있든 구조적 억압은 반복될 수 있다는 정치적 냉소를 암시한다.